Naniwa bushi

浪花節　流動する語り芸

演者と聴衆の近代

せりか書房

真鍋昌賢
MANABE Masayoshi

浪花節　流動する語り芸——演者と聴衆の近代　目次

序章　問題提起と方法意識

一　「語り物」概念を超えて

浪花節（浪曲）は「鵺」のようである。浪曲作家・秩父重剛は、一九五四年（昭和二九）に刊行された『浪花節大全』のなかの「楽屋論文」でそう記している。浪花節は、その時代の「権力支配者に反抗するものではない」のだが、「逸早く時世に協力するかに見える物腰態度」をもっている。秩父に言わせれば、「どれが本当の姿型ち《ママ》であるか分からない」ところに「時代と共に歩み得る物凄い生命力」があるのだった。そこには「一種不敵な自信のようなもの」があって、「気味の悪い後味」が同時にひそんでいるという。[1]「鵺」とは、流動する節操のなさゆえのつかみどころのなさに対しての比喩である。秩父が、この文章を記した時点で回顧していたのは、国策に追従し、あるいは様々な権威にすりより、一方では一括し難い大衆の期待を引き受けるために様々な物語やフシ回しのバリエーションを抱え込んできた浪花節の姿だった。そこからみてとったのは、国家の動向に伴走していく変わり身のはやさでもあれば、聴衆一人ひとりの生活感情の変わりにくさに寄り添い続ける側面でもあり、時に芸術志向をみせようとする側面でもあっただろう。あるいは、終戦をはさんでまもなくして、今度は民主主義に伴走する新作が登場しはじめた直近の状況も視野に入っていたかもしれない。秩父と同じく終戦前から浪曲作家として活動していた中川明徳は、一九四七年（昭和二二）に『愛の街角』という新作浪曲集を出版している。終戦後まもない時期に、はやくも日本民主主義文化連盟からの委嘱を受けて執筆した「民衆の旗——小林多喜二とその母」、「はりつけ茂左衛門」などが掲載されている。中川は戦時下に国策に沿う浪曲台本を多数執筆した。そもそも若い頃に社会主義に傾倒していた経歴がある中川からしてみれば、自らの信条に立ち戻る機会が終戦だったのだろう。しかし見方を変えれば、その転回は、一貫性を欠いた軌道に見受けられたかもしれない。『愛の街角』には、一九四三年（昭和一八）に発表された「明治十年」（第七章参照）も収められている。「明治十年」は、西南戦争の「官軍」（明治政府）の正統性を語る演目である。つまり『愛の街角』には、戦時下版に一部修正をほどこした「明治十年」の改訂版と先述した新作が、同居していた。[2] 戦時下・占領下の浪界に伴走してきた秩父は、中川に象徴されるような、浪界の終戦後のすばやい適応、変わり身を、もちろん知っていただろう。

また秩父は、浪花節には、師弟関係のなかではみ出してはいけない「節の規則」や「語りの約束」があるのではなく、むしろ「師の屍を越え」て「工夫練磨した力量」を「世に問う」のが、その生命線だともいう。[3] その意味では、秩父が聴衆の一人として、あるいは作家としてみてきた浪花節とは、演者の個人主義を最大限に許容する「語り物」だっただろう。掌握し難い「生命力」とは、浪花節に一つのまとまった傾向があるかにみえながら、実際には演者の個性の集積として浮かび上がっているという事実を、体感的に説明するための言葉だった。つまり秩父にしてみれば、浪花節は「首尾一貫せぬ「語り物」」なのだった。[4] 五四年といえば、戦時下の人気演者の多くがまだ健在だった時期だが、その一方で、ラジオの民間放送が五一年以降次々に開局していくなかで、ラジオ向けの浪曲がどのようなものであるべきなのかが改めて問われていく頃でもあっただろう。それは、「鵜」としてのポテンシャルを戦後のラジオにおいて発揮できるのかという問いが、秩父自身に向けられていく時期でもあった。

生活環境の外部に出られない聴衆が、人生史を背景に抱えた現在と地続きに、演者の声や身体を通して語られる物語を受けとめて、得心したり、感心したりする。浪花節の聴衆は、語り手の声を聴取すると同時に浴びている。それは、情報のやりとりというレベルでは回収しきれない声の悦楽とともに、語りが受けとめられる事態を意味している。要所要所をフシ（韻律にのせて歌う部分）にのせ、三味線の伴奏をともないながら、様々な物語を語っていく浪花節は、近代社会を生きていく生活者一人ひとりの人生経験に意味を与える語り芸だった。あるいは、社会生活を営むうえで参照されていく想像力のあり方だったといってもいい。周辺ジャンルからどん欲に物語を取り込み、フシとタンカ（人物の会話部分）を使い分けるなかでそれらを加工し直し、浪花節は聴衆の喜怒哀楽を喚起していった。世紀転換期から一九五〇年代半ばあたりまで、つまりおおよそ二〇世紀の前半において、効力を最も発揮し、それ以降浪花節は徐々に口演形式の位置づけを変容させていったといえるだろう。浪花節は、国民国家の展開と資本主義の展開がからみあっていくなかで生成し変容していった、二〇世紀における最もポピュラーな「語り物」だった。そして、人間関係・社会関係や出来事についての物語を、浪花節が情緒的に受けとめさせるという可能性／危険性に対しては、浪界の外部から繰り返し興味を向けられ、また時として嫌悪されてきた。

「語り物」は、韻律にのせて口頭で物語などを語る芸を指している。口承文芸研究あるいは民俗学では、「語り物」は、柳田國男が設定した「言語芸術（口承文芸）」の一つとみなされ、「昔話」「伝説」「民謡」などとの関係のなかで中間領域的に位置づけられた。主な担い手は、芸能者、宗教者といった専門的な語り手とされ、民間信仰論などと重ね合わせられながら、「語り物」研究は進められていった。[5] そのなかで「語り物」は、「昔話」「伝説」「民謡」などに比べて「消滅の度合い」が「もっとも急激」なものとみなされ、「明治以来の近代文化の波」などによって担い手の活躍の場が失われていったとも位置づけられた。[6] メディア環境の複雑化や交通網の拡充、生活環境の都会化などによって、物語や歌の流通と消費のあり方が変容し、「語り物」という表現形式の意義、そしてその担い手の存在意義が後退していったという認識が読み取れる。口承文芸研究あるいは民俗学において、おそらくその認識は、程度の差こそあれ、ひろく共有されてきた。近年では「語り物」研究に取り組む者が、「昔話」「伝説」「民謡」などに比して、かなり少なくなっていることもまた事実である。それは、「語り物」研究がテーマとして魅力がなくなったというよりは、むしろ「伝統的」とみなされ「民俗的」とみなされる「語り物」と、フィールドでなかなか出会えなくなっていったという事情が大きく関係しているだろう。しかし一方では、「衰退」は具体的にどのように論じられるのか、あるいは大衆文化のなかに「語り物」はどのように潜り込んでいったのか、その過程を「興隆」としてとらえることはできないのか、といった問いに向き合うなかで「語り物」が直面した〈近代〉の性格を論じていくという課題は、なかなか共有されてこなかったともいえる。一九三四年（昭和九）に刊行された『民間伝承論』において柳田は、「語り物」を「本来章句の長いもので、中途に変化が激しく、それだけに採集困難」とみなしていた。つまり、他のカテゴリーと比べて「採集困難」とみなされる状況は、口承文芸研究が立ち上がっていく段階からすでに意識されていた。[7] そう考えると、「語り物」の境遇は、そもそも複製技術や資本主義の浸透あるいは国民国家の形成のなかで、長期的かつ多面的に検討されるべきテーマであるだろう。

こうした問題意識に立ったとき、一九世紀末以降に隆盛していった浪花節は、「語り物」概念を批判的に検討するきっかけを与えてくれる。[8] 浪花節は、「語り物」の「末流」とか、「近代的」に形成されてゆく「語り物」と説明されてきた。[9] つまり、明治期以前に源流をもちながら、明治期以降において、現在につながる口演形式を整えていったとみなされる。日露戦争後においては、桃中軒雲右衛門《とうちゅうけんくもえもん》、二代目吉田《よしだ》奈良丸《ならまる》、京山小円《きょうやまこえん》、京山若丸《きょうやまわかまる》、二代目東家楽遊《あずまやらくゆう》といった演者によって、浪花節は劇場に進出し、またレコードでも聴かれていく。改良をスローガンとし、社会的な位置の向上を目指す機運とも共振し、一部の政治家をはじめとした知識人層にも受け入れられていった。その後一九三〇年代には、ラジオ放送の全国的な放送網拡充のなかで最も希望順位の高い演芸になっていく。浪花節史は、世の中の動向とともに興隆し衰退する盛衰史として説明されてきたといっていい。程度の差こそあれ、大衆的な芸能はそうした概観の仕方がなされるが、浪花節史の場合、近代史のなかでその両面を明瞭に体現してきたとみなされてきた。「明治末期」から「昭和初期」がいわゆる「黄金時代」とみなされたり、その前半が「興隆期」、後半が「黄金期」とみなされたりする。[10] いずれにせよ、この期間以前が勃興の時代、また高度経済成長以降は苦渋の時代として位置づけられているといっていいだろう。そして「黄金時代」とは、日露戦争期あたりから、日中戦争・アジア太平洋戦争期あたりまでを指している。本書が射程に入れる時期は、おおよそこの期間と重なっている。「近代的」な展開とはどのような内実をはらんでいたのか、という具体的な検証は、研究者側が設定した「語り物」概念を超えて、声によって語られる物語が歴史的社会的文脈のなかで、どのように口演され、流通し、享受されていったのかという関心に直接向き合うなかでこそ可能になるだろう。

なお、浪花節の別称である「浪曲」は、一九一〇年代から一部の演者などの間で用いられていた。一九二五年（大正一四）には、東京浪花節協会が発足するが、その時点で、業界側もしくは演者側では、「浪曲」という名称は、「浪花節」とともに混交して用いられていた。[11]業界の正式名称として掲げられるのは、一九三八年（昭和一三）以降である。しかし、レコードの商品ジャンルとしても「浪花節」は、あいかわらず用いられていたし、一般的な聴衆のあいだにも依然としてなじんでいた。「浪花節」という呼称は廃絶されたわけではなく、長く親しまれていく。本書の後半でとりあげていく一九三〇年代から四〇年代には、一般的な呼称のうえでは「浪花節」「浪曲」が併存、拮抗していた時代であった。

二　国民国家論と浪花節

兵藤裕己は、江戸期の幕藩体制と明治期以降の国民国家をつなぐ焦点として、オーラルな物語に注目し、「近世の封建国家の忠孝のモラル」から、「近代の国民国家の一元的な忠孝のモラル」への「変換装置」となったのが、「大衆社会」に流通し浸透していく物語だったという。つまり、天皇を「親」とする国民統合の理念は、「物語芸人たち」の声によって「感性のレベルで大衆社会」に受け入れられていった。[12]また兵藤は、アウトローの擬制血縁的な「家」のモラルによって、「典型的かつラディカル」に「社会が公認せざるをえないモラル」が担われてゆくとも述べている。[13] さらに、物語の受容という面においては、その構造のみならず演じるうえでの語調への注目が必要である。兵藤は、祭文、講談、浪花節に共通する「一種独特の文語調」と「日常とはちがう発声」を指摘し、それは「物語・語り物一般に共通するきわめて本質的な特徴だった」とする。そうした「流通する物語・語り物の声」により、「地域や階層を超えた日本社会の文化的なアイデンティティーが形成されてゆく」という。[14] 本書の関心からすると、「方言」(あるいは俗語)と「文語調」を媒介するものとして、江戸後期から明治初年における声の物語を位置づけるという兵藤の論点から、アンダーソンが描いて見せた「想像の共同体」[15] を相対化していく可能性を読みとることもできるだろう。すなわち、出版資本主義のなかで活字を基盤としつつ「国民」が創出されていく視点を、「国民」化の根源を担っていた「声」の位相を視野にいれ、口語と文語のはざまにあった芸人の声を、メディアと共通言語というテーマのなかに設定し直したともいえるだろうか。

しかしその一方で、兵藤の論考は、こうした「国民」あるいは「国民国家」の問題系に議論を集約しているゆえに、浪花節の〈近代〉における歴史的社会的位相を見渡すうえでは限定的な視点に基づいているともいえる。兵藤は、桃中軒雲右衛門を代表させることで、浪花節の「声」によって、くりかえし「一元的」かつ「親和的」な共同体、あるいは「無垢《ナイーブ》で亀裂のない心性の共同体」が、つくりだされたと述べる。[16] そしてまた「大衆を国民的暴力としての戦争に加担させた(少なくとも戦争を容認させた)ひとつの背景」として、ラジオ放送の浪花節を位置づけ、その声が全国規模の「声のユニゾン」をつくりだしたと述べる。[17]

ファシズムの感性を動員したとして、兵藤は「国民国家」を草の根から支えた浪花節の「声」のあり方を強調する。

兵藤が述べるように、浪花節は「昭和初年当時のもっともアクチュアル」な「口頭で演じられる」文芸であるだろう。[18] 兵藤自身は、ミルマン・パリーの調査を引用して、ユーゴスラビアのエピック（物語詩）を語る芸人が聴衆をたのしませる「したたかさ」を「ひと時代前の浪花節語り」のそれと照応させている。[19] 浪花節の声が時代の状況に対して、「アクチュアル」で「したたか」であるとすれば、その内実はどのようなものであったのか。浪花節の向こう側に想定される均質なオーディエンス像はむしろ、聴衆の期待と国家の期待の一致のみを強調してしまい、浪花節のジャンルイメージそのものを一元化してしまう。また各種メディア空間のはざまに入り込み、またそれらをつないでいくなかで、既存の演目を温存しつつも新しい演目を加え、成功と失敗を繰り返す〈近代〉の語り芸としてのダイナミズムをつかみとることを、困難にしかねない。

演者／聴衆のあいだをつなぐメディアの性格あるいは、コミュニケーションの流動性や、受容側の意味生産の過剰性や逸脱性を念頭においた視座を導入したときに、浪花節の「黄金時代」はどのような動態として浮かび上がってくるのか。本書の後半においては、浪花節が「国民」としての「大衆」をつくりだしたという指摘は終点ではなく、戦時下の大衆文化を議論するうえでのむしろ出発点である。大衆文化がファシズムを能動的に支える側面を了解しつつも、「国民」や「国民国家」という概念を、予定調和的な帰結点としてイメージさせてしまうことには慎重さを保持したうえで、「国民」をつくりきれなかった破綻や逸脱に目をこらしていくことになる。声あるいは身体による演技（出来事）が反復されていくなかで、ずれをはらみつつ価値観や感性が構造化されていく過程を、メディアの変遷とともに記述する方法論的拠点として、口承文芸研究や芸能史研究を位置づけるとするならば、浪花節の演者論は格好のモデルケースとなるだろう。

三　フシを内在する物語――出身地の壁を超える可能性[20]

浪花節史を眺めるとき、その中心に位置づけられるのは、常に都市部の動向である。しかし一方で「黄金時代」を支えていくのは、全国的な浸透であったことも事実である。明治期の半ば以降、浪花節は都市部に中心をもちながら、周辺ジャンルのカタリやフシと交渉を繰り返し、それらの享受を求めた人々のあいだにも受け入れられていった。

浪花節（浮かれ節）は、明治期中頃には本格的に寄席に進出しはじめ、東京には浪花節、大阪には浮かれ節を専門にする席が多数開設されていく。ヒラキと呼ばれる仮設の口演空間から定席を獲得していく過程で、浪花節は東京や大阪では、男性労働者を中心としながらひろがる客層をもっていた。つまり、労働者の一日の生活サイクルに深く入り込み、夜席に恒常的に位置づけられていくことが、都市部での定席を安定させるうえで、まずは重要だったと考えられる。浪花節は明治期後半において、都市へ流入してくる人々に講談や落語以上に受けとめられていき、明治三〇年代には専門席が増殖していった。浪花節は、都市で生まれ育った者のみならず、それ以外の者にもひろく開かれていったのである。

一九三九年（昭和一四）に徳川夢声は「浪曲譚」のなかで次のように記している。

地方の劇場主などは、時たま、興行的虚栄心から大歌舞伎をかけたりするが、これは多くの場合欠損である。其処へ行くと、浪花節の方は、その土地での人気者さへ出演すれば絶対に損なしと云つて好い。もと〳〵地盤であったところの、下層階級や、山間僻地に於ては、今日でも無論、フシが絶対である。講談もダメ、落語は更にダメ、漫才も想はしくない、――第一そんなものは滅多に来ないし、面白さも分らない、――と云つたような農村、漁村でも、フシだけは何時も大歓迎である[21]

夢声の記述は、出身地の違いが、つまり文化的・言語的な地域差が、浪花節をたのしんだり、演じる上での障害になりにくかったことを示している。落語が都市文化であったこととは対称的だったといえるだろう。江戸－東京で育った者、京都・大阪で育った者以外で真打ちになった落語家は極めて少なかったと考えられる[22]。しかし、権田保之助が記しているように、浪花節に関しては演者の出身地に関して統一性がなかった[23]。また、一八九七年（明治三〇）に『太陽』に掲載された「浪花節と祭文」には、「下等社会の者だけではなく、「近年にいたるにつれ、様々の地方より入り来る所謂田舎紳士」がそれらを聴くために寄席に足を運ぶと書かれている。清元・常磐津・端唄・長唄といった「江戸固著（着？）の演藝」を「聞きても別らず」、「お国にて常にきかれし浪花節など」の方が面白いからだという[24]。平易な表現によって、また韻律にのせられて展開する浪花節の物語をたのしむ上では、江戸文化や上方文化の素養は基本的には

図0-1　1926年3月当時のラジオ放送エリア

表0-1 1926年当時における聴取プログラム例

プログラム	本人（人数）	家族（世帯数）
和　楽	6139	9411
洋　楽	4269	3909
落　語	2405	1987
浪花節	2044	1251
講　談	1890	1501
義太夫	1734	1510

注：1926年3月に実施された逓信省電務局業務課による『ラジオに関する調査』）（南博編『近代庶民生活誌8』三一書房、1988年、230-236頁）より一部を抜粋し作成した。調査は聴取者総数の10人に1人の割合でおこなわれた。図0-1は調査当時の放送エリアを示している（同書所収）。

必要ではなかった。また、受け手にとってのフシの利用価値が重要である。フシのリズムは全身で感覚的にうけとめられる。また、うたう部分であるフシは、物語から切り取られ、記憶されてゆく可能性をもつ。風呂に浸かりながら、仕事をしながら、鼻歌として、一人ひとりの身体性のもとで自由気ままに反芻されていく。物語をつくる側は、こうしたフシの利用価値を見据えてその文句をつくることが可能であるともいえるだろう。

ラジオ放送が開始されてからちょうど一年後におこなわれた趣向調査では、浪花節より落語の番組を好む人数の方が多かった（表0―1参照）。当時の放送エリアは東京・名古屋・大阪を中心とした区域圏に限られていた（図0―1）。しかし、放送エリアが広がり、ラジオ受信機が普及するにつれて、浪花節の希望者数は落語のそれを大きく引き離してゆく（表0―2・表0―3参照）。これは、浪花節ファンが増えたというよりは、放送エリアの拡大過程おいて、数値的に表現されていなかった潜在

表0-2 1932年ラジオ希望慰安種目順位

	（一位）	（二位）	（三位）	（四位）	（五位）
関東	浪花節	講談	落語・人情噺	琵琶	俚謡・民謡
関西	浪花節	落語・人情噺	講談	琵琶	義太夫
東海	浪花節	義太夫	落語・人情噺	講談	琵琶
中国	浪花節	琵琶	義太夫	謡曲	俚謡・民謡
九州	浪花節	謡曲	義太夫	琵琶	ラジオドラマ
東北	浪花節	俚謡・民謡	講談	琵琶	謡曲
北海道	浪花節	俚謡・民謡	謡曲	琵琶	講談

表0-3 1932年ラジオ希望慰安種目比率

（地域別希望総数に対する千分比）

	浪花節	講談	落語・人情噺	謡曲	義太夫	琵琶	民謡・俚謡
（関東）	四九・〇	一七・九	一四・三	五・五	六・七	一二・二	一一・二
（関西）	五三・0	一〇・七	二七・九	六・一	八・一	九・〇	四・三
（東海）	四九・六	九・八	一〇・〇	七・四	一一・六	九・〇	八・三
（中国）	四一・二	五・四	五・六	一〇・七	一一・〇	一二・七	九・七
（九州）	四七・九	五・六	四・五	一二・四	一二・二	一二・一	六・一
（東北）	二九・八	九・〇	五・四	六・四	五・二	八・六	二六・七
（北海道）	二三・三	六・一	五・二	六・九	五・三	六・六	一九・八

注：表0-2、0-3ともに『日本放送史』（日本放送出版協会、1965年、291頁）

的な浪花節聴取者の存在が顕在化したということを意味しているだろう。戦時下における全国的な趣向調査では、浪花節が常に希望演目の上位に位置づけられてゆく。〝出身地の壁〟を越えて受け入れられる「語り物」は、都市、地方を包み込む共通の物語となる可能性を秘めている。大正期以来、活動写真（映画）は最も人気の高い娯楽の一つであったが、まさか茶の間で、家族そろってその物語をたのしむことはできなかった。それとは対照的に、浪花節はレコード、ラジオという音響メディアを通じて家庭に入り込んでいく。

浪花節は、ジャンルで統一されたフシ回しがあるわけではなく、フシの定型は個人に集約されていく傾向をもつ。業界を代表する演者となっていくうえでは、米若節、虎造節、梅鶯節など個人において聴衆の心をつかむフシのパターンを結晶させることが求められていった。周辺ジャンルと交渉しながら、演者の個性を最大限に認める方向性をもつ浪花節は、韻律にのせた物語としての「語り物」のなかで突出した位置を得て、メディア空間を横断し大衆化していった。都市部でウケのよい演者もいればそうではない演者もいる。重厚感のある義士伝を得意とする者もいれば、ケレン（滑稽味）を得意とする演者もいる。また男性演者もいれば女性演者もいる。演者の個性は差異化され、一つのジャンル内でのバリエーションの多様さが浪花節全体の浸透を支えていった。フシを内在する共通の物語となる可能性を胚胎するとともに、多様な好みに応えていく可能性を兼ね備えたジャンルとして、浪花節は膨張していったのである。

四　補助線としてのメディア史、あるいは二つの転換期

浪花節史を見渡す際に有効な補助線となるのが、ジャンルをとりまくメディア空間の変遷である。口演空間を含み込んだメディア空間の変遷は、受容史的な関心から浪花節史をながめていくための基本的な参照枠を提示してくれる。ここでいう口演空間とは、肉声であれ複製であれ、声が聴かれ、聴衆に受けとめられる場を指している。つまり、本書の視野に入る口演空間は、直接的に声が届けられる興行と間接的に届けられるレコード、ラジオ、映画ということになる。「口演空間」は、演者／聴衆の関係性を論じるうえでの主たる分析の対象であるが、それのみを視野に入れているわけではない。つまり活字をはじめとしたメディアによる宣伝、報道、あるいは口演の再現を視野に入れて、構成される期待のあり方をより詳細に検討することが可能になるだろう。「メディア空間」という言葉は、口演、宣伝、報道、批評といった

イメージ形成全体を包含する媒体すべてを指し示している。大衆芸能にとっての〈近代〉とはまさに、「近世」にかたちを整えていく「興行」[25]を前提としつつ、メディア空間が折り重なっていくなかで、動員と上演の仕掛けそのものがより複雑になっていく事態を指している。

「黄金時代」を受容史的な関心からながめたときに、二つの転換期をみいだすことができるだろう。ここでいう受容史とは、メディア空間の変遷を軸としながら、演者／聴衆の関係性が更新されていく過程を指している。[26] 一つ目の転換期は、一九〇〇年代後半から一九一〇年代初頭である。そういえる理由を以下に三つ挙げておきたい。一点目は、「武士道鼓吹」という大義名分をスローガンとするための口演形式を構成した点にある。桃中軒雲右衛門の台頭を皮切りに、浪花節は「義士伝」を主要な演目群として位置づけていく。劇場に進出するなかで、衣装（紋付袴）と舞台装置（演台、テーブル掛けなど）が一連の演出として導入される。キャパシティーの拡張とこれらの視覚的演出の相乗効果のなかで、それまでの浪花節席と比べて、相対的に演者と客の距離感はひき離され、演者は眺められる存在へと変化する。ここでは、こうした距離感の演出を〈劇場化〉とよんでおこう。演説を想起させる口演形式を整えるなかで、雲右衛門は威厳を演出した。しかし強調しておくべきは、〈劇場化〉が試みられていく一方では、従来の至近距離における口演空間、つまり端席まで含めた専門席も恒常的に稼働していたことである。

二つ目の理由は、知識人たちによる批評言説の変化である。通俗教育論が過熱していくなかで雲右衛門が掲げた「武士道鼓吹」というスローガンは、政治家たちの後押しによって強力に担保されていく。浪花節が聴覚的・視覚的に思想・精神を伝える手段あるいは宣伝手段になり得るという効果が発見され、言説上で定着して期待がつくられていく。こうした期待のあり方の定着は〈媒体化〉とよべる状況を示している。

三つ目は、レコード産業の拡張による聴取機会の増加である。こうした間接的なコミュニケーションの浸透を〈複製化〉とよんでおきたい。明治期において浪花節は講談から多くの物語を取り込んでいた。講談は演目の主要な源泉であったのだが、浪花節はフシを内包していたがゆえに、相対的にみて、講談よりもレコードとの親和性が高かった。浪花節は日本のレコード業界の草創期を支えるジャンルとなっていく。〈劇場化〉、〈媒体化〉、〈複製化〉がからみあうなかで、浪花節はそれまでにない勢いで流行していく。

一つ目の転換期の延長線上に訪れる次の転換期は、一九二〇年代後半から三〇年代半ばである。ラジオ放送開始、電気吹込みによるレコードの音質向上、廉価盤（大衆盤）発売によるレコード産業のさらなる拡張、トーキー映画の登場などが関連しあう、いわば声の大衆消費が本格的にはじまる時代を指している。複製される浪花節の聴取においては、二つの大きな変化がもたらされる。レコードには、程度の差こそあれ、浪花節席や劇場という口演空間で醸成された演目の編集・圧縮版が吹き込まれていた。つまりそれまでは、直接口演でなければ、一席まるごとをひと続きの時間のなかで聴くことはできなかった。一方で、時間の制約こそあれ、ラジオは、ひと続きの口演一席を電波に乗せることができた。聴衆は複製という条件はあっても、テクストの連続性と全体性を同時に入手することができるようになったのである。しかし一方で、ラジオは浪花節席を離れてライブで演目聴取ができるという点で、浪界に物議をかもしだす。

もう一つは、レコード産業における演目量産体制の整備である。それまでは、興行で鍛えられた演目が部分的に編集されてレコード化されるのが一般的だったが、レコードへの吹き込みを当初から念頭においいた演目が徐々に増加していく。レコードの量産体制に対して、浪花節語りは売れっ子演者を中心にその状況に対応していった。レコードという形式を前提とした商品としてのまとまりは、浪曲作家のバックアップを得るなかで一層意識されていく。それは、レコードを経由した文芸化ともいえる流れだった。三〇年代に構造化されていく受容の仕掛けは、それ以前に比べて一層複雑になっていくわけだが、それは戦時体制への突入と並行していた。

五　方法としての演者論

本書には、右に述べた受容史への関心を念頭におきつつ、個別の目的が設定された演者論が集められている。四人の浪花節語り（浪曲師）に焦点を定め、それぞれの演者の演目、演技が受容される仕掛けを明らかにするなかで、浪花節が流通していく過程を論じていきたい。それは、「盛衰」というマクロな概括を参照しつつも、演者がどのようにメディア空間に対峙してきたのかという具体的な動向を意識したミクロな視角を維持していくことを意味している。また、演目、演出、客とのコミュニケーションなど、注目する対象は様々であるが、いずれも演者／聴衆の関係性及び、聴衆像の特徴を随所で論じていくことになる。

浪花節の聴衆は無数に存在した。しかしその感想なり批評は極めて残りにくい。浪花節席や劇場の客の経験、レコードやラジオの聴取者の経験への接近は常に困難をともなうだろう。また各々の演者論を展開するための資料のタイプは、決して同じではない。受容史とは、眼前に残された資料から、限定的にであれ、何を語り得るのかという問題意識のもとに、資料操作の認識論・方法論についての議論を、恒常的かつ必然的にともなう研究領域である。その意味で、本書は個別の演者論を集めているが、それらには演者／聴衆の関係性を論じるための方法への関心が通底している。

第一章、第二章では、一つ目の転換期に注目し、口演空間の重層化（〈劇場化〉と〈複製化〉）の外延を確認し、演者／聴衆の関係性にどのような更新がもたらされたのかを論じてみたい。第三章から第七章は、二つ目の転換期に注目している。メディア連動と総力戦化にともなう浪界の動きを参照しつつ、時代に適応しようとする二人の演者をとりあげて論じていきたい。演者が聴衆との関係性をどのように維持しようとしたのか、またそこでの試みはどのように受けとめられたのかをみていくことにしよう。まずは各章の概要を確認しておく。

「武士道鼓吹」を聴覚のみならず視覚のうえで補う演出を定着させた桃中軒雲右衛門は、浪花節の社会的位置を更新した演者である。雲右衛門の台頭は、浪花節史上のみならず、芸能史上の事件として記憶されていく。第一章では、桃中軒雲右衛門の一九〇七年（明治四〇）における大阪での興行をとりあげて、統計、見聞記、新聞報道などの資料を用いて、その口演空間の性格と受容のあり方を明らかにしていく。陶酔へと誘おうとする口演の魅力、及びそれを補う視覚的演出、さらにそうした対面の磁場を担保するメタ言説の相互作用によって、階層的な境界をこえて浸潤しようとする雲右衛門が与えた「衝撃」と「違和」を明らかにするなかで〈劇場化〉の実態を論じてみよう。雲右衛門の東京への「凱旋」は、讃嘆をもって報道されるとともに、様々な批評やゴシップも活字化されていった。本章では、口演現場の出来事とイメージの流通という二つの側面から分析し、口演と報道を包み込むメディア空間における浪花節のあり方を確認することにより、雲右衛門の来阪がどのように受けとめられたのかを明らかにする。

第二章は、二代目吉田奈良丸をとりあげて、二〇世紀初頭の転換期におけるもう一つの側面であるSPレコード（以下レコード）による〈声〉[27]の〈複製化〉が浪花節にもたらした影響について述べる。聴衆との間接的なコミュニケーションの特徴を述べ、新しいメディアに適応するなかで浮かびあがってくる聴衆像を論じる。奈良丸の口演は、レコードによって複製され、さらにその文言は活字化され、流通していった。それは公認・非公認が入り混じった〈複製化〉である。本章では、レコード、各種口演本をそれぞれ個別の資料として扱うのでなく、差異化しながら関連しあい、消費されていった全体的な消費の連鎖をえがくための一連の資料として位置づけている。

奈良丸節についてしばしばいわれたのは、雲右衛門をはじめとした同時代の浪花節語りと比べて真似をしやすいという点である。作家・正岡容《まさおかいるる》は、奈良丸節の特徴を「優美さ」「平易さ」、さらには「いかにも俗耳に入り易く、容易に誰にも節真似ができる」点であると評している。[28] あるいは、新聞記者・松崎天民は、浪花節への造詣の深さで知られたが、奈良丸節について「節調が陽気で華やか」であり、「軽い咽頭音」を基として、「舌音と唇音で容易に加減し按配し得る」ために、「最も耳に入り易く、又最も模倣が容易」だと述べている。[29] キク・ヨム・マネルという実践の連結のなかに奈良丸の〈声〉は取り込まれ、素人の身体性のもとで無限に演じ直されていった。奈良丸の事例は、レコードによる浪花節受容の初期的なモデルケースだったといえる。メディア論的なアプローチによって、記述されない生活のなかの聴取史の輪郭をおぼろげながら浮かび上がらせることができるだろう。レコードは、聴取者側の能動性のもとに繰り返し聴くという聴取の仕方を生み出した。名前と声が一対になって普及していく事態は、それまでにないレベルでの有名演者を登場させていくきっかけでもあった。

第三章以降は、一九三〇年代から四〇年代前半の戦時体制期に焦点を定めつつ、「新作」[30]を焦点としながら、演者の位置づけを論じていく。義士伝や侠客伝をはじめとしたそれまでの演目群の蓄積を維持しつつも、浪花節には、より一層早いペースで原作・原案が流入していく。メディア空間の重層化のなかで、動態的・流動的なジャンルイメージを提示するために、新作に熱心に取り組んだ演者をとりあげて、浪花節が複合的に複製され消費されていく状況を論じていきたい。

第三章から第六章までは、寿々木米若をとりあげた論考が集められており、本書の中核をなしている。米若は、一九二〇年代から活動をはじめ、三〇年代から四〇年代に絶頂期を迎えていく。その時代は、まさに戦前・戦中・戦後という国家の動向が前景化していく過程であり、またラジオ、トーキー時代を迎えた本格的な複製技術時代の幕開けでもあった。米若はそうした時代に向かいあうなかで、同時代を意識した新作に、積極的にとりくんでいった。米若論では、メディア・興行という芸人のなりわいを支える条件に留意しつつ、個人の動向から浪花節の位相をえがいてゆく。[31]浪花節史のなかで、おそらく最も多くの種類の演目をレコードに吹き込んだのが米若だっただろう。つまり本書では、米若に焦点をあてて、時代の潮流にのり、芸能界での地位を確立していた浪花節演者の演目リストを提示することになる。それは換言すれば、時代に敏感であることと、慣習的であることの両面を、恒常的に維持していく人気演者の最盛期を記述していく過程でもある。国家の問題系と不可分にからむ資本の問題系、さらにはそれに連動する対面的な口演の場（興行）の問題系に目を配りつつ、イデオロギーと快楽が複雑にからまりあう声の物語を担う演者の歴史的社会的な位相を、時間軸にしたがって具体的にえがいていきたい。そうした問題系の折り重なる〈場〉として演者の声と身体を見出し、様々な社会的な位置から繰り出される期待の交差やせめぎあいを記述するなかで、物語／芸の流通回路を浮かび上がらせることにしよう。演者の実践の蓄積は、ここに挙げたいずれか一つを直接的に反映する鏡ではない。成功／失敗を積み重ねるなかで、様々な期待と演者自身の指向性が屈折して重層化し、なおかつあいまいさを包含した独自の領域である。興行を中心とした米若の人生史を、メディアの拡張のなかでとらえていくことは、情報産業の仕掛けを、それを生きていく芸能人の実践感覚からとらえることを意味している。いうなれば、「想像の共同体」と口演空間の関わりを、可能な限り具体的にえがくことを念頭におきつつ、重層的な力学の上になりわいを成り立たせている芸人の位相を浮かび上がらせてゆくことこそ、米若論の課題である。ともすると、一気に国民国家という一般的かつ抽象的な概念に回収されかねない声の物語とそれを担う演者の身体の歴史的社会的な位相を、演者の日々の口演を支えた諸関係から照射してみたい。

まず第三章では、米若の知名度を決定的なものにしていく「佐渡情話」の誕生の経緯と、それが受けとめられる文脈と期待のあり方、[32]さらには一九三〇年代における米若とレコード・ラジオの関わりを明らかにする。浪花節レコードが、興行と連携しつつも独自の生産体制を確立していく状況を先駆的に体現した商品が「佐渡情話」だった。一方でラジオは「語り物」にとって当初警戒されるメディアであったが、その警戒が解かれていくのは国家戦争を本格的に語りはじめることと深く関わっていた。

第四章では、一九四〇年代の前半における米若の動向を、口演空間の交差とともに浮かび上がらせてみたい。中心となる資料は、『演題帳』（国立演芸場所蔵）である。[33] 本章から六章までは、この『演台帳』に淡々と記述されていった記録を、各種口演空間との相対的な関係のなかで配置し直す作業のなかで、米若の浪曲師としての実戦感覚を読み取っていく。本章では、ひとまず終戦までの期間についての記述を多面的に読み込むことにより、総力戦体制に対峙し、「新作」を量産し続けた米若の動向を再構成してみたい。

続いて第五章では、戦時下の浪界にとって最も画期的な試みであった「愛国浪曲」の発表経緯とその内実を明らかにする。米若に焦点を合わせつつ、物語の生産と受容の拮抗、そしてそのはざまに立つ演者の位相について論じてみたい。大衆文化のなかに入り込んだ「語り物」のテクストを、様々な社会的位置からの期待が交差する場としてとらえ、生産・流通・消費の過程のなかに位置づける視点を導入する。『演台帳』を整理して数量化されたデータから見えてくるのは、たとえば同じ戦争物であっても、客受けはずいぶんと異なっていたということである。一流の文士が提供した「愛国浪曲」の口演回数から見えてくるのは、それと活字に残された言説が与える印象との間にあるずれである。客の反応を第一として繰り返される興行の記録には、言説を残さない、無名の（そして無数の）客の期待が刻印されている。国家の視線は娯楽産業を覆いつつ、その内面化は口演空間ごとの差異を生んでいった。

第六章は、戦時期と戦後占領期を横断して、米若のレパートリーからどのような連続性と非連続性が見出されるのかを論じている。敗戦という転換のなかで、浪曲は仇討物などの口演に制限がかかる。米若は、そのなかで民主主義的なメッセージ（女性解放）を盛り込む演目も口演した。しかし三〇年代から四〇年代を俯瞰する視点に立って見えてくるのは、自身への期待をみこした常套的な〈情話物〉の変奏である。演者の日々の口演を支えた「興行（巡業）」の構造を明らかにして、浪曲師――移動と口演を繰り返す身体――が直面した口演空間の特徴とはいかなるものであったのかを論じる。

最後の第七章は、米若同様に新作に積極的に取り組んでいった女流・二代目天中軒雲月《てんちゅうけんうんげつ》をとりあげる。浪花節史は男性有名演者がジャンルの象徴としてとりあげられることが多く、女流が研究・批評の対象となる機会は相対的に少なかった。しかし、浪花節全体が担っていた価値観や感性の再生産回路を明らかにしようとするとき、女流はさまざまな問題を提起してくれるだろう。三味線の音色をともないながら、男が女を演じ、女が男を演じるひとり語りの芸である浪花節の全体像は、演者の性別を横断して一つのまとまりを構成していたことをひろく見渡してこそ、本格的に議論されていくのではないか。雲月は、女流のなかで最も多くのレコードを吹き込んだ。「杉野兵曹長の妻」という日露戦後の未亡人の物語をヒットさせ、戦時下の浪界を代表する演者の一人となっていく。雲月の特徴は、「七つの声」と呼ばれる人物の演じ分けだった。あたかも複数の演者で演じているようにも聞こえる極端な演じ分けは、驚嘆をもって受け入れられるとともに、浪曲通のなかにはそれを批判的にとらえる者もいた。「七つの声」は、「衝撃」と「違和」の受容を通して、聴衆が想起する浪花節らしさを攪乱するなかで、社会的な位置づけを貪欲にあるいは過剰に更新しようとした。雲月のスターダムへの台頭は米若と多くの点で類似している。雲月は、米若同様に新作主義を徹底させて、メディア空間を横断して声を拡散させることができた。さらに、ハワイ・北米巡業及び、大劇場での興行を成功させ、レコードヒットで人気者になっていき（図0―2）、浪

図 0-2 天中軒雲月嬢（二代目雲月）帰朝興行ビラ

曲映画にも引っ張りだことなるプロセスも一致している。米若と雲月は、一九三〇年代という複製時代の消費サイクルにレコード会社を通して積極的に関わり、アイデンティティを確立していった。この章では、雲月をとりあげて、女流の側から、戦時下における新作主義の内実をみてみたい。

以上の構成では、米若論が軸となっており、その前提を見渡すために雲右衛門論と奈良丸論、同時代への見通しをひろげるために雲月論が配置されている。二〇世紀の初頭におとずれた〈劇場化〉〈複製化〉をふまえて、一九三〇年代から四〇年代の前半における戦時下の浪花節（浪曲）の位相をみていくことにしよう。

凡例

＊ＳＰレコードの発売年月は、特に記述がない限りは、国立劇場芸能調査室編『演芸レコード発売目録』（演芸資料選書四、国立劇場、一九九〇年）に基づいている。なお、目録に記された発売年月は、「月報」などに記載されたものである。実際には、その発売年月の前月に市場に出回ることが通例だった（同目録二―三頁）。

＊ジャンル名称としては、第一章から第三章においては「浪花節」を中心に用いており、協会名称に「浪曲」が採用される時期以降を主に扱う第四章から第七章では「浪曲」を中心に用いている。ただし、聞き書きや引用文献のニュアンスを尊重する場合、あるいは初出の際の執筆の意図に応じて、第四章以降においても「浪花節」を併用している。なお演者を指す場合、「浪花節」に対応して「浪花節語り」・「三味線弾き」、「浪曲」に対応して「浪曲師」・「曲師」という名称を用いている。一九三〇―四〇年代においては、「浪曲」という名称が用いられる際には、管見の限りでは「浪曲家」という表記が用いられることが多いが、本書では現在の一般的な呼称である「浪曲師」を統一的に用いた。

＊漢字の旧字体はできるだけ新字体に改めた。

【注】

1　秩父重剛「楽屋論文」『浪花節大全』八興社、一九五四年、三―四頁。

2　中川明徳『新作浪曲集　愛の街角』ひのきや書房、一九四七年。中川のプロフィールについては、唯二郎『実録　浪曲史』

（東峰書房、一九九九年、一六二一一六六頁）の記述参照。
3　前掲秩父「楽屋論文」、四頁。
4　前掲秩父「楽屋論文」、七頁。
5　柳田の「語り物」概念が指し示す範疇を批判的に検討する必要性については、兵藤裕己「口承文学総論」（久保田淳他編『岩波講座日本文学史　一六』岩波書店、一九九七年）参照。あるいは「語り物」概念のポイントを「専門的な演者」への視点とみなして、よりひろい口頭芸研究の開拓を指向する可能性については、拙稿「「語り物」から〈口頭芸〉へ」（『日本民俗学』二七〇号、二〇一二年）参照。
6　福田晃「民間伝承と平家物語」『軍記物語と民間伝承』岩崎美術社、一九七二年、六頁。福田は、執筆当時において、「近年のマスコミ文化」が、さらに「伝承の多くを完膚なきまでに叩きつぶした」（同頁）とも述べている。
7　柳田國男「民間伝承論」『柳田國男全集　八』筑摩書房、一九九八年、一五〇頁。
8　兵藤裕己が述べるように、柳田にとっての「語り物」とは、中世への関心に直結したジャンルであり、近世末から近代において輪郭を現し大衆化していった浪花節の声は関心の外にあった（前掲兵藤「口承文学総論」、一一一一三頁）。
9　大島建彦「語り物」（『日本民俗事典』弘文堂、一九七二年）、中村幸彦「伝統芸能における浪曲の位置」（『上方芸能』、一九七二年二月号、三二頁）、池田弥三郎「語り物」（『日本社会民俗辞典』誠文堂新光社、一九五二年）などにおける浪花節（浪曲）の説明を参照。
10　たとえば、芝清之は「明治末期から大正初期」を最初の「黄金時代」、「大正中期」から「昭和初期」を「第二期黄金時代」とみなしている（芝清之「解説」『大衆芸能資料集成　六』一九八〇年、四二九頁）。また、唯二郎による「わたしの浪曲史ノートから」（『月刊浪曲』連載）をまとめた『実録　浪曲史』は、「黄金期」を「昭和前期」から「終戦」（一九二六年から四五年）までとして編集されており、それ以前は「草創・興隆期」とされている（前掲唯『実録 浪曲史』）。
11 『芸界之友』一四巻八号（一九二五年、一四―一五頁）では、「東京浪花節協会」発足について、その概要と各種行事などについて報告している。たとえば、そのなかで「浪曲競演会」「浪曲長老会」など一部の行事に「浪曲」という名称が用いられている。
12 兵藤裕己『〈声〉の国民国家・日本』日本放送出版協会、二〇〇〇年、二一四頁。
13 前掲兵藤『〈声〉の国民国家・日本』、二一〇頁。
14 前掲兵藤『〈声〉の国民国家・日本』、八三頁。
15 ベネディクト・アンダーソン『想像の共同体 ナショナリズムの起源と流行』白石隆他訳、NTT出版、一九八四年（増補版一九九七年）。アンダーソンは「人間の言語的多様性の宿命性、ここに資本主義と印刷技術が収斂することにより、新しい形の想像の共同体の可能性は創出された。これが、その基本的形態において、近代国民登場の舞台を準備した」（増補版八六頁）と述べる。
16 たとえば、前掲兵藤『〈声〉の国民国家・日本』、七四頁。
17 前掲兵藤『〈声〉の国民国家・日本』、二三三―二三五頁。
18 前掲兵藤「口承文学総論」、一一頁。
19 前掲兵藤『〈声〉の国民国家・日本』、八―九頁。
20 本節は、拙稿「愛国浪曲をめぐる葛藤――ポピュラーな語り物を分析するための視点」（『日本学報』一六号、一九九七年、三一―五頁）をもとに加筆している。
21 徳川夢声「浪曲譚」『文藝春秋』一七巻一一号、一九三九年、三一〇頁。

22 権田保之助は、『娯楽業者の群』（実業之日本社、一九二三年）のなかで、「江戸っ子の娯楽として発達したるものとて、言葉の関係からして、地方人より『真打ち』となったものは絶えて無く、関西は京、大阪の人々に限られている」（『権田保之助著作集 二』文和書房、一九七四年、五九頁）と述べている。

23 権田は、「彼等の生国をしらべると、芸そのものが、例えば清元の江戸に於けるような地方的特色をもったものでない関係から、甚だまちまちである。純粋の江戸人も多数ある。また北海道産のものもある。そこは同じ芸人でも、落語家などとちがって、普遍的であるといえる」と述べている（前掲『権田保之助著作集 二』、六七頁）。

24 「浪花節と祭文」『太陽』三巻二三号、一八九七年、二六四頁。

25 ここでの「興行」概念は、守屋毅による芸能史の「近世」の定義を参照している（守屋毅『近世芸能興行史の研究』弘文堂、一九八五年）。守屋は、「興行制度」を「特定のパトロンをもたない芸能者が、一定の場所で営利を目的に芸能を上演し、不特定の観客が、料金をはらって任意にそれを鑑賞するシステム」（同書五頁）であり、興行師・演者・観客の三者関係で成り立っているという。本書でいう〈近代〉とは、守屋の述べる「興行」が定式化していく「近世」の延長線上にあり、諸制度の介入により、上演の前段階のシステムが複雑化し、上演方法が多様化する状態を指している。

26 受容史的転換期とその後の時代として大正期をながめる視点については、拙稿「寄席芸をめぐる受容史の再想像——一九二〇年前後の浪花節を焦点として」（吉見俊哉他編『叢書現代のメディアとジャーナリズム 四 大衆文化とメディア』ミネルヴァ書房、二〇一〇年）参照。

27 本書における〈声〉の表記については第二章参照。

28 正岡容『日本浪曲史』南北社、一九六八年、一六七頁。

29 松崎天民『恋と名と金と』弘学館書店、一九一五年、二〇四頁。

30　ここでいう「新作」とは、全く前例のない完全なる創造を意味するのではなく、むしろ業界のなかで、あるいは演者のなかで、蓄積されてきた演出が参照され流用されていく演目群という意味合いをもっている（拙稿「浪花節の「盛衰」と「新作」」福田晃他編『講座日本の伝承文学　一〇　口頭伝承〈ヨミ・カタリ・ハナシ〉の世界』三弥井書店、二〇〇四年、二五五頁）。

31　「個人」というフィールドへの自覚とその復権を目指す研究領域としてライフヒストリー研究がまず想起される。佐藤健二は、「個人」を関係が複雑かつ重層的に集積する〈場〉としてとらえる論点を提示している。佐藤健二「ライフヒストリー研究の位相」（中野卓・桜井厚編『ライフヒストリーの社会学』弘文堂、一九九五年）参照。

32　受容史的な観点のもとに「新作」をめぐる「期待」のあり方を論じる視点を採用するうえで、「期待の地平」概念をはじめとしたヤウスの受容美学の視点を参照している（H・R・ヤウス『挑発としての文学史』轡田収訳、岩波書店、二〇〇一年）。

33　『演題帳』は、芝清之によって活字化されている（芝清之編『浪花節――東京市内・寄席名及び出演者一覧』浪曲編集部、一九八六年）が、本書では、国立演芸場所蔵の原本をもとにして分析をおこなった。

第一章　衝撃／違和の受容史——桃中軒雲右衛門の来阪口演を事例として

はじめに

本章の目的は、一九〇七年（明治四〇）の大阪において、桃中軒雲右衛門（一八七三―一九一六　図1―1）の口演が受容される過程を明らかにすることにある。口演／聴取、報道、批評のからみあうなかで浮かれ節（浪花節）の〈改良〉[1]が認知されていく仕掛けを、資料（史料）そのものの性格に注意しつつ論じてみたい。すなわち、主観的な見聞記に含まれた先入観の意味づけを経て、演者あるいはジャンルの歴史的社会的位相が更新されていく過程を論述することが、方法論上の問題意識となっている。

図 1-1　桃中軒雲右衛門（『雪の曙義士銘々伝（訂正第二版）』発行者：林虎太郎、1907 年）

雲右衛門は、浪花節史上において「寄

席」から「劇場」へと口演／受容空間の拡張を押しすすめた演者として位置づけられてきた。[2]と同時に、その登場は近代芸能史の事件の一つとして扱われてきたといっても過言ではない。雲右衛門にまつわる言説の掘り起こしは、精力的におこなわれてきた。現在における雲右衛門像は、まず第一に倉田喜弘・芝清之による新聞記事の収集成果がベースとなってかたちづくられている。[3]また、関西における動向は、樋口保美によって、明治期大阪の芸能記事紹介の一部としてとりあげられている。[4]その後、安田宗生は、九州時代を中心として、新聞記事を丹念に集めるなかで、雲右衛門の口演の軌跡をより具体的に明らかにした。[5]雲右衛門像及び雲右衛門が求めた聴衆像は、こうした資料集積を基盤として議論されるべきであろう。そこから見渡せるのは、雲右衛門が浪花節の隆盛を牽引したことのみならず、日露戦争前からつくられつつあった機運に乗るなかで、演者／客の関係性を、精力的に更新しようとしたことである。

また、雲右衛門の声の特徴を、物語／芸を媒介とする国民国家論のなかで位置づけようとしたのが、兵藤裕己である。兵藤は、地縁・血縁による共同体規制、及び身分制を支配制度とした幕藩国家の忠孝のモラルから、近代国家のモラルへの変換装置として「大衆的な物語」が機能したことを指摘する。兵藤は、その「物語」を担ったのが、まさに制度の埒外におかれた芸能人の声であるとし、近代の国民の「物語」を支えた「語り物」として、浪花節をとりあげている。そうした前提のもとに、兵藤は思想家の動向と深く結び付けつつ、「無垢で亀裂のない精神の共同体」をつくりあげる声として雲右衛門の声を位置づけている。[6]

雲右衛門の声が、どのような集団性をつくり得たのかという関心は、確かに重要である。なぜなら、雲右衛門によって定式化された「武士道鼓吹」の口演様式は、日中戦争、アジア・太平洋戦争期における浪花節への期待にまで影響を与えていくと考えられるからだ。[7] しかしその一方で、均質でなめらかな「共同体」をつくりあげる声としてとらえようとする兵藤の視点は、雲右衛門の声を通じて浪花節の位相を考察するうえで、あるいは雲右衛門の声が浪花節の社会的な位相をどのように変容させたのかを考察するうえでは、限界をはらんでいるように思われる。陶酔の一方で、批判や揶揄は、聴取・批評のなかに生成し得なかったのだろうか。事件にしたてあげられていく過程（仕掛け）に注目しつつ、登場の衝撃を、一元化されない受容コード、あるいは受容の振幅とともに記述する作業にこそ、浪花節史の画期をつくった演者・雲右衛門の位置付けに肉薄できる可能性があるのではないか。資料の掘り起こしが精力的に進められてきた演者であるがゆえに、その総体を意識するなかで、そのような問題提起が可能になるだろう。

雲右衛門の登場を浪花節史の転換点として重視するという点は、本稿もこれまでの雲右衛門論と変わりがない。焦点は、どのような資料を用いて、賛否両論が共存する批評空間の外延をつかまえるかにある。人気の沸騰という点からすれば、雲右衛門になじめない者の感想は、ノイズとして消されてしまいかねない。本章の関心にそくしていうならば、むしろそのノイズから、関心の対象となる芸能の歴史的社会的な位置を論じてみたい。こうしたズレや違和への注目は、口承文芸（あるいは芸能）を文化史の記述・考察の焦点とするうえで、ミクロでありながらも根源的な出発点を形成するように思える。象徴的な資料の選定を注意深く見極めつつ、ノイズとなりかねない事例をどのようにとらえるかという問題意識は、文化史記述全般に共有されるべきだろう。そのような関心は、資料をもとに受容の局面を再構成する際の方法

（資料の選定、資料の性格についての説明・留保の付加、聴衆像の想定など）そのものについての議論・批評にもむけられていくかもしれない。

以下でとりあげる雲右衛門の口演は、九州時代と東京への帰京のはざまでなされた。九州時代とは、宮崎滔天や玄洋社の後援を得ながら知名度・人気を獲得していく時期を指しており、帰京以降とは、本郷座（東京）などの舞台で成功を収めて、東京で時代の寵児として認知されていく時期を指す。その点からすると、中途にあった大阪での口演は、二義的な補足情報とみなされるかもしれない。しかし、「中途」であるがゆえに、衝撃と違和感を同時に抱え込みながらおこっている地殻変動が如実にうかがえる。大阪口演をとりあげる意義は、まさにそこにある。以下では、雲右衛門が結ぼうとした客との関係性を、具体的な更新過程のなかでとらえるために、当時の大阪の浮かれ節興行の様子について可能な限り確認しておこう。

一　雲の浮かぶ地平

一―一　飛び交う掛け声――明治三〇年代中頃の浮かれ節席の様子

雲右衛門来阪時の浮かれ節席の状況を知るために、それ以前の席の雰囲気をみておきたい。明治三〇年代の大阪の浮かれ節の受容状況を知るための資料は、それ以降に比べて格段に乏しい。ここでは数少ない事例のなかから、雨之助というペンネームの記者が、一九〇三年（明治三六）に記した「大阪繁昌記」という探訪記のひとコマをとりあげる。[8]

雨之助は、天満天神裏の国光席に入った。東京の浮かれ節（浪花節）が落語義太夫をしのいで「中流の客種」を獲得している一方で、大阪では「下等労働者の娯楽場」とみられているという。「中折れ山高帽子」を被る者や「紋着インパ子ス」を着用している者などはいない。雨之助自身も、客としてその場にはそぐわない立場であり、入場を「快しとは思はなかった」という。意を決して木戸をくぐると、ほとんど空席のない大入りであった。「高座の脇」にようやく座ることができた雨之助は、演者が「見台を前に控へて盛んに呻り立て」いる様子を目にする。「客種」は、他の浮かれ節席と同様に「労働者が多分を占て」いたので、飛び交う声とすれば「恰もドス黒い」と形容されるような「確かりやって呉よ」「負な負な」「お前ばっかりやぜ」などという「宮角力などで耳にする掛声ばかり」を耳にする空間であった。しかしながら、雨之助は、「クス〳〵」という笑い声も耳にする。それは「藪鶯の声」とも比喩できる「優しの声音」であった。振り返ると、そこには二人の若い女がいた。雨之助は、その若い女が何者かを、推理小説さながらに追尾することになるのだが、その結末はここではさておいて、注意しておきたいのは、彼が思わず振り向いてしまったことそのものである。雨之助にとって、「若い女」は意外な聴衆だったのだ。[9]

ここに取り上げたのは、日常的に浮かれ節を楽しんでいた者の見聞記ではない。探訪の対象として覗き見る視線によって切り取られた一つの光景である。そうした留保を確認しつつも、この断片から、浮かれ節席の聴衆像について知ることができるだろう。「若い女」の声は違和とともに耳に飛び込んできた。裏を返せば、客層は「労働者」をはじめとした男性が中心だったことが了解できる。たとえば、労働者の職種としては車夫、職工、仲仕などが例として想定されるだろうか。飛び交う声援は勇ましく、また力がこもっている。もちろんここで述べたのは聴衆像の一端に過ぎない。しかしながら、浮かれ節席は、労働者の一日（＝労働時間／非労働時間）という生活の単位と対応した空間としての性格を濃厚に帯びていたことは間違いないだろう。

一―二　一九〇七年当時の大阪市における浮かれ節席の概要

一九〇七年（明治四〇）の雲右衛門の来阪について考察する前に、右に記したような受容空間をもう少しひろい文脈のなかに位置づけておきたい。『大阪市統計書』に記載された統計調査をもとにして、当時の大阪における寄席全般のなかでの浮かれ節席の位相を示してみよう。[10] 浮かれ節席は、表1―1のように席数（軒数）の点では、寄席芸のなかでは最多であった。

表 1-1 1907 年における大阪市内の寄席

名称＼総計項目	軒数	建坪数	入場数	平均建坪数
浮運節	49	1369	665437	27.9
落語	10	418	203950	41.8
講談（講釈）	8	244	69438	30.5
天留波狂言	7	503	199965	71.9
浄瑠璃	6	217	119365	36.2
剣舞	4	122	153290	30.5
芝居	4	337	273580	84.3
活動写真	3	211	182660	70.3
軍談	3	101	32553	33.7
新内	3	85	24762	28.3
音頭踊	2	46	56132	23.0
女浄瑠璃	2	77	23428	38.5
俄（仁輪加）	2	138	76960	69.0
手踊	2	96	92660	48.0
観物	2	74	39840	37.0
諸芸	2	53	53999	26.5
軽業	1	53	9905	53.0
手品	1	14	25650	14.0
人形浄瑠璃	1	126	38375	126.0
記載無し	1	30	9943	30.0

注：「第 145 寄席細別」『第 8 回　大阪市統計書』（明治 40 年度版、大阪市役所、1909 年）をもとに作成。平均建坪数は、建坪数を軒数で割った数字（小数点以下第 2 位四捨五入）。

それに応じて、各席の建坪数の総計、及び動員数（入場数）でも浮かれ節が最多となっている。しかしながら、その一方で注意しておきたいのは、平均建坪数である。浮かれ節席は、他の主な寄席芸と比して低い数値を示している。たとえば当時の代表的な浮かれ節席であった国光席（北区）は二二坪、広沢亭（西区）は三一坪、第一愛進亭（南区）は二三坪と記されている。[11] 浮かれ節席は、一九〇七年当時において、席数・動員数とはうらはらに、大阪市内において小規模の席を多くかかえていたことが特徴であったといっていいだろう。
ここに記した代表的な浮かれ節席は、大正期に入っても業界の中心的な席であり続けた。しかしながら、それ以外の席すべてが浮かれ節席（浪花節席）として継続されていったわけではなかった。『大阪市統計書』のほかの年の調査結果を見ると、寄席の出し物の方向転換もしばしばおこなわれていたことがわかる。たとえば鶴ノ席（西区）は、〇九年版・一〇年版において、常盤席（西区）は、一〇年版において、源氏節席として記されている。逆に講談席として記されていた梯亭は、一〇年版では浮かれ節席として記されている。また、八千代席（北区）は〇九年版において、吉川席（北区）鶴ノ席（北区）は一〇年版において、活動写真へと興行内容の記載が変更されている。[12]
雲右衛門来阪時における大阪の浮かれ節業界は、統計の「入場数」を見る限りでは、寄席のなかでは最も多くの需要をかかえていたと考えていい。[13]なおかつ集客力の点において活動写真に追いつかれ圧倒されていく直前の時期にあたるといっていいだろう。

一―三　機運としての奨励会

こうした活況を背景としつつ、大阪の浮かれ節業界には、ある機運が生まれつつあった。それを理解するうえで重要なのは、東京の浪花節業界の動向である。

一九〇六年（明治三九）の年末における新聞記事からは、当時の東京ではすでに、それ以前に比して「浪華節の全盛期」とも思われる状況で、各所に「研究会、奨励会」が開催されて、愛好する「紳士紳商連」

も増えていたことがうかがえる。[14]これらは「浪花節研究会」「浪花節奨励会」とよばれる会を指している。たとえば、薄田斬雲は、飯田河岸富士見楼で開催された第三回浪花節奨励会の様子を克明にレポートしている。「高座の後ろに金屏風を立て廻し、其の脇に卓子へ生花瓶を飾り」、その後ろにも「矢張り金屏風」を立てていた。新聞記者席、接待席には、宮崎滔天・伊藤痴遊《いとうちゆう》らがおり、「一二等席」には、「堂々たる上流紳士連、高等な風姿の婦人、庇髪仲間」などが座っているという。[15]一心亭辰雄《いっしんていたつお》らの活躍や古賀廉三警保局長らの後押しなどが相まって、東京における浪花節の機運は、雲右衛門の凱旋を迎える下地を形成しつつあった。そうした様子が新聞報道の力によって時間差をはらみつつも大阪に伝えられてきたのである。児玉花外は、こうした奨励会の盛んな状況を『大阪時事新報』紙上で紹介している。[16]

一方、大阪の浮かれ節は、まだ「下流社会にこそ多くの顧客を有すれ中流以上の人士は単に浮れ節なる語を口にし耳にするのだも厭ふ如き模様あり」という状況であった。それは、先の雨之助の記述とも呼応しているといえるだろう。そのなかで、大阪でも浮かれ節の〈改良〉を目指そうとする動きが現れた。それが一九〇六年（明治三九）一二月二六日に開催された親友派組合による「奨励会」であった。これは「武徳会大阪支部」への寄付を主旨とした大会であり、発起人は二代目広沢虎吉であった。虎吉は、広沢館（松島）などを経営し興行面で手腕を発揮した人物である。奨励会の会場に選ばれたのは、八千代座（松島）であった。八千代座は、いわゆる寄席ではなく劇場として位置づけられる会場であり、普段は浮かれ節を興行にかけるための場所ではなかった。出演したのは座長クラスの演者であり、「今後益々研究の道を講ずる」のが目的だった。演者・演目は、広沢虎太郎「伊賀越後日の仇打」、姉川吉丸「勇婦板額」、中川伊せ吉「曽我物語」、岡本鶴治「一休和尚」、広沢菊円「安倍晴明記」、吉川奈良丸「景清伝」、京山小円「義士雪の曙」、藤川友春「大阪城後藤の入城」であった。[17]

こうした「奨励会」が新聞紙上で予告されたことそのものが、浮かれ節業界にとって画期的な出来事であったと考えられる。人気演者が挙って口演する大会形式は、おそらく成功を収めたのではないか。翌年四月二六日に、第二回が中之島公会堂で開催されたことが新聞記事からうかがえる。[18]

日常的な口演空間としての寄席を抜け出して、八千代座、中之島公会堂で口演するという試みは、常連客に変化を感じさせたと同時に、浮かれ節に縁のなかった人々へのアピールもともなったであろう。演目は、主に浮かれ節や講談でよく聴かれたものであったと察せられる。演目よりもむしろ、口演場所の変化によって、浮かれ節の印象の更新に一歩ふみだそうとしたのがこの奨励会であったと考えてよい。雲右衛門が来阪せんとする年は、まさに、大阪において〈改良〉の機運が高まりつつあった矢先だったのである。

二　上流階層と婦人――象徴としての聴衆像

では、浮かれ節席での興行は、新聞紙上ではどのように告知されていたのか。当時の新聞紙上には、しばしば劇場・寄席の興行告知が掲載されていたが、浮かれ節の興行スケジュールの新聞紙上への掲載は稀であったと考えられる。その一方で、正月興行については情報が記載されている。[19] ただし、正月興行に際しても大阪市内の浮かれ節興行すべてが紹介されていたわけではなかった。ここで確認しておきたいのは、演劇や落語に比して、新聞紙上に告知が活字化されにくい位置にあったという点である。つまり、「奨励会」はまさに活字化され特筆されるべき告知例であった。
まずは新聞紙上における浮かれ節情報の少なさ、次に寄席から劇場へとまさにせり出さんとしつつあった状況、この二点こそが、雲右衛門の来阪のリアリティを浮上させる前提だったといっていいのだ。

以下では、一九〇七年（明治四〇）二月二六日に『大阪毎日新聞』に掲載された「九州における浪花節桃中軒雲衛門の大勢力」[20]をとりあげて、雲右衛門への先入観を構成していく記事がどのようなものであったのかをみておこう。記事では、東京でそれなりに人気を得ていた雲右衛門がいつのまにか九州に下っていたこと、武者風の総髪羽織袴を着用し、テーブルに寄って演説風に口演するスタイルを取り入れたこと、浪花節（浮かれ節）らしからぬ客層を獲得していることなどが伝えられている。以下では活字が大きく強調されている部分を中心に引用してみよう。

・「由来**九州は妙に此浪花節**を賞美するところで」
・「聴衆には知事あり、書記官あり、師団長旅団長あり、市長県会議長あり、扨は**将校夫人を初め上流の夫人令嬢のみを以て埋る**盛況を呈する」
・「かるが故に贔屓の客より贈る引幕の如きものも東京辺のやうに魚がし、雑魚場、何々若者連中といつたやうなのは一つもなく、福岡県奉公婦人会鹿児島県婦人会、何々県愛国婦人会、何々郡慈善婦人会といつたやうな**重に上中流婦人を中心とした団体からばかりの寄贈で**」
・「彼の講演するものは下卑た国定忠次や鼠小僧治郎吉にあらずして趣味津々たる武士道の美花前にも

言つた**赤穂義士伝の一点張**だ」
・「何れの地も一流の大劇場にテーブルを据ゑ演説風に講演する、夫で**大きな演劇場が何日も満員**といふ凄じい勢ひを呈する」
・「此頃彼の講演した雪の曙義士銘々伝を発行したが其序文には浪花節の鼓吹者**警保局長古賀廉造、頭山満**両氏の題字があつて**福本日南の題画**がある」

九州では浪花節熱が高まっており、それを牽引しているのが雲右衛門であった。雲右衛門は、義士伝を代表的な演目群として、寄席よりも相対的に大きな収容力のある劇場を満員にしており、後押しには政治家や新聞記者がついていた。ここで注目しておきたいのは、読者の目を引き付けるために、何が強調されていたのかである。活字の連鎖が生み出す文意の次元のみならず、むしろ、活字のポイントの落差によって、期待の煽りは演出された。繰り返し文字を拡大してアピールされているのは、聴衆としての「上中流婦人」である。雲右衛門が各種団体の招きに応じておこなう慈善口演に熱心であったことは、これまでにもしばしば指摘されているが、そのなかには、愛国婦人会、尚武会婦人会、実業婦人奉公会、ほかには各地域の婦人会や基督教関係の婦人会などが見受けられる。[21] こうした「慈善」や「義捐」は、繰り返し新紙上で、いまだ雲右衛門の声を聴かぬ者にまで語りかけられた。雨之助が、背後に聞こえる若い女の声に怪訝に反応したように、従来の浮かれ節席の客において女性が少なかったことは先に記した。もちろん雲右衛門が婦人会のみに出向いたわけではないのだが、「婦人会」という聴衆像は、従来の浮かれ節像において希薄であったのは間違いないだろう。

また雲右衛門が来阪したときは、まさに『大阪毎日新聞』で雲右衛門の東京時代のスキャンダルなどが連載されていた最中であった。[22] その連載は、演出などに関する派手な噂が九州から伝わるなかで、従来の浮かれ節像を急進的に変えようとしていることへの資格を問うかのような、暴露記事による糾弾であった。正負入り混じった雲右衛門像は、その声を夢想する読者に、近い将来訪れるであろう興行への興味をかきたてたに違いない。

雲右衛門についての報道は、浮かれ節通のみならず、むしろ浮かれ節に興味が無かった人々への伝達に重点がおかれていた。そうした雲右衛門への注意喚起は、どのような視聴の仕方につながっていったのか。当時の浮かれ節への興味についての記述、見聞記を取り上げて、大阪における雲右衛門の受容に接近してみたい。

三　異文化としての浮かれ節

三―一　紳士の耳目と浮かれ節

以下でとりあげるのは、『大阪経済雑誌』に掲載された浮かれ節（浪花節）の見聞記（批評）である。その見聞記の特徴は、浮かれ節にあまりなじみのない「経済雑誌」の読者を前提としていた点、さらには投稿者自身も浮かれ節通ではなかった点にある。浮かれ節は、読者にとって階層的な異文化としてとらえられている。見聞記は、浮かれ節への興味を正当化する根拠が芽生えつつあった時勢のなかで掲載された記事であった。浮かれ節に慣れていない者、いわば紳士の批評から、階層的に限定された聴取層と聴衆像が、急激にかつ部分的に更新されつつあったこと、またそれを牽引したのが雲右衛門であったことが、如実にうかがえる。

まずは、「浦江隠士」という投稿者の見聞記をとりあげて、当時大阪において一般的であったと考えられる浮かれ節像を概観しよう。浦江自身は、浮かれ節に対してある固定観念をもっていた。浮かれ節席は労働者層を中心とした「下層社会の占有物」であり、「大阪に於ける中以上の人士」がたのしむ興行とは、「第一に芝居、浄瑠璃、次に寄席の噺等」であるという。つまり浦江をはじめとする「中以上の人士」にしてみれば、浮かれ節を聴く趣味は、社会的立場にそぐわない恥ずかしいものだという認識があった。[23]

しかし浦江は、古賀廉造警保局長が浮かれ節の「社会に与ふる感化力」をほめて、「改良して善用」することを望んでいることに興味を覚える。いまや浮かれ節は、「一部上流人士の心耳を娯ましむる機関ともなりて居る」のであり、その「改良」は新聞などにおいても論じられるテーマとなっていた。では、そうした階層的な境界線の向こう側に位置していた浮かれ節を、浦江はどのように見聞したのか。浦江は連夜、異なる席に通い「客筋の比較」や「弁者の技量」について比較し考究したという。聴きくらべるうちにわかったのは、演者によってフシ回し、音声の美醜、技量の巧拙などにさまざまな差異があるということであった。各演者は「漸次多少の改良」を加えつつ、「各自の思ふ儘に節回し態度に面白みを付け」ることにより、「無知蒙昧の婦女子は言ふも更、六尺大の髯男共を自由自在に笑はせ、泣かせ、怒らせ、喜ばせつゝあるの」だという。浦江にはその多様さは浄瑠璃と比べて極めて対照的に聞こえた。浄瑠璃は、

「音符呂律等」が「画然定つて」おり、フシ回しについて規定を超脱した演者間の差異を見出せず、そのために浦江には「改良の余地」のないものと感じとられていた。それに対して、浮かれ節の演者のなかには、「義太夫の節を加味」していたり、「琵琶歌の節を応用」していたり、「其他各種のものを配合して美妙に之を発揮」する者がいるのだという。融通の利いた配合ぶりを聴きとった浦江は、浪花節が「真に聴者に感動を与へしむこと、他の演芸において迚も企て及ぶ所ではない」と思うのだった。また浮かれ節の演題は「忠君、愛国の思念を標傍」し、「孝子、義士、節婦、烈女、任侠、才智」などの美徳を語っている。浦江は、こうした道徳・懲悪という点においても浄瑠璃・落語は、浮かれ節に及ばないという感想をもったのだった。[24]

浦江は、階層的な境界をとびこえて、なじみのない浮かれ節席に足を運んだ。そして、『大阪経済雑誌』の読者層において、相対的になじみがあると思われる義太夫や琵琶歌などと比較するなかで、浮かれ節の特徴を同定していったのである。そうした対比のなかで、特徴として聴きとられたのは、抑揚の千変万化、フシの配合とその微妙さであった。浮かれ節のなかに他のジャンルのフシ回しが聴きとられたように、浮かれ節は極めて貪欲に他のジャンルから演目・演出を流用していた。浮かれ節のフシは、ジャンルレベルでの拘束を越えて、個人において配合される。客はそうした他の語り物の如く聞こえるフシの部分部分に、極めて寛容であったということができるだろう。ハイブリッドな節操のなさは、演者間の差異を生み、客にとってのたのしみの幅を生んでいた。フシ回しが多様で流動的であったという点、「忠君、愛国の思念」が盛込まれているとみなされた点、この二点によって浮かれ節(浪花節)は、〈改良〉言説に順応する可能性を見出されたのである。そして、古賀をはじめとした政治家が想定する浪花節像を最も体現し、〈改良〉の模範となったのが、桃中軒雲右衛門であった。

三―二　「武士道鼓吹」に泣けない男――雲右衛門の求めた聴衆像

次に取り上げるのは、大阪の定席（常設席）と雲右衛門の興行を比較した「YT」という投稿者による見聞記である。雲右衛門は一九〇七年（明治四〇）三月に来阪し、慈善演芸会に出演し、そののち大黒座（神戸）で興行する。[25]この大黒座での口演をきっかけとして、雲右衛門は「有栖川宮大妃殿下」の前で口演することになるのだが、その後再び大阪に戻り中座で興行した。中座では義士伝や佐倉義民伝を口演したことが新聞記事からうかがえる。[26]

YTは、中座で「佐倉義民伝」を聴いた。しかし「一向感心をせない」という感想をもった。ところが「浮れ節通」の知り合いから、それは新聞の攻撃による先入観があるからであり、それを払拭して芸の善し悪しを判断すべきと忠告される。その「浮かれ節通」いわく、「赤垣源蔵徳利の別れ」を聞いて「泣かぬ者は恐らく此広い天下に一人もあるまい」とのことだった。[27]

「赤垣」は、雲右衛門の最も得意な演目の一つであり、「有栖川宮大妃殿下」を泣かせた演目であった。来阪する雲右衛門像の形成において、「赤垣」は象徴的な意味を帯びていたのである。YTは、その忠告を確かめるべく、四月末に、天満に浮かれ節を聴きに出かける。[28]一つは天満座に出演する雲右衛門であり、もう一つは定席である国光席に出演する京山小円であった。国光席は、浮かれ節席のなかでは、いわば一流の席であったのだが、雲右衛門は、そうした寄席ではなく、劇場で口演をしたのである。天満座は、建坪数は一三六坪、国光席の約六倍の広さであった。[29] YTの視線を追尾して、当時の大阪において日常的に興行されていた口演の様子と雲右衛門のそれを対照させ、雲右衛門が「武士道鼓吹」の演出によって求めた聴衆像を確認していこう。

中座の大入りが新聞紙上で伝えられているさなか、『大阪毎日新聞』では、「大向の連中」のなかには「小円の方がズッと上手い」と「悪罵を放つ」者がいたことを伝えている。数倍の料金をとる雲右衛門より小円のほうが上手ければ、「労働者連中」は黙っていないだろうという。[30] 現に、雲右衛門の来阪は、大阪の浮かれ節業界の最大派閥である親友派組合や浮かれ節席に通う一部の常連を刺激していたようである。小円は天満座の真向かいにある国光席に出演して、雲右衛門と「大に人気を競う」ということになり、北船場の贔屓連中は桟敷を買い切って盛り上げたという。[31] いわば、YTの二つの見聞は、静かな緊張感をはらんだ異なるタイプの浮かれ節の衝突の渦中になされたのである。

YTは、まず国光席に入ることにした。出演者は小円他四名の口演者と三味線弾き二名であった。木戸銭は「一人前十銭」、客層は「男九女一の割合」であり、「職人車夫体のものが其大部分を占め」ていた。YTが舞台両側の掲示に目をやると、次のように記されていた。

▲下足は預かります但し㊂いらず▲かさはあづかりません▲ねころむこと御無用▲高声御無用▲はきもの御注意▲ラムネ代三銭▲かき餅茶五厘▲火鉢三銭▲菓子五厘▲土瓶茶一銭▲あやめ四銭▲火の用心

（中略）▲御注意、たんはきより外につばをはかぬ事▲寝ころばぬこと、右其筋より厳しく御達旨有之候に付各自御注意の程奉希上候也[32]

このような掲示を見てYTは、会場の雰囲気を「平民的」であると感じていた。当時の浪花節席は下足制であり、客はラムネやかき餅茶を飲みながら、あるいは菓子をほおばり、また冬には火鉢にあたりながら、畳に座して聴くのであった。禁止事項に目をやると、寝ころんだり、つばをはきすてたりしないようにという注意がなされている。禁止事項は、浮かれ節席に似つかわしい客の役割を受け入れさせ、演者／客の関係性を安定させるための注意喚起であった。

YTは次に、雲右衛門の出演する天満座に向かう。では木戸口に立ったYTの視線を順に追っていくことにしよう。

先づ天満座の木戸口を見ると、……▲蜘右衛門が唯一のコケ威し、有栖川宮大妃殿下を看板にして、武士道呼ばりをなす、彼の鉄面皮に先づ以て驚かざるを得ず[33]

さらに雲右衛門は、木戸口に「己れの肖像」を掲げ、そのそばに「有栖川宮大妃殿下の御詠」を、看板として掲げていた。「武士道」を吹聴する「鉄面皮」に驚かされつつも、YTは天満座に入場する。他の浮かれ節から差異化するための口演意義の演出は、精神を語るというメタ言説（演目を説明する言説）の付与を過剰におこなうことにより、可能になるはずであった。その目論見は、おおむね成功したといえるのだが、一方ではその過剰さゆえに、演出自体を批評において相対化しようという動きをも生じさせていたのである。

さて、場内を見渡すと、芸妓たちから寄贈された幕がかかっており、客席の一部には「招待席」という張り紙が貼られていた。「招待席」には「新聞や先生」が招かれていたという。もっとも、YTは雲右衛門の「高慢」な態度にかなり批判的であり、「赤垣源蔵徳利の別れ」の口演が始まってみても、「どうしても泣けぬ」という状況であったのだが、その感想とは裏腹に、天満座の客席は「満場立錐の余地なき大入」であったという。この興行の木戸銭は付き物代や敷物代を除くと、「特等八十銭、一等五十銭、二等三十銭」、さらに「三等二十銭、四等十銭」であった。この金額は、「一人十銭」であった小円一座の興行と比べると、かなりの高額である。[34]

定席の風景をYTにならって「平民的」とするならば、雲右衛門は客にへりくだることのない、脱「平民的」な演出をねらっていた。雲右衛門は義士伝を「武士道鼓吹」というスローガンを背景として語りあげていこうとした。そして、いまだ浮かれ節を聴かぬ人々をいかに引き込むかという点に関していうならば、こうした聴覚的な側面とともに効果を発揮したのは、視覚的側面であった。雲右衛門は、総髪スタイルで、テーブルを用意し、演説風に立ったまま口演していく。木戸口での看板のみならず、舞台上には、赤穂義士の軸物、芸妓連から寄贈された幕、新聞社からの寄贈品などが配置され、「武士道鼓吹」というメタメッセージを視覚的に補完した。もちろんこうした方法は、上京後もおこなわれていく。

陶酔へと誘おうとする声の魅力、及びそれを補完する視覚的演出、さらにそうした対面の磁場を担保する言説、という確信犯的な相互作用によって、階層的な境界をこえて浸潤しようとする雲右衛門のやり口に、YTはのめり込むことができなかった。YTは見聞記の途中から、雲右衛門を「蜘右衛門」と記している。「蜘」は誤植ではない。そのやり口への気づきを、辛辣に表現するための揶揄であった。

三―三　浦江・YTの見聞の位置づけ

一九〇七年当時において、大阪の浮かれ節の聴取層をめぐる階層的な境界は、まさに更新されつつあった。浦江にせよ、YTにせよ、そうした更新の過程に身をもって参与していたといえるだろう。特にYTの身体は、国光席と天満座で、対照的な受容のあり方を、一日のうちに経験していた。YTが雲右衛門に抱いた嫌悪感は、口演の演出にせよ劇場外での演出にせよ、階層的な境界を設定し直そうとする〈呼びかけ〉[35]への拒否反応であったといえるだろう。新聞報道は、暗黙のうちに〈呼びかけ〉を継続するツールであった。YTが『大阪毎日新聞』の記事からネガティブな情報を得ていた一人であったように、新聞での報道は雲右衛門にとって有利に働くものばかりではなかったわけだが、いずれにせよ「コケ威し」のにおいが漂う〈呼びかけ〉は、好奇心を煽るのに十分であったといえるだろう。現場での口演をこえて雲右衛門をめぐる期待の地平は形成されていった。

雲右衛門は、聴覚面のみならず視覚面をも用いて演者と客の間の距離感をひろげつつ（＝劇場化しつつ）、口演の進行のなかで物語世界に客を引き込んだ。「慈善」「義捐」に後押しされて支援者層が形成されるなかでもたらされた演者／客の関係性における変容は、まずなによりも聴衆像における階級的侵犯であった。しかしその一方で見逃してはならないのが、先に挙げた大阪での「芸者連」の贔屓や、九州での「婦人会」の後援の増殖である。つまり雲右衛門が武士道鼓吹という立場の明示により実現したのは、女性聴衆像と浪花節の関係の更新でもあったのだ。階層・ジェンダーの両面から「武士道鼓吹」は遂行され、なおかつ聴衆像は重層化されていったのである。

おわりに

以上では、明治三〇年代の口演の様子を紹介したのちに、東京から伝わってくる〈改良〉の機運、及びその趨勢に同調する親友派組合の動向、九州から伝わってくる雲右衛門の動向、そうした条件が、従来の浮かれ節像と拮抗するなかで、雲右衛門像が来阪以前に構成されていったことを、まず明らかにした。雲右衛門の演出・口演への期待は、大阪における受容の地平そのものが〈改良〉の機運によって振動しつつあったなかで構成されていったのである。そうした状況は、浮かれ節になじみのない者の言説が一定程度生み出される条件にもなった。このことは、雲右衛門にまつわる言説が浪花節史のなかで突出して残されている根源的な理由でもある。

次に、雲右衛門の声あるいは登場そのものが衝撃／違和を同時に産出したことを、浮かれ節になじみの薄い者の見聞記をもとに記述した。小円を応援する大向こうの客、経済雑誌の読者、新聞記者など、個々の先入観の強化や瓦解は、浮かれ節における演者／聴衆の関係性のみならず、浪花節像を重層的なものへと更新していった。

精神・思想を語る性格が加えられた浪花節は、業界と知識人による教化言説の浸透により、浪花節の媒体化という契機を容易に呼び込んでいった。雲右衛門による関係性の更新を背景としつつ、「武士道鼓吹」という思想を語る性格を獲得して以後、「教化／改良」を接点として浪花節は、「通俗教育」にまつわる言説に接合されていった。[36] 雲右衛門以前の期待のあり方を残しつつ、雲右衛門が与えた期待のあり方は、明治末期から大正期にかけての浪花節興行において定着していくことになる。

興行での口演を目の当たりにしたり新聞報道を読んだりする経験は、浪花節への期待を部分的に更新していった。「武士道鼓吹」を追認していく義士伝は、浪花節業界で精力的に口演されていく。その一方で、侠客物をはじめとしたそれ以外のレパートリーも口演され、「劇場」ではなく「寄席」の定席で恒常的に安価な興行もおこなわれた。雲右衛門の衝撃は、言説上において浪花節のあるべき方向性として確認されていくが、それまでの演者／客の関係性を一気呵成に駆逐したわけではない。むしろ重要なのは、亀裂や矛盾をかかえながら、定着していく過程そのものである。それは、芸能（口承文芸）の芸／物語から近代文化史を記述しようとする際の歴史観の根幹にも関わってくるように思う。

【注】

1　ここでいう〈改良〉とは、既存の印象をより良い（と思われる）方向に向かわせるための、芸（言語表現／身体表現）、物語、セッティングにおける変更を指す。〈改良〉は、実践者の具体的なひとつひとつの身体・言葉のレベルで遂行される。しかし重要なのは、その〈改良〉は、一般的には言説のレベルできっかけが与えられ、牽引される点である。それゆえに、その言説がどのような社会的位置からなされるかが、影響力に深く関わってくることはいうまでもない。狭義においては、明治期以降において知識人をはじめとして提案される改変を指している。本稿の関心も、そうした歴史的社会的に限定された改良言説に注目している。しかしながら広義においては、芸術化、伝統化といったなにがしかの権威を付与する改変（成功／失敗含めて）のダイナミクスを指す言葉として、近現代全般において共有されるべき言葉である。

2　芝清之の記述（芝清之編『大衆芸能資料集成　六』三一書房、一九八〇年、四二三頁）、あるいは唯二郎の記述（唯二郎『実録　浪曲史』東峰書房、一九九九年、二二頁）参照。

3　倉田の収集記事については、『明治の演芸　七』（倉田喜弘編、国立劇場、一九八六年）、『明治の演芸　八』（倉田喜弘編、国立劇場、一九八七年）、芝の収集記事については、『新聞に見る浪花節変遷史明治篇』（芝清之編、浪曲編集部、一九九七年）参照。

4　樋口保美「大阪朝日新聞にみる動き　明治の大衆芸能史　三七　明治四〇年の部」『上方芸能』一〇一号、一九八九年、七五―八一頁。

5　安田宗生編『美當一調・桃中軒雲右衛門関係新聞資料』龍田民俗学会、二〇〇四年。

6　兵藤裕己『〈声〉の国民国家・日本』日本放送出版協会、二〇〇〇年、二〇七頁。

7　真鍋昌賢「愛国浪曲をめぐる葛藤――ポピュラーな語り物を分析するための視点」『大阪大学日本学報』一六号、一九九九七年、一―二九頁。
8 なお本掲載を取り上げた寄席研究としては、中川桂の論考（中川桂「明治・大正期天満天神付近の興行街」『演劇学論叢』七号、二〇〇四年、三三五―三六一頁）がある。
9 雨之助「大阪繁昌記（一七）」『大阪毎日新聞』一九〇三年二月九日付、五面。
10 一九〇七年の調査については、第八回調査（大阪市役所「寄席細別」『第八回 大阪市統計書』一九〇九年、二四〇―二四三頁）。『大阪市統計書』を利用した寄席の実態についての先行研究例としては、前掲中川論文などがある。
11 細別には「収入金額」も記載されている。しかし、入場料の詳細がわからないために、ここでは分析対象として扱えなかった。「寄席細別」は、興行の実態を考察するうえで貴重な資料である。しかしながら、統計作成の過程は不明であるために、資料批判において限界をはらんでいることには注意しておきたい。
12 大阪市役所「寄席細別」『第九回 大阪市統計書』一九一〇年、二四二―二四六頁。大阪市役所「寄席細別」『第一〇回大阪市統計書』一九一一年、三四〇―三四二頁。
13 『大阪市統計書』に記されている席数は、一九〇七年には四九席、〇九年には四五席、一〇年には四二席と少しずつ減少していく。一九二〇年代初頭には、大林宗嗣の調査によって、この席数が、三一席と記録されている（大林宗嗣『民衆娯楽の実際研究』同人社書店、一九二二年、二四一頁）。
14 「浮れ節大会の開始」『大阪毎日新聞』一九〇六年一二月二三日付、九面。
15 斬雲「第三回浪花節奨励会所感」『趣味』一巻三号、一九〇六年、七二頁。
16 児玉花外「浪花節に就いて」『大阪時事新報』一九〇七年四月二四日付、四面。
17 前掲「浮れ節大会の開始」。また『大阪朝日新聞』（「演芸」一九〇六年一二月二六日付、九面）には、吉田小音九、広沢菊路、京山浦女（三味線弾き）も出演したと記されている。

18　「演芸」『大阪朝日新聞』一九〇七年四月一九日付、九面。同じく「親友派浮連節奨励大会」の告知として、『大阪時事新報』（「演芸界」一九〇七年四月一九日付、五面）、『大阪毎日新聞』（「浪花節第二回大会」一九〇七年四月一九日、七面）にも掲載記事あり。このときの演者演目は以下の通りである。京山若広「左甚五郎」、吉川小久治「真田の漫遊」、岡本鶴円「関口弥太郎」、浪花家小虎九「合邦ヶ辻」、都家小三司「大江山」、京山米若「由井正雪」、岡本梅花「剛胆書生」、姉川好丸「鎌倉三代記」、宮川松朝「雪月花三人娘」、吉川小音丸「高波八郎」、広沢菊路「斑鳩平治」、中川伊勢吉「小栗判官」、京山小円「義士本伝」、藤川友春「柳生旅日記」、三味線（吉川安子、岡本亀之助、京山浦小）。第二回は、第一回と同様、講談などから流入した演目が中心であるが、「剛肝書生」や「雪月花三人娘」などは、明治期以降を物語世界としたいわば新談（新物）である。

19　先述した樋口保美の連載では、正月興行の情報がとりあげられており、大阪の寄席興行の一端を知ることが出来る。

20　「九州における浪花節　桃中軒雲衛門の大勢力」『大阪毎日新聞』一九〇七年二月二六日付、七面。

21　口演先となった婦人会については、安田宗生編『美當一調・桃中軒雲右衛門関係新聞資料』（龍田民俗学会、二〇〇四年）参照。九州時代の慈善口演については、安田がその動向を一調との比較のもとに記している（同書、三〇―三七頁）。

22　「雲右衛門の仮面」『大阪毎日新聞』一九〇七年三月三一日―四月四日連載。

23　浦江隠上「浮れ節を聴て感あり」『大阪経済雑誌』一五巻二号、一九〇七年、一三頁。

24　前掲浦江「浮れ節を聴て感あり」、一二―一三頁。

25　なお、一九〇七年の大阪・神戸における雲右衛門の動向の詳細については、前掲芝『新聞に見る浪花節変遷史明治篇』、前掲安田『美當一調・桃中軒雲右衛門関係新聞資料』参照。

26　樋口保美「大阪朝日新聞にみる動き　明治の大衆芸能史　三七　明治四〇年の部」『上方芸能』一〇一号、一九八九年、七五―八一頁。

27 YT「浮れ節の世の中」『大阪経済雑誌』一五巻五号、一九〇七年、三三頁。

28 天満座口演は、四月二四日～三〇日の間であったと考えられるため、YTの視聴は、この期間の出来事であったと推定できる（「演芸」『大阪朝日新聞』一九〇七年四月二三日付、九面参照）。

29 ここでは、『大阪市統計書』に記載された坪数を比較している。

30 「浪花節談」『大阪毎日新聞』一九〇七年四月一日付、七面。

31 前掲「演芸」、九面。

32 前掲YT「浮れ節の世の中」、三三頁。

33 同右。

34 前掲YT「浮れ節の世の中」、三三―三四頁。

35 〈呼びかけ〉とは、来場へと誘いこむべく、直接・間接に、期待を構成する言語行為を指している。〈呼びかけ〉は、発声のみを想定しているわけではない。むしろひろい意味での物質的な側面に支えられて、聴覚・視覚によって受容される。興行・販売の側から、近い遠いを問わず未来にむけて投企される明示的な宣伝、広告を想起するのはたやすいだろう。しかし、受け取る側が、〈呼びかけ〉として内面化するのは、それらにとどまらない。知人の感想であったり、報道記事であったり、発話者の意図を越えて、対象となる芸の魅力を伝え、期待の構成につながる言語行為をひろく含み込んでいる。

36 東京に焦点をあてた寄席娯楽と通俗教育・国民教化の趨勢については、山本恒夫『近代日本都市教化史研究』（黎明書房、一九七二年）を参照。

第二章　〈声〉のカタチ——二代目吉田奈良丸の義士伝はいかにして流通したか

図 2-1 二代目吉田奈良丸（『美久仁の花 第 1 編』奈良丸会本部、1912 年）

はじめに

口承文芸研究者は、複製された声とどのようにつきあっていけばよいのだろうか。録音の魅力とは、まず何よりも、現在ではふれることができないかつての芸を再現してくれることにある。しかしその一方で、複製された声が、過去に現象した肉声そのものでないのはいうまでもない。肉声にふれたことがない場合、その複製についての解釈・分析はどこまで可能なのだろうか。

複製された声をとりあげて、歴史上の演者・現場の性格を、どこまで代表させてしまってよいのだろうか。こうした疑問は、録音を資料（史料）として認識するためには、どのような手続きが必要なのか、という根底的な問いにつながっていく。以下では、こうした問題意識のもとに、浪花節におけるＳＰレコード（以下レコード）の位置づけについて考えてみたい。

本稿では、一九一〇年代において、二代目吉田奈良丸（一八七九―一九六七）の義士伝が、どのような流通回路を通してひろまっていったのかを明らかにする。一九一〇年代とは、日本の国産レコード産業の黎明期にあたる。レコードという形式の特徴・存在意義は、歴史的社会的に、あるいは複製媒体どうしの関係のなかで、折衝され同定される。つまり、レコードの位置づけは、当時のメディアの配置関係を把握するなかでこそ論じられるだろう。

〈声〉[1]は、それぞれのカタチ（物質性）とともに受容される。内容分析の一歩手前で立ち止まり、その形式についての理解を得るという迂回こそが、程度の差こそあれ、複製された声を扱う際の有効な前提となるだろう。「メディアはメッセージである」（Ｍ・マクルーハン）とするならば、「メディア」としてのレコードは、奈良丸と聴衆の関係をどのように更新したのか。ひとつの形式を凝視するのではなく、その時代の〈声〉を流通させる回路全体を念頭におきつつ、またメディア空間の相互関係に目を配りながら、それぞれの再現のタイプを意味づけて、録音及び各種活字媒体による肉声の脱身体化／再成形を検討していきたい。

国産レコード産業の初期を支えたニッポノホン（日本蓄音器商会）の躍進を支えたのは、「浪花節の台頭」[2]であったといわれる。なかでも中心的な役割を果たしたのが奈良丸であった。一九一〇年（明治四三）に「殿中刃傷」「赤垣源蔵」「討入」が発売されたのを皮切りに、一九一二年（明治四五）までのあいだに、二三演目（六〇面）が吹き込まれた。「奈良丸もの」は「空前の成功」を収めたといわれる。[3]

奈良丸は、奈良県下市町出身の浪花節演者であり、二二歳で二代目を襲名した。奈良丸の〈声〉は、口演、活字、レコードを通して直接的・間接的に流通していく。一九一五年（大正四）に刊行された『浪花節名鑑』には、代表的な演目として「義士伝」、「難波戦記」、「源平盛衰記」、「金森源太郎」などが記されている。[4]それ以外にも、一九一二年に刊行された『吉田奈良丸講演集』によれば、「満州土産　橘英雄」「慶安太平記」「天下三老士」「鍵屋騒動」「左甚五郎」「曽我物語」「勧進帳」「景清」「袈裟御前夫と生別れ」などをレパートリーとしていたことがわかる。[5]このように奈良丸は、一九一〇年前後において、豊富なレパートリーをストックとしてかかえていたが、最も著名な演目群は、義士伝であった。

レコードに吹き込まれた文句と各種の書籍に記された文句を比較した場合、あるいは最初に吹き込んだ演目と後年吹き込んだ同じ演目を比較した場合、そこには数多くの差異が発見される。微細なものから大きなものまで、その差異は、奈良丸論を展開するなかで様々な気づきを与えてくれる。実際に本章でも、それらの比較に言及することになるのだが、ここで述べておきたいのは、文句の比較に注意を払うにしても、それが最終的な目的ではないという点である。そうした差異を際限なく生み出していくなかで、奈良丸の義士伝の流通において、レコードが、あるいは活字が及ぼした影響こそが、関心の対象である。

以下では、まず、明治三〇年代の〈速記本〉[6]に記された演目の特徴、及び一九一〇年に刊行された『大和桜義士の面影』の特徴について述べていく。次に一九一〇年代初頭のレコードがどのように吹き込まれたのかについて述べて、それ以降に刊行されていく〈小型本〉、〈稽古本〉の位置づけに言及してみたい。

一　活字化される奈良丸の〈声〉

奈良丸の〈速記本〉のなかで最も初期のものとしては、一九〇四年（明治三七）に刊行された『豪傑金森源太郎』[7]が挙げられる。本書は、武士の子どもでありながら山賊に育てられた金森源太郎の武勇伝である。師匠である宮本武蔵の大和巡りからはじまり、武蔵と源太郎の出会い、その二人と女海賊との出会いへと物語は続いていく。ここで注目しておきたいのは、本書の冒頭部分である。ルビとともに提示しておこう。

エ、本日《ほんじつ》より御清聴《おせいちょう》……イヤ御高覧《おこうらん》に供《けう》しまするは、奈良丸《てまへ》の十八番《おはこ》でございまして、豪傑金森源《がうけつかなもりげん》太郎《たろう》の講談《おはなし》でございます[8]（ルビは本文のママ）

演目の内容に入る前に、奈良丸が客に直接語りかけている口演現場を再現するかのような演出がされている。また、「奈良丸《てまへ》」「講談《おはなし》」という部分にみられるように、口演の余韻をルビにおいて演出している。読者に口演現場の臨場感を与えつつ、口演の聴覚的な情報を視覚的情報へと変換したといえるだろう。また一方で気づくべきは、「御清聴《おせいちょう》……イヤ御高覧《おこうらん》」と記されているように、口演の忠実な再現として読ませようとしているのではなく、読み物という前提のもとに活字化していることの強調である。つまり、〈速記本〉としてのリアリティーを演出しつつも、読み物としての体裁を整えようとしている。

「講談《おはなし》」という言葉に関連して、さらに確認しておきたい点が二つある。本書全体を見渡してみるとすぐに気づくのだが、フシの部分の記載がまったくない点、そして本書が浪花節の〈速記本〉であることそのものが、どこにも言及されていない点である。こうした形式は、本書のみではなく、むしろ明治三〇年代の浪花節の〈速記本〉によくみられた。念のため述べておくとすれば、この頃の浪花節にフシがなかったというわけではない。つまり、速記者が講談本のフォーマットに浪花節を流し込んで、かなり大胆な再編成をおこない活字化したと推定される。「講談」という表記は、講談本として読ませるという暗黙の前提を象徴的に意味しているといっていい。フシの部分は、韻律をとりさられ、散文に変換され、浪花節席の常連ファンを念頭におくのではなく、講談速記本の読者を念頭において刊行された。四代目旭堂南陵が明らかにしているように、明治三〇年代の大阪では、講談速記本が隆盛していた。また貸本屋が興隆するなかで、講談速記本は主たる貸出本になっていた。[9] 浪花節の〈速記本〉が少しずつ増えていくのは、ちょうどこの時期である。まさに講談本の需要が急速に高まっていくなかで、当時講談よりも格下とみなされていた浪花節が、そのコンテンツとして取り込まれていった。

こののち、実質的に奈良丸の名前を本格的にひろめたのは、一九一〇年から一九一二年にかけて刊行された『大和桜義士の面影』一～三（以下『大和桜』、図2-2左）であった。第一編は、天満国光席（大阪）、第二編は御園座（名古屋）、第三編は複数の口演先で速記された。この三冊ではフシの部分を、そ

図 2-2 左：『大和櫻義士の面影 第1編』（大淵駸々堂他、1910 年）中：『浪花武士』（奈良丸会、1910 年）右：『浪花節お稽古 第2編』（名倉昭文堂、1912 年）

れ以外の部分から、明確に区別して活字化＝視覚化している。[10]『大和桜』の「はしがき」では、浪花節が「忠孝貞」を語り、「感化」の力をもつことが強調されるとともに、奈良丸の「五七、七五の美文調」や、「其人に接する」ように聞かれるリアルな登場人物の演じ方が特徴として述べられている。また、出版意義の強調において持ち出されるのは、義士の活躍を描くことによる「社会教育」という文脈であった。[11] このように、肉声を紙上で再現したという自負がうかがえる一方で、「あな惜《を》しや妙《たへ》に聞《きこ》えし音《ね》も節《ふし》も速記文字《みゝずもじ》にはうつらざりけり」[12]と記されているように、活字化とは、むしろ奈良丸の口演の魅力を伝えきれないジレンマをかかえる行為であることも自覚されていた。

一方では、かつての〈速記本〉から、そがれた演出がある。それは、『金森源太郎』の冒頭部分にあったような聴衆へ直接的に話しかける部分である。読まれる価値を説得的に示すためには、逆説的に、現場の聴衆に直接呼びかける臨場感は、省かれる必要があった。[13] フシが視覚化され、口演全体が活字として整頓されつつ、さらには、物語外部における演者／客のコミュニケーションにおける臨場感を重視しないことにより、美文調による格調の高さと読み物としての完成度を重視した〈速記本〉が構成されたのである。

二　複製される〈声〉――再構成手段としてのフシ

『大和桜』が刊行された年、奈良丸は初めてレコードの吹き込みをおこなっている。奈良丸が、ニッポノホンで最初期（一九一〇―一九一二）に吹き込んだレコードの一面あたりの収録時間は、おおよそ三分数十秒である。つまり興行での口演時間と比べてレコードの収録時間は大幅に短かった。そのために何らかの手段で、演目を構成し直す必要があったのである。[14] ここでは、奈良丸がはじめて録音を経験した演目群のなかから、いくつかの義士伝をとりあげて、便宜的に『大和桜義士の面影』を対照させつつ、その概要について述べてみたい。

図2-3 レコード文句入り絵ハガキ「殿中刃傷」

まずは「殿中刃傷」（図2―3）である。このレコードには「あれやこれやの手違をー、受けて被むる身の恥辱と」という文句のフシが吹き込まれている。[15] この文句のフシ回しは、「奈良丸の蓄音器で、最も耳に付いて居るもの」であり、「俗に『あれやこれや』の手違ひ節」といわれるような、奈良丸の口演を代表するフシ回しであった。[16] このフシ回しは他の演目にも取り入れられているのだが、「殿中刃傷」の文句が、その人気をひっぱる糸口となり代表的な位置づけを与えられたといっていいだろうか。

「殿中刃傷」には、『大和桜』の冒頭部分とほぼ同一の出だし・展開が吹き込まれており、最後の部分では「ヤット切り込む太刀先も額の金輪が邪魔になり無念や本懐遂げられず田村屋敷に預けられ春の夕暮告げ渡る鐘の響と諸共に無念の最後を遊すばかり家来四十七人が怨み積る雪の夜に主の仇討誉は高輪泉岳寺」という文句のフシが入っている。つまり、冒頭部分を共有しつつも、最後の四〇秒ほどには、その後の展開を示唆するまとめの文句が入れられた。[17]

『大和桜』の冒頭部分と重なる部分を含みつつ、レコード用に独自に再構成されているパターンは、他にも見受けられる。「大高源吾」[18] は、奈良丸の代表的な義士伝のひとつであるが、冒頭部分は『大和桜』とほぼ同一である。その後、部分を端折ったり圧縮しながら、吹き込みが進行している。また収録面数の多い例としては、たとえば「中山安兵衛生立」（四面一組）がある。「鬼をも拉ぐ大丈夫の勇猛心も曲者の恋には迷ふ例いかや」という冒頭部分までは、『大和桜』の冒頭部分とほぼ同じであるが、それ以降は、異なる独自の文句になっている。物語の筋をフシに乗せてたどっていき、四枚目では、安吉少年が印籠を盗む場面（物語前半の山場）に時間を費やしている。[19] このように、『大和桜』と冒頭部分を共有しつつ、フシを有効に用いて、演目を必要に応じて圧縮し、内容を構成するのは、常套的な吹き込みパターンと言っていい。

フシを効果的に用いるにしても、全体的にはフシ以外を聴かせることに重きをおく場合もあった。たとえば、登場人物の会話を吹き込みの中心にもってきたいという場合である。「神埼与五郎」（四面一組）では、『大和桜』にみられる冒頭部分のフシなどはカットされている。[20]『大和桜』と異なる文句のフシを、レコードの冒頭に入れたのち、茶屋の場面を焦点化し、登場人物（神崎、茶屋の婆さん、馬方）の会話に時間が割かれた。

このように〈速記本〉と比較したときにわかるのは、口演演目の一部分を、フシを効果的に用いて構成し直して吹き込みをおこなった工夫である。[21]そもそも当時のレコードとは、演目の全体を聴かせるためのメディアではなかった。したがって、演者／聴衆は、レコードを媒介するなかで、間接的なコミュニケーションの定式を新たに共有していく必要があった。短い時間のなかで吹き込み内容を構成する時に、常套的に工夫されていくのが、終了の合図である。たとえば「赤穂義士討入」では「暫く休憩次の段」、「赤垣源蔵（下）」では、「読物なり先是迄」、「中山安兵衛生立（四）」では「如何なりますか二度の御縁」、「義士引揚」では「一寸私は息を入れ」などである。「大高源吾」では、上・中は「如何なるのか次の段」で終了し、下は「大高この夜の御話が如何なるのか暫く休憩」で終わっている。[22]レコードの最後には、聴衆にとって腑に落ちる終了の合図（浪花節席でのキリバの踏襲）が必要だった。

三　活字の増産――〈小型本〉と〈稽古本〉

『大和桜』第三編には、「加奈栄会」[23]という名称のもとに、「愛浪家諸君ニ警告ス」という注意が記されている。『大和桜』が人気を博したため、奈良丸の名前やタイトルを混同するような紛らわしい「類書」が発行されているのだという。各都市を巡業し「浪界ノ名人」と称せられ、「蓄音器ニ浪花節ヲ吹キ込ミ非常ニ流行シツ、アル」奈良丸の速記本は、『大和桜』しかない。したがって「類書」にまどわされないようにしてほしいとのことが記されている。つまり、刊行年である一九一二年の時点で、レコードの売れ行きが奈良丸の知名度を格段に上げたこと、『大和桜』とレコードの共存が「偽物」を生んでいくきっかけになっていたことがわかる。[24]

『大和桜』刊行以降、奈良丸の演目を掲載した出版物が、それまでにない勢いで刊行されていく。たとえば『美久仁の花』一・二（丸山平次郎速記）は、『大和桜』の後継本とでもいうべき、奈良丸の〈速記本〉である。義士伝を一部含んでいるが、それ以外のレパートリーを中心に掲載した「十八番講演集」であった。本書は、『大和桜』と同じ判型であり、演目一つひとつの全体が記されている。『美久仁の花』第二編の「序詞」には、以下のような導入文が記されている。奈良丸のレコードは、「快感を与ふる」だけでなく、知らず知らずのあいだにフシが「脳裏に深刻」されて、「忠孝一本の我が国体の精華」あるいは「武士道の何者たる」かを感受させ、また「風教に少からぬ稗益」を与えるのだという。そして「三分間のレコードにして然り、然れども丌《そ》は纔にその一斑を語れるのみ、全豹にあらざるなり」と記されている。つまり、部分を限定的にしか吹き込めないレコードですら、そのような力があるのだが、そもそもレコードは口演の全体を表現できないと述べられている。『美久仁の花』は「その無限の感興こそ国体の精華を発顕せしむるの媒介」であり、「彼のレコードの比にあらざるを確信す」という。[25] レコードの「快感」「感化力」を認めつつも、レコードと〈速記本〉の商品としての特徴を「一斑」と「全豹」という差異に求め、〈速記本〉の存在意義を主張している。

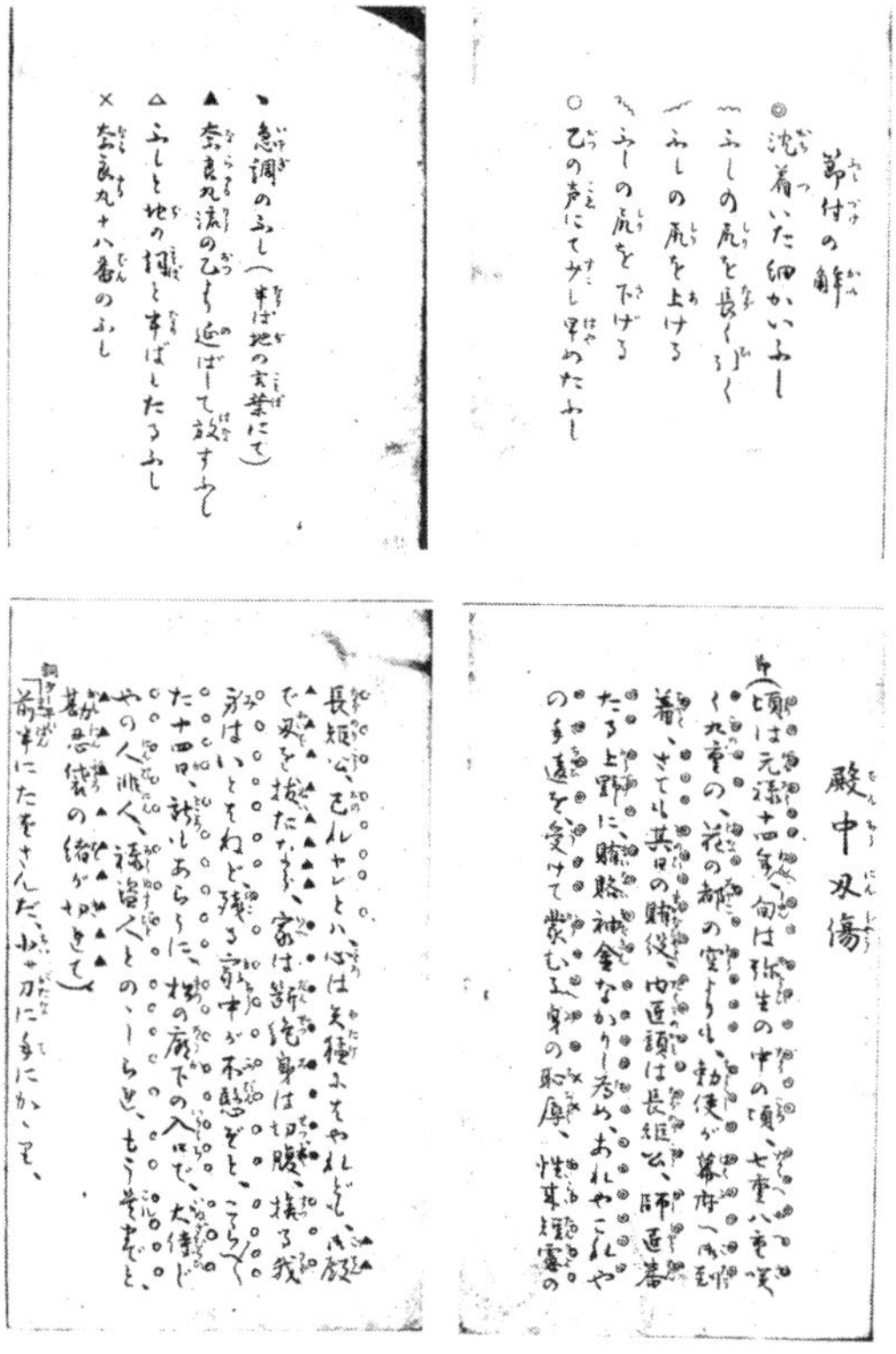

図 2-4 フシづけの解説と例（『ふし附稽古本なにわぶしあれやこれや』三芳屋書店、1914 年）

『大和桜』の警告、そして『美久仁の花』の差異化からうかがえるのは、すでにレコードを無視して〈速記本〉を出せなくなっていたことである。しかしながら、レコードの登場によって活字の存在意義が減退したわけではなかった。むしろレコードの発売によって、奈良丸の口演にまつわる出版物の数は増えていったと考えられる。ただし中心的に刊行されていったのは、『大和桜』や『美久仁の花』よりも小さな判型の出版物であった。ここで言う〈小型本〉（図2—4）とは、おおよそタテ14.5㎝〜18㎝、ヨコ9㎝〜13㎝ほどの大きさで、演目の全体もしくは一部を活字化した本をひろく指している。なかでも最も多いタイプは、手のひらでつかめる縦長の形をしたものである。

まずは、筆者が実物を見ることができた〈小型本〉をとりあげて、掲載内容のタイプについて述べてみたい。ここでは、奈良丸の演目のみを掲載しているものを中心にとりあげてみる。[26] 以下では（　）内におおよその表紙サイズ（タテ×ヨコ、単位はセンチメートル）、発行所、発行年、総頁数、値段を分かる範囲内で記す。ちなみにここまでとりあげてきた『大和桜』や『美久仁の花』はおおよそ22×15㎝（菊版）であり、総頁数は、各出版物に差はあるものの、おおよそ三六〇頁前後である。また値段は各五〇銭であった。これらに比べて、〈小型本〉は安価で薄く、持ち運びが楽であるという共通点がある。

① 〈小型本〉

（A）抜粋タイプ

『浪花武士』（18.2×12.6、奈良丸会、一九一一年、一〇二頁、一〇銭　図2—2中）は、『大和桜』から二演目を抜粋し、さらに新聞に掲載された奈良丸評を加えて全体を構成している。「吉田奈良丸講演浪花節』（18.6×12.6、加奈栄会、一九一二年、一四〇頁、一二銭）も同様である。これは、三演目を抜粋している。

これらは、『大和桜』の発行所あるいは奈良丸公認の発行所が出している出版物であり、『大和桜』よりも値段の安い〈速記本〉の抜粋版としての性格をもっている。

（B）部分掲載タイプ①レコード文句集

『奈良丸浪花節　義士の一節』（12.7×9、中野伊三郎編・発行、一九一一年、四一頁、十銭）は、レコードの文句を「フシ」「コトバ」の二つの部分に区別して活字化し、さらにコトバの部分のうち、人物の発言を「　」を使って区別している。『吉田奈良丸一席浪花節』[27]（14.5×9、田村書店、一九一二年、七七頁、価格不明）、『浪花節義士伝音譜集』（17.1×9.2、浪花節新聞社、一九一二年、五一頁、価格不明）も同様である。あるいは、『浪花節十八番奈良丸講演集月の巻』（15×8.8、大阪加奈栄会、一九一三年、一一五頁、一二銭）は、レコードにかなり近いが文句が少しずつ、違っている。このような準レコード文句集といえるようなものもある。

（C）部分掲載タイプ②その他

『義士伝新音譜集　第二編』（16.8×9、榎本書房、一九一三年、六九頁）は、レコードの形式を意識しながらも、内容をより詳細に記し直している。『奈良丸講演集』（15×9、浪花節新聞社編、三芳屋書店、一九一二年、一五六頁、価格不明）は「殿中刃傷」「赤垣源蔵」などの演目の一部が掲載され、他にまくら・口上などが掲載されている。『浪花節お稽古』（第二編）（16.8×9、吉川竹次郎編、名倉昭文堂、一九一二年、四一頁、価格不明　図2—2右）は、やはり演目の部分を掲載している。しかし、演目の部分掲載をしてはいるものの、（B）のタイプに比べて、（C）のタイプは、レコードの文句との差異は大きい。

こうした〈小型本〉は、〈速記本〉としての位置づけを部分的に含みつつ、一方ではレコードの登場を前提とした位置づけも含み込んだカテゴリーだといっていいだろう。レコードの文句そのままのものはもちろん、それ以外のものも含めて、一九一〇年代における演目の断片化とは、レコードの登場に呼応した流れであった。それによって、聴くための補助という役割だけではなく、おそらくは、繰り返し複製された声を聴き、真似をする聴衆を量産していったと考えられる。〈小型本〉は、聴衆のマネルという実践を手軽に補助する役割を果たしていた。菊判よりも小さい判型の〈速記本〉は、これ以前にもあった。[28]しかしながら、レコード登場以降においては、複製された声をマネルという実践を後押しするという意義が、〈小型本〉に明確に付け加わったのである。〈小型本〉の存在意義が、菊判、レコードとの相対的な関係のなかで、また需要／供給のなかで再設定されていくといってもいい。

②〈稽古本〉

こうした〈小型本〉と重なりつつも、キク／マネルという実践をより積極的に下支えする出版物も出されていく。それは稽古のために用いることを念頭においた出版物である。ここではそれらを〈稽古本〉（図2—4）とよんでおきたい。

『ふし附稽古本　なにわぶしあれやこれや』（18.5×12.6、尾上金城編、三芳屋書店、一九一四年、四五銭　図2―4）[29]は、活版印刷では「言葉の余音」を表わせないので「思ひ切って石版」印刷として出版したという。文句の右側にどのようにマネルべきかという指示が、各種記号を用いながら記されている。もちろん石版にしたところで限界はあるわけだが、声の文字化のジレンマを少しでも改善したいという主張が読み取れる。蓄音器で聴く場合、短い時間で「快感を与へる為めに、節廻しを殊更に作り出して、抑揚波瀾頓挫を出来得る限り、多く」してあるという。つまりレコードのために「作り上げた節廻し」なので「素人としてトテモ真似の出来る」ものではないという。それゆえに素人が真似出来るようにフシ付けをしたものが本書であった。ここで確認すべきは、本書はレコードそのものを復元しようとしたわけではなく、ポイントを押さえつつも独自にフシ付けしたということである。

奈良丸以外の演者のものまで視野をひろげると、管見の限りでは『音譜附独習自在　浪花節』（19×11.5、金井浪海編、杉本梁江堂、一九一二年、四五銭）『本文フシ付浪花節独稽古』（18.6×10.2、緑葉散史編、一九一七、盛陽堂、五五銭）『浪花節まくら五百段集』（14.2×8.2、榎本松之助、榎本書店、一九一八）なども、こうした稽古を想定した実用本であったと考えられる。

おわりに

ここまでみてきたように、奈良丸の義士伝は、一九一〇年代以降、肉声での口演以外に、〈速記本〉・レコード・〈小型本〉・〈稽古本〉を通して流通していった。奈良丸の〈声〉の流通回路は、当時の浪花節業界全体において先駆的かつ代表的なケースであった。全体／部分、聴覚／視覚という区分のもとでそれぞれのカタチは個性をもっていたわけだが、それぞれが、お互いを差異化しながら、また関連しあってもいた。レコードという視覚を欠いた書き込みは、繰り返し耳を傾けるという〈声〉への接し方を生み出しつつ、それを補う活字をまた量産したのである。本章で、ささやかながら取り組んだのは、記録には残りにくいキク・ヨム・マネルという実践のつながりを、メディアの連携を再構成するなかで見出す作業であった。

レコードの位相を考える際に、口演・レコード・活字という三つのレベルで位置づけることは一見正しいかにみえるのだが、「活字」を一括してとらえてしまうと、〈声〉の流通を論じるうえでは、限界を呼び込んでしまう。すなわち、ここで確認してきたのは、『大和桜』とレコードが発売されて以降、それをささえる新たな活字が量産されるようになった経緯である。重要なのは、それぞれのカタチのなかで具現化した義士伝が、奈良丸の〈声〉を楽しむ人々のキク・ヨム・マネルというゆるやかに連結した実践のなかに取り込まれ、つまり、素人の匿名的な身体において際限なく演じ直され、浪花節が浸透力を強めていった経緯である。

それは、聴くだけではなく、真似てみたい素人が膨大に生み出され、なかにはプロ裸足のセミプロを生んでいく回路が生まれていくということでもあった。直接口演を聴かずとも、演者の真似をすることが可能になったわけだが、裏を返すと、直接口演を聴いたことがなくともレコードは耳にしたことがあるという聴衆が増殖していってこそ、浪花節の物真似が、かくし芸としてひろく共有されていったといえるだろう。さらにいうと、顔を知られていないのをいいことに、有名演者と酷似した名前を掲示して客を誘い込むニセ者の仕事にもレコードは効力を発揮したのだ。

作家・正岡容は、浪花節のインチキ興行に出くわした経験について記している。正岡は、浪花節の台本も手掛けた作家であり、寄席通としても知られる。一九三五年（昭和一〇）、沼袋付近の新開地にある「汚い寄席」にふらりと入ったところ、口演したのは、「九州が生んだ名人米若」や「関西の大御所木村重友」であった。ただし出身地は小さな「割り注」としてこっそり挿入されていたという。本物の米若は新潟県の出身であり、本物の重友は関東中心に活躍していた。彼らは、当時の有名演者である寿々木米若や木村重友の名を騙《かた》るニセ者だった。そして、彼らの口演はというと、なんと本物そっくりだった。特にニセ重友のフシ回しは、本物の全盛期を彷彿とさせるものだったという。皮肉なことに、同時代の重友を超えて、往年の重友に近かったというのだ。それなりの実力を持ちつつ、レコードを繰り返し聴いて真似ていたということだろう。その会場では、本物であると信じ切っている客たちが多いと記しているのだが、むしろ注目したいのは、ニセ者であると気づいている客が少なからずいたことである。気づいている客から冷やかしやクレームの野次がとんで場が混乱してもよさそうなものだ。しかしニセ者の実力は、インチキ臭さに気づいていた客の寛容さを引き出すのに充分であった。ニセ者とおとなしく聴き入る客とのあいだには、いわば「共犯関係」が成立していたのである。

浪花節においては、有名演者のニセ者が、かつては地方巡業を中心にたくさんいた。番付のなかには、本名や写真を入れて、騙されないようにとの注意書きをわざわざ記したものもあった。また一九三〇年代後半のファン雑誌の一つを開くと、ニセ者の芸名がならべられて注意が呼びかけられている。鼈甲斎虎《べっこうさいとら》丸《まる》ならぬ亀甲斎虎丸、東家楽燕《あずまやらくえん》ならぬ東家薬燕、春野百合子《はるのゆりこ》ならぬ春日野百合子などなどである。そのなかで酷似する名前のバリエーションが多いのが、吉田奈良丸なのだった。奈良九、関東奈良丸、奈良一丸などが営業していたという。業界側からすると、勝手に名前をもじるニセ者は迷惑営業に過ぎないのだが、聴衆の気づきという点からすると、こうしたもじりは微妙なラインをついたグレーゾーンであったといえるかもしれない。むしろ気づくべきは、「ニセ者」か否かの境界は、きわめてあいまいであることだろう。たとえば、奈良丸の場合、現代奈良丸という演者が、また米若の場合、関西寿々木米若という演者が、それぞれレコードを吹き込んでいる。奈良丸節にせよ、米若節にせよ、浪花節から離れて、座敷芸などにおいて、「くずし」が流行するほどに浸透したフシ回しであった。ここまで来ると、物真似芸人として、控えめながらも堂々と（！）レコードを吹き込むことが可能だったといえるだろうか。まさにニセ者か否かの境界はグラデーション状にひろがっており、芸・物語の、さらには演者の再生産回路を俯瞰すれば、玄人と素人の境界も連続的であるという見方も成り立つ。

正岡の経験は、メディアの受容史的な関心から読み解かれるべき出来事である。沼袋での興行は、レコードの普及がなければ成立しえなかった。もちろん、レコード以前にも、こっそり名前を騙る、あるいはもじることは可能であったのだが、全国津々浦々に〝仕事場〟がひろがっていったこと、そしてその「こっそり」をやってみようと考える者が増殖したことも、レコードの影響があったに違いない。レコードは声を複製し、全国的な有名演者をつくりだし、さらには繰り返し聴いて物真似をする聴衆をつくりだした。つまりレコード・ラジオが十分に普及し、なおかつテレビが普及していないという条件のもとで、浪花節のニセ者はこっそりと、しかし闊達に活躍できたのだ。ウソとマコトの境界線上に身をゆだねるニセ者たちは、世の中が共有するメディア環境、さらには複製をめぐる思想のあり方にその命運を握られている。言説に残りにくいニセ者の実践史も、確かに日本芸能史の一部であるといえるだろう。[30]

では、浪花節にとってレコードとはどのような意義をもっていたのか。もう一度確認しておこう。レコードの吹き込みにあたっては、フシを中心として大胆に短縮する構成方法が勘案され、それにともなって受容構造そのものが更新されていった。一九一〇年代初頭においてレコードは、そもそも、物語に耽溺する聴き方を許容するメディアではなかった。浪花節のような数十分を要する物語においては、複製された声を断片的にアトラクションとして聴かせる目的を、多分に含んでいたといっていいだろう。

初期のレコードとは、レコードの向こう側に演者の身体が存在し、その身体によって、全体性・連続性・一回性が一体となりつなぎとめられているという想像力をベースにしていた。いわば、レコードは、部分性・断続性・反復性のもとに、肉声の再現を提供した。

全体性を演出している〈速記本〉か、複製された声を聴かせるレコードか、どちらが資料としての中心かを確定することは、さほど重要ではない。また、一つの演目が様々な差異をはらんで複数のタイプの活字となっている点をふまえると、いずれかの〈速記本〉を中心的なモデルとして定めてしまうのには細心の注意が必要である。むしろ、肉声が複製された声のあとに聴かれる、あるいは複製された声のみが聴かれて、肉声が遂に聴かれない、という回路が成立するなかで、〈声〉の消費のされ方がどのように変容するのかを把握することこそが肝要である。そこに、口承文芸研究が、複製された声をあつかう立場からメディア文化史を批評する可能性があるのではないだろうか。

一九四〇年（昭和一五）当時、寿々木米若は、座談会で自身の代表的な演目であった「佐渡情話」のエピソードを雑誌記者から尋ねられている。「佐渡へ佐渡へと草木もなびく」というよく知られた冒頭のフシは、浪花節の一節としては最も有名なものの一つだった。素人の「佐渡情話」を「聞くことがあるでしょうね」と記者に問われて、米若は次のように述べている。

ありますよ。宴会なんかに行くと、隣の部屋でやってゐるのをよく聞きます。迚も巧い人がありますね。私のは、やる度に多少節は変わりますが、素人の方はレコードで覚えるんですから、一分一厘も違はないで正直にやりますからね。私よりも巧いと思ひますよ。[31]

「佐渡情話」は、ビクター、テイチクといったレコード会社をまたいで吹き込まれ発売されていった演目であり、一九三〇年代にレコードとして最も売れた浪花節の一つである。ヒットを世に送り出したスター演者の余裕とも受けとれる発言であるが、偶然素人が口ずさむところに居合わせる経験はちょくちょくあったのだろう。米若節は、全国津々浦々に拡散し、聴きたい者、うなってみたい者を恒常的に生み出していく。米若は〈複製化〉の潮流にまさにのっていった人気者であった。レコードというメディアがもたらす影響力、あるいは娯楽産業の構造的変容が浪花節にもたらす相互作用について、次章からみていきたい。焦点となるのは、まさにその、寿々木米若である。

【注】

1 本章では、肉声での直接の口演及びその活字での再現、レコードでの再現をすべて含めた総称を〈声〉と表記している。

2 山口亀之助『レコード文化発達史』録音文献協会、一九三六年、一六四頁。

3 前掲山口『レコード文化発達史』、一五一頁。

4 『浪花節名鑑』杉岡文楽堂、一九一四年、四九―五〇頁。

5 尾上金城編『吉田奈良丸講演集』浪花節新聞社、一九一二年、三三―四六頁。

6 本稿では、浪花節の口演を活字化した出版物を〈速記本〉として表記している。のちに述べるように、実際の口演を大胆に再構成した再現もあるが、〈速記本〉とはそれをも含めた総称として用いている。

7 三代目旭堂小南陵（四代目南陵）の「速記本の書誌調査」によれば、『豪傑金森源太郎』『後の金森源太郎』ともに、此村欽英堂から一九〇四年に刊行されたことが記されている（三代目旭堂小南陵「速記本の書誌調査」『明治期大阪の演芸速記本基礎研究』たる出版、一九九四年、二〇六頁）。なお本論文において参照したのは、一九〇六年に刊行された再版である。

8 二代目吉田奈良丸口演・井下士青速記『豪傑金森源太郎』此村欽英堂、一九〇六年（再版）、一頁。

9 四代目旭堂南陵「大阪の貸本業と講談本」『続々・明治期大阪の演芸速記本基礎研究』たる出版、二〇一一年、一八一―一九一頁。

10 これ以前にも、フシの視覚化は浪花節の速記においておこなわれている。管見の限りでは、『花競浪花節』（速記研究会速記、東京出版協会、一九〇六年。国立国会図書館近代デジタルライブラリーにて閲覧）あるいは桃中軒雲右衛門口演・丸山平次郎他速記『雪の曙義士銘々伝』一〜三（林美盛堂、一九〇七―一九〇九年）などがある。

11 尾上金城「はしがき」二代目吉田奈良丸口演・丸山平次郎速記『大和桜義士の面影』第一編、大淵駸々堂・岡本偉業館・

此村欽英堂、一九一〇年。

12 丸山平次郎「はしがき」二代目吉田奈良丸口演・丸山平次郎速記『大和桜義士の面影 第二編』大淵駸々堂・岡本偉業館・此村欽英堂、一九一一年。

13 ただし、フシのなかに口演者から客への語りかけが含まれていて、それが活字化された場合はある。たとえば、「赤垣源蔵徳利の別れ」の冒頭部分では、「思ふが儘に奈良丸が、語る言の葉よしやあし、茂る浪花の一ト節に（後略）」（前掲『大和桜義士の面影 第二編』、二頁）と記されている。

14 限られた時間枠ゆえに、口演演目を分割して別々のレコードとして発売することもあった。たとえば、「赤垣源蔵徳利の別れ」は、「赤垣源蔵」（ニッポノホン一六四九―一六五〇）、「赤垣源蔵徳利の別れ」（ニッポノホン一八五二―一八五四）、（塩山伊左衛門」（ニッポノホン一八八八―一八九〇）に分割されて、場面の選択がおこなわれたうえで、吹き込まれている。あるいは、「大高源吾」（ニッポノホン一六四六―一六四八）は、一九一一年に三面で吹き込まれ、その後一九二五年に、「人高源吾」（ニッポノホン一五六二一―一五六二三）三面、「大高と宝井」（ニッポノホン一五六九四―一五六九六）三面という二つの商品に再吹き込みされた。

15 「殿中刃傷」ニッポノホン一六五一。

16 尾上金城編『ふし附稽古本 浪花節あれやこれや』三芳屋瞥店、一九一四年、一頁。

17 『大和桜』では「時は元禄十四年」、レコードでは「頃は元禄十四年」から始まっている（前掲「殿中刃傷」）。一方で、この前に付けられる「君の恵みにくらぶれぱ、富士の高嶺も高からず、髪の毛よりも軽き身は棄つとも何か厭ふらん、恨みは積もる雪の夜に、主君の仇を報したる、歴史に残る忠と義を、イザヤ語らん御諸君に」という文句も、速記として残されている（樋口南洋編『浪花節十八番』岡本増進堂 一九一一年、五―六頁）。

18　前掲「大高源吾」。

19　「中山安兵衛生立」ニッポノホン一八七一―一八七四。

20　「神崎与五郎」ニッポノホン一七二五―一七二八。

21　かつて別稿で、ニッポノホンの大正中期のレコードを取り上げて、再編成について述べたことがある（拙稿「寄席芸をめぐる受容史の再想像――一九二〇年前後の浪花節を焦点として」吉見俊哉他編『叢書現代のメディアとジャーナリズム　四　大衆文化とメディア』、ミネルヴァ書房、二〇一〇年）

22　「赤穂義士討入」ニッポノホン一六四五。前掲「赤垣源蔵」。前掲「中山安兵衛生立」。「義士引揚」ニッポノホン一八九一。前掲「大高源吾」。

23　加奈栄会とは、大淵駿々堂、岡本偉業館、此村欽英堂による発行所の連盟組織の名称。

24　二代目吉田奈良丸口演・丸山平次郎速記『大和桜義士の面影』第三編、岡本偉業館・此村欽英堂・大淵駿々堂、一九一二年、三六〇頁。

25　丸山平次郎「序詞」二代目吉田奈良丸口演・丸山平次郎速記『吉田奈良丸十八番講演集　美久仁の花　第二編』奈良丸会本部、一九一二年。

26　本章では断りのない限り、奈良丸の演目のみをとりあげた〈小型本〉をとりあげている。他に、奈良丸に限定したもの以外としては、奈良丸と同等の扱いで他の演者も掲載されているもの、あるいは奈良丸の写真や名前が表紙に出されているが、内容は必ずしも奈良丸では統一されていないもの、あるいは写真のみ勝手に借用したのではないかと思われるものなどもある。

27　一部、他の演者の演目も掲戦している。

28 たとえば、奈良丸の「赤垣源蔵伝」も収録されている『浪花節　義士銘々伝　第三編』(17.2×9.4、三芳屋寄店、一九一二頁、一九〇八年)など。

29『浪花節稽古本四　神崎与五郎　其一其二』(22.3×15.2、尾上浪花節新聞社長編、榎本書房、一九一二年、一六頁、価格不明)は、一演目(レコード一組)のみで構成されているうすい稽古本である。おそらくはこの『浪花節稽古本』シリーズが発売されたのちに、改訂・編集したものが本書と考えられる。

30 正岡の文章をもとにしたニセ者についての記述部分は、拙稿「寛容な客——ニセ者の芸能史にむけて」(『月刊みんぱく』二九巻六号、二〇〇五年)が初出。本章では、それをもとに加筆修正した。

31「一流浪曲家座談会」『キング』一六巻四号、一九四〇年、二六九頁。

第三章　「新作」を量産する浪花節――寿々木米若と「佐渡情話」の誕生

米若先生いうのはね、ビング・クロスビーの声をもっと筒を太うしたような声でね……

天龍三郎《てんりゅうざぶろう》・談[1]

はじめに

一九二五年（大正一四）にはじまったラジオ放送の影響力は、演芸界にとって徐々に見過ごせないものになっていく。ラジオ放送と自らの芸をどのように関係づけていくのか。それは、有名演者を中心として芸能界全体が直面する課題だった。無声映画のトーキー化が活動弁士たちに「転職」を迫ることになったように、新しいメディアの到来によって、しばしば語り芸演者たちは、芸態や口演空間の秩序について、認識の変更を求められていく。一九三〇年代には、レコードやラジオのみならず、トーキー映画でも複製された口演を披露する浪花節語りが登場するという状況を迎えていた。それは、たんに演者と口演空間をつなぐ関係の種類が増えるというにとどまらない。つまり、それぞれの口演空間がかかえる社会的・政治的な性格の類似と差異が、語り芸演者の稼業を取り巻く環境をつくりかえていく状況があった。口演空間の重層性は、それまでとは異質な全国的有名演者を生み出していく。換言すれば、演者たちは、複雑になっていく環境に対応する方法を模索しなければならなかった。

図3-1　『寿々木米若』（1937年）

本章では、一九三〇年代における口演空間と語り芸の接続過程を、寿々木米若（一八九九－一九七九　図3－1）に焦点をあてて考察する。もちろん、一九三〇年代に活躍した浪花節語りは米若だけではない。米若と活躍の時代を共有し、かつレコード、ラジオ、映画といった口演空間に自らの語りを接続できた代表的な演者としては、たとえば二代目広沢《ひろさわ》虎造《とらぞう》、二代目玉川《たまがわ》勝太郎《かつたろう》、春日井梅鶯《かすがいばいおう》、三代目吉田奈良丸、あるいはのちにとりあげる二代目天中軒雲月などが挙げられるだろう。米若に注目する理由は、そうした当時の有名演者のなかでも、特に同時代を意識した新作に積極的にとりくんだという点にある。虎造や勝太郎は、専売特許とでもよべるようなシリーズをもっていた。虎造にとっては「清水次郎長伝」であり、勝太郎にとっては「天保水滸伝」である。片や、米若は雲月とならんで新作志向を標榜する立場にあった（第四章参照）。ここでいう「新作」とは、さまざまなレベル（演者個人・一門・業界など）で構造化されてきた常套的な物語・芸を前提としてつくられる新たな演目群を指している。したがって「新作」への積極的な取り組みは、それまでに獲得した常套的な側面の廃棄を意味するのではない。むしろ自分が獲得してきた売りとなる演出を、いかにして、ジャンルにストックされてきた演目群にしのび込ませていくかが肝要だった。米若は、義士伝、侠客伝、力士伝、怪談、明治・大正期の新談、同時代の戦争物など、幅広い種類の演目をストックとしてかかえていたが、一九三〇年代から四〇年代において最も多くの「新作」をレコードに吹き込んだ浪花節語りの一人だった。以下では、時代の潮流にのり、浪界だけでなく芸能界全体における地位を確立していく米若の動向を記していく。

では、米若の芸への批評とはどのようなものだったのか。たとえば正岡容は、一九四四年（昭和一九）に出版された著書のなかで、米若を次のように評している。まず米若の「声名を一躍全国的ならしめた」のは「佐渡情話」という演目であった。その発表以来、米若は積極的に「新作の世界へと突入して」いき、「日支事変」以後は、「戦線銃後の感激美談」の開拓に「一意専心」してきた。また、米若の芸の特徴はなんといっても「節調の美しさ」であり、それは「歌謡曲的なる美しさ」であるという。しかし、その一方で、正岡は、「会話」部分については「節調ほどには秀でていない」のであり、ことばには「訛り」があり、「上流の令嬢の表現など、一た時代前の新派の女形を見る感じ」だという。[2] 正岡は、米若の「新作」にとりくむ姿勢や、フシの「美しさ」を評価する。その一方で、米若のタンカの表現に洗練されていない雰囲気を感じ取っていた。米若と親交があった浪曲作家・房前智光は、正岡が好んだのは、歯切れよく、威勢のいい関東節であり、「訛り」のある浪花節が「嫌いなんだ」と吐露していたという戦時中のエピソードを残している。米若自身もまた、自分の「訛り」を自覚していた。[3] 米若の芸風は、少なくとも、江戸・東京趣味の演芸を好む者が気に入るような、いわゆる「粋」な芸風ではなかったといえるかもしれない。

また、フシとともに、米若の魅力として最も強調されるべきは、声の性質だった。「台詞の不味い」という点では「両横綱」であった米若と春日井梅鶯について、房前は「タンカを吹き飛ばしてお釣りの来る」ような「素晴しい」声とフシを二人はもっていたと評している。[4] 太く響く声、それにのって回され、のばされ、刻まれるフシの心地よさは、なにはさておき米若に期待される要素だった。米若のプロフィールが紹介される際には「美声」というフレーズが、しばしば用いられた。その声を、ひとフシを是非とも聴いておきたい、その声を浴びた（聴くというよりも）ときのシビレを忘れられない、そういったファンを米若は多くかかえていく。

以下ではまず、「佐渡情話」以前の米若の芸の特徴について述べたのちに、「佐渡情話」という演目の誕生が、米若にとってどのような契機をはらんでいたのかについて述べていく。「佐渡情話」は、当時における浪花節とレコード・映画の関係性の変容を象徴する演目であった。つぎに一九三〇年代における米若あるいは浪界と、ニューメディアとしてのラジオとの関係について述べる。

一　米若の売り出し――「佐渡情話」以前

米若は、一八九九年（明治三二）新潟県中蒲原郡曾野木村の農家・野上家に、四人兄弟の末弟として生まれた。[5] 父は、関東の寄席で活躍した初代寿々木亭米造の実弟だった。幼いころから米若は浪花節を語る機会をもっていたという。地元で奉公に出たあと、東京で職を得るが、鰻屋の店員として働いていたころには、素人の集まりでその声は評判だったという。その後、兄の勧めもあって、松平は叔父・初代米造の弟子筋にあたる二代目米造に入門する。一九一九年（大正八）のことである。[6] それ以来、松平は「寿々木亭米若」を名乗ることになった。入門からほどなくして、米若は看板披露をおこなっている。[7] 看板披露の興行は一〇日間で、「吉原百人斬り」の連続読み（通し読み）をした。これは師匠ゆずりの演目だった。[8]

「吉原百人斬り」は、廓を舞台とした刃傷沙汰を扱った物語である。たとえば他にも、米若は「夕立勘五郎」を連続読み用に師匠から教わっている。[9] 若い頃には、このように寄席ヨミ用の連続物を度々伝授されていたのだろう。看板披露の翌年には三味線弾き・吉川小千代と結婚している。師匠の米造は生粋の関東節だった。米若自身も入門当初は、それにならって関東節で口演していたと考えられる。しかし、吉田久菊の「低調子」にのせたフシ回しに影響を受けて、三味線であった妻・小千代と相談し「高調子」から「低調子」に変えたとされる。[10] 二〇代前半の米若は、関東節の名残を部分的に残しつつも、複製される自分の声とフシを、試行錯誤しながらつくりあげていったと考えられる。その成果が徐々に現れはじめたのが、一九二〇年代後半以降だっただろう。当時の名鑑などを見ると、このころの米若は、「吉原百人斬り」や「軍人美談」物、「慶安太平記」、「小笠原騒動」などを「十八番」にしていたという。「吉原百人斬り」の他に当時の新談や、武家騒動を扱った演目なども手がけていたことがわかる。[11] 師匠から受け継いだ演目以外にも、新談に取り組み方向性を模索しはじめていたのだろう。一九二四年（大正一三）には、東京浪花節協会が設立された。神田組、浅草組などといったそれまでの小規模な組組織はこの時点で「大同団結」し、再編成されたのである。その発起を記念して協会で主催された初の大会で、米若は若手の一人として口演している。[12]

その翌年には、米若ははじめてレコードを吹き込んでいる。米若が最初に吹き込んだのはヒコーキレコードであった。複数枚吹き込んだものの発売されたのは一枚だけだったという。[13] 売れ行きが今一つだったのか、追加の発売はなかった。その後まもなくして、レコード会社に売り込みをかけるブローカーが間に入り、ツルレコードに吹き込みをした。[14] この時以降のレコードは、「寿々木米若」の演者名で吹き込まれていくことになる。こちらの売れ行きは好調だったとされ、一九二七年（昭和二）以降には、他のレコード会社（ニットーレコード、内外レコードなど）からも声がかかるようになっていった。[15] 大正期の末ごろには、当時のヒットレコードである「紺屋高尾」（口演・篠田実）を買ってきて聞き込んだり、[16] みずから「吹き込み盤」のレコードに声を吹き込んで、「割れる声」や「いくら大きな声を出しても割れない声」を研究したという。[17] 押し入れのなかで、少しでも音量がひかえられるようにと手ぬぐいを口にあて、「痣の出来る程、膝を叩き乍ら」発声の調子をとって、稽古を続けた。大きな声を振り絞っては、子どもが泣き出し、近所の住人に怒られる、そうした苦労が日々繰り返されたという。[18] 米若は、レコードというメディア形式に対して敏感であろうとした演者であった。

こうしたみずからの声への反省的かつ自覚的な対応は、初期のラジオ放送でも浪花節の口演にとっては課題だったと考えられる。当時のアナウンサー京田武男は、「放送室の経験」にもとづいて、「節に急な高低のあるのは機械の調整に骨が折れて其の割にひきたゝない」という。そのような理由から、「機械の関係から云ふと、一番楽なのは奈良丸式の調子で、声の高低が平面的になだらかに出るから、声も割れずに聴者に快放を与へる」のだと見解を述べている。[19] さらに「問題」なのは、「他の語り物とは種類の違ふ」浪花節の声の質だという。劇場や寄席で客が浪花節に求める「いかにも錆だ、味のある声」が「ラヂオを通すと聞き苦しく、又割れたりする」のである。「浪界でも第一流の人々」の特徴は、「皆腹声で強く張って出る声」にあるが、当時の放送機材の調整ではそれを十分に活かしきれないと京田は述べている。[20]

米若がはじめてラジオ口演を依頼されたのは一九二六年（大正一五）であり、この年には「児玉将軍」や「吉原百人斬り」を口演している。のちに述べるように、この年から五年間は、新進の演者として毎年ラジオで口演をすることになる。米若は売れっ子演者としての道のりを歩み始めていた。一九二七年（昭和二）当時の番付では、すでに東京側の最上段に名前を連ねていた。[21] しかし最上段とはいえ、まだ「前頭」に挙げられた大勢の演者うちの一人にすぎない位置づけだった。一九二八年（昭和三）末には渡米し、翌年にかけて、ハワイ、サンフランシスコ、ロサンゼルスなどで興行している。構成メンバーは、米若及び師匠・米造を含めた四人の浪花節語りと、一人の三味線弾きであった。米若は長講一席として、「弁天お作」「乃木将軍」「吉原百人斬り」「孝子肉付きの面」「小笠原大評定」「善悪両面鏡」などを口演した。ハワイ興行の際にみやげとして持っていったレコードは、当時米若が得意とした「乃木将軍」だったという。乃木伝は、日露戦争の陸軍大将・乃木希典を中心に展開する物語のシリーズであり、大正期以降に新しく浪界に定着した演目群だった。[22] ハワイでの最初の興行を前に掲載された新聞記事では、米若が「レコードでお馴染」と記されている。またサンフランシスコでの口演が好評であったと伝えられた際にも、米若のレコードが「田舎のひとびとにおなじみ」であり肉声を心待ちにしている者も多いと記されている。[23] 米若の声は、すでにレコードを通してハワイやサンフランシスコの日系人社会でも聴かれていたのである。レコードが本人の巡業に先んじて現地での期待を構成するという事態は、全国をまたにかける売れっ子演者にとっては、意識されていたに違いない。

たとえば梅中軒鶯童《ばいちゅうけんおうどう》は、一九三〇年当時の北海道巡業のエピソードを回想している。レコードが巡業の助け＝宣伝となるとの胸算用があったにもかかわらず、北海道では、関西・名古屋系の内外、ツルといったレーベルのレコードが発売されていなかったという。したがって、遠く関西から離れた北海道では、思惑に反してレコードの効果はなかった。[24] 一九三〇年前後において、演者の知名度を引き上げるメディアとしてレコードがあり、巡業において一定の効果が期待されたことがうかがえる傍証である。同時にこのエピソードは、知名度や芸の好みに地域差が依然として残されていたことも示しているだろう。

翌年の帰国後すぐに、米若は「帰朝披露浪曲興行」（三日間）を市村座で開催した。当時すでに売れっ子であった木村重友《きむらしげとも》、そして売り出し中の木村友衛《きむらともえ》の助演を得て、成功を収めている。海外での巡業を無事終えて帰国したという評判に後押しされつつ、寄席から劇場へ進出することで、米若は業界を代表する演者の仲間入りをした。この成功がきっかけとなり、各地の興行師からの米若への興行の申し込みが格段に増えたとされる。

以上のように米若は、一九二〇年代つまり二〇歳代の時点で、すでに有望な若手として活躍していた。入門からほどなくして、看板披露をおこない、レコード、ラジオに登場し、海外巡業を経て、凱旋興行を開催するという道程は、苦心をともないつつ切り開かれていったと言えるだろうか。そうした米若の名前は、「佐渡情話」というレコードの発売により、全国的に知れ渡っていった。「佐渡情話」誕生の経緯について論じていく前に、次節では、当時のレコード産業の状況について述べておくことにしよう。

二　商品としての流行歌、商品としての浪花節

「流行歌」は「消耗品」だ。大正期以降に情話文学で名を知られていく流行作家であった長田幹彦は、そう述べている。長田は、一九二五年（大正一四）に、ラジオ放送局の「文芸顧問」に就任し、草創期のラジオドラマ制作に貢献した人物であり、また一九二九年（昭和四）には、ビクターレコードに所属し、その後「祇園小唄」「島の娘」「天龍下れば」などの作詞を世に送り出したヒットメーカーでもある。[25]まさに一九二〇年代後半から三〇年代にかけて、声の複製・拡散時代を支えた作家だった長田の実感が、「消耗品」という言葉に体現されている。第五章で述べるように、後に長田は「愛国浪曲」の原作を、米若に提供することになる。中村とうようは、レコードが本格的に「商品」になりはじめた時期を、二七年から翌々年あたりまでとみるのが妥当としている。二七年は、日本蓄音器商会がコロムビアレコードと提携をはじめ、日本ビクターと日本ポリドールが設立された年であり、それからの数年のあいだには、電気録音方式が各社に採用されていった。また、レコードのために「レコード歌謡」が製作され、「作詞家」という職業が成立していく。レコード会社の主導、つまり「製作意図」が明確に作家に作用したヒットが、二九年一月分新譜として発売された「君恋し」（作詞・時雨音羽、歌・二村定一）だった。また同年にはビクターから「東京行進曲」（作詞・西条八十、作曲・中山晋平、歌・佐藤千夜子）が発売されているが、この曲は『キング』に連載された菊池寛の同名小説がもとになり、それを日活が映画化する際にタイアップとして作られた主題歌だった。購買を念頭におきつつ、映画、雑誌など各種メディア空間と連動しながら、レコード会社はヒットを目指して大量生産を仕掛けていった。[26]

「作詞家」が誕生し、レコードという形式を念頭においた流行歌の量産がはじまっていく状況は、浪界をものみ込んでいくことになる。正岡容は、浪花節作家（浪曲作家）が目立つようになってきたのは、「円盤の普及」と並行しており、「昭和四、五年以降」のことだという。正岡自身の初執筆もその頃であった。それまでは浪花節用の台本を「稀に書く人」があっても「匿名もしくは全く名を出さず」という場合が多かった。[27]そこには、浪花節の台本を書くことへの文壇や演劇界からの冷ややかなまなざしもあっただろう。そういう状況のなかで、台本を執筆する作家は、一九三〇年代を通して徐々に増えていく。そのうちの一人に松浦泉三郎がいた。松浦は、一九三八年（昭和一三）に、「浪花節をちょい〳〵書く」ようになった状況についてエッセーを記している。大衆文学作家である松浦は、そもそも浪花節作家志望ではなかった。浪花節の執筆は、自発的なものではなく「金づまり」のなかで得た、ある演者からの依頼がきっかけだった。演者の注文に耳を傾け、特長や欠点を念頭におきつつ「浪花節」を作るのだが、そうした「気苦労」も「面白い」と感じるようになっていったという。[28]こうした興行用の台本執筆を聴きつけたのであろう。そのうちに、レコード会社や出版社からも依頼が来るようになった。松浦はレコードと雑誌に関して、興行用のみならず、それぞれのメディアの特徴をふまえた対応を試みていった。

レコードも同様で。普通二枚四面が一席なるが、客が店頭で選ぶ場合一枚目のA面だけは大抵全部聞いてから選ぶので、当り前なら一番興味の少なかるべきA面が、四面中一番よくないと売行が悪い。だからシヨパナに最大の興味をおく必要があるこの点も難しいが面白い。

さうなると矢張り雑誌社からの御注文が一番容易いといふことになりさうだが、これはまたこれで、耳へ入れる代りに目だけに訴へるための諸要素が要り、どうして生やさしいものではない。[29]

松浦の記述からうかがえるのは、切れ目のない連続聴取ができず、面の切れ目でひっくり返す当時のレコードの限界をふまえて、いかに購買の可能性をひろげるかという発想である。それは、レコードという形式、なおかつ試聴という購買者の接触を念頭におき、浪花節をつくるというプロ意識に基づいている。おそらく、こうした意識は、多かれ少なかれレコード用の台本を書きおろす者に共有されていただろう。松浦は、雑誌掲載のための落語つまり「ペーパー落語」も執筆した経験があり、メディア毎の演芸を意識せざるをえない立場にあったことがうかがえる。ジャンルを、そしてメディアを横断し、それぞれに対応すべく苦心する「凝り性」として、松浦は、「本職の大衆文学」よりも「浪花節作家」として有名になってしまうのではないかと「心配」している。「生活のため」とはいいながら、「心配してくれる先輩や仲間には知らしたくない」のだという。「なれつこ」になっているとしながらも、「雑文屋」として冷ややかにみられることへの憂慮がうかがえる。ラジオプログラムで浪花節が頻繁に放送される状況あるいは、それへの洋楽ファンの「反対の猛烈さ」、レコードで浪花節が「断然他を圧してゐる」ことを述べたうえで、浪花節改良に関わる作家がいてもいいのではないかと、松浦は述べる。[30]

こうした文章からうかがえるのは、「浪花節作家」が決して作家のなかで高い地位を得られたわけではない一方で、浪花節の量産体制を支えるための作家が必要とされていた状況である。浪花節は、ウタの消費という文脈のなかに取り込まれつつ、それが語り物であるがゆえに独自の生産体制を必要としていったのである。「佐渡情話」は、こうしたレコード産業の膨張のなかで生まれた。

三　契機としての「佐渡情話」

ことの発端は、日本ビクターからの依頼であった。一九三〇年（昭和五）、「山中節」とともに「佐渡おけさ節」という民謡（俚謡）を小唄勝太郎がレコードに吹き込んで評判を呼んでいた。一九二八年（昭和三）一一月以降、民謡はラジオ放送における全国中継網の拡充にともない、娯楽番組のための有力な素材となっていった。ラジオで口演された民謡がレコード化されヒットすることもしばしばであり、民謡はラジオ・レコードにとっての資源として定着していく。[31] 翌年には、全国中継網を利用して、「本場の地方芸術を東京に紹介する」ことがラジオ放送の抱負の一つになっていた。[32] こうした状況のなかで、ビクターは米若に、「おけさ節」を取り込んだ浪花節をつくってくれと依頼する。米若もおけさ節には自信があったようで、吹き込みを承諾した。テイチク所属時代に編集された『寿々木米若』という非売品のファン向け冊子には、「吹込みの必要に迫られ」て、「記憶していた材料」を、空想をまじえて「でっち上げた」のが「佐渡情話」だったと記されている。[33] その後、雑誌の座談会でも「佐渡情話」の誕生秘話について語っている。当時「流行歌」としては何が売れているのかという話題から、それは「おけさ」だというはなしになり、米若は冗談半分で、「おけさ節」は「自分の本場」である新潟のものなので、それを含めた演目でもやろうかと言ったのがきっかけだったという。その後、ビクターから吹込みをせかされ、「佐渡情話」

という映画を見た者を探してはなしを聞いたが「見当外れ」で参考になる話の種を得られなかった。そこで二面分をなんとか考案し、吹き込んでみたら、思いのほか「気持ちよく」入った。「自作自演で、自分でいいたいように書いた」からうまくいったのだと米若は述べている。これは、既存の浪花節用の演目や、講談や新聞小説などいったん大衆向けにつくりあげられた物語の浪花節化ではないということを意味している。当時浪花節はすでに、一枚二面ではなく、二枚四面が一般的になってきていた。ビクター側も、一枚だけでは売りにくいので、二枚目を要望したのだという。そういう経緯で急遽頭をひねって三、四面をつくった。その後の展開、つまり「佐渡情話」の後半は後日、「他の人」につくってもらったという。このように米若は、「冗談から何かが出た」という「佐渡情話」誕生のきっかけを語っている。[34]

では、「佐渡情話」の内容をとりあげて、その展開を確認してみよう。

米若は、出身地の新潟県に伝承されていた伝説を素材とした浪花節をつくろうと考えた。子どものころに聞いた伝説の記憶をたどってその浪花節化を思いついたのである。米若の自著『稲の花』には、その伝説の概要が記されている。[35] ここでは、明治期から大正期にかけて編集された地方誌から、その詳細な内容をひろってみよう。

因ニ曰、往古此峯ノ薬師堂ニ常灯明アリテ、北海ヲ航スル船舶闇夜ニ比灯火ヲ以テ方位ヲ知ルノ目標トセシニ、当郡直江津辺ニ男アリテ佐渡ノ島根ノ女ト契リケルニ、此女男ノ佐渡ノ島ニ渡リテ常ニ契ラサルヲカコチ、夜々佐渡島根ヨリ波濤ヲ渡り通ヒケルニ、或夜男ノ女ニ向ヒ遥々ノ波路ヲ毎夜通フハ如何シテ渡り越ストヤ問ケレハ、渡り越スニハ、板ヲ腹ニアテ海中ニ游出テハ、米山薬師ノ常灯明ヲ目標ニ方位ヲ取り游越スナリト答ケレハ、男モ空懼シクナリテ、米山薬師堂ノ灯明ヲ消ケレハ、女方位ヲ失ヒ海中ニ死シテ、後波ノ打上ケルニ、此女ノ腹背ニ蛇ノ鱗出生シテアリケリ、ト郷党ノロ碑ニ伝ヘタリ。[36]

佐渡島に住む若い女が、毎夜大きなタライに乗って、海峡をはさんだ対岸に住む恋人に会いにいく。恋人である男性はしだいにうとましく思うようになり、ある日、目印となる明かりを消してしまう。その翌日、磯辺に女の死体が打ち上げられるが、それには蛇の鱗が生えていた。この伝説は米若によって「佐渡情話」となり、一九三一年（昭和六）一月分の新譜として世に出た。[37]「佐渡へ佐渡へと草木もなびく」という文句は米若のフシ回しにのせられ、浪花節全体のなかでも広く知られるフレーズのひとつとなっていく。「佐渡情話」の冒頭は次のようなものだった。

（フシ）佐渡へ佐渡へと草木もなびく。佐渡はいよいかすみよいか。歌でしられた佐渡島。寄せては返す波の音。たつや鴎の群れ千鳥。浜の小岩に佇むは、若き男女の語り合い。

（タンカ　オミツ）ねえゴサクさん明日はいよいよお前さんとお別れしなければなりませんねえ。柏崎に帰ったらわたしのことなどは、忘れてしもうのでしょうねえ。

（タンカ　ゴサク）ばかなこと言うもんでねえよ、オミッつあん。柏崎から漁に出てしけ（時化）え食らって命の無いところ、オミッつあんのお父っつあんに助けられ、恩になったことを忘れるようじゃ犬にも劣ったやつだあもの。オミッつあん、おいら決しておまえのことは忘れねえだよ。そうだ、お前さんから教わったあのおけさでも歌おうじゃあねえだか。

（おけさ）はあー、ほれちゃあ、ならない他国のひとには。末はカラスの泣き別れ。
（フシ）乙女心に、胸しまり、さめざめと泣くしおらしさ。雨のあした（朝）の海棠が露を含める風情あり。
（フシ）惜しき別れを告げられて、ゴサクは柏崎に帰られる。あとに残りしオミツ女《じょ》は。忘れかねてかある夜のこと。心のうちに神念じ。波おだやかを幸いに。人の一念恐ろしや。タライにのりて柏崎。思う恋人ゴサクのもとへ、通いおるとは、誰知ろう。
（タンカ　シチノスケ）オミッツアン、オミッつあん、オミッつあん、オミッつあん。あんなにさっきから呼んでるでねえか。なんだってお前は知らん顔していくだ。
（オミツ）誰？
（シチノスケ）誰って、俺だよ。シチノスケだよ。こないだから、オミッつあんのところへ手紙何本やっても返事もくれず。お前と俺とはいとこどうしの間柄、親の許したいいなずけでねえだか。お前はな、柏崎のゴサクさんが来てから、まるで人間が変わってしまっただ。どうだ、お願いだ。もういっぺん、考え直してみてはくれめえか。なあ、オミッつあん、オミッつあん、なぜ返事をしねえのだ。返事をしねえところをみると、やっぱりお前は心変わりをしたんだな。ええ、覚えておれ！
（フシ）顔色変えて走りゆく。あとにぼんやり、オミツ女は。[38]

ここでとりあげたのは、ビクター版レコードの一、二面目である。柏崎の漁師であるゴサクは、時化にあい、オミツの父親に助けられた。以後、オミツとゴサクは互いに好きあう仲になる。ゴサクは柏崎に戻ることになるが、別れを惜しんで、二人は「おけさ節」をうたう。「人の一念恐ろしや」とあるように、きっかけとなった伝説にそなわっていた怪異の印象は保たれているのがわかる。許嫁でありいとこであるシチノスケの言葉を通して、ゴサクが来てからオミツの態度が変わったと語られる。

その後の展開は以下の通りである。オミツはシチノスケにたらいの舟を壊されてしまう。オミツは壊れたたらいを見て、怒りと悲しさのために気がふれてしまう。オミツはゴサクの子を身ごもっていた。無事子供は生まれる。毎日、オミツは柏崎の方を見つめ、「あわれな声」で佐渡おけさを歌う。以上が「佐渡情話」の概要である。

「佐渡情話」が発売されて以降の米若は、それ以前に比べて格段に知名度をあげていく。たとえば一九三二年（昭和七）には、新聞紙上に掲載されたレコード界全体の人気番付で「横綱」に位置づけられた。[39]同年五月には、浮世亭雲心坊《うきよていうんしんぼう》による「佐渡情話」の節真似がレコードとして発売されている。[40]「節真似」とは、人気演者の節回しの物真似芸である。雲心坊は、それまでにも桃中軒雲右衛門、吉田大和丞《よしだやまとのじょう》（二代目奈良丸）、三代目吉田奈良丸、二代目東家楽遊、篠田実《しのだみのる》などのレコードで知られた演者を中心にレパートリーをもっていた。そのレパートリーに米若節が加わったのである。このことから、節真似の対象になるほどに、米若節は「佐渡情話」とともにひろく認知され、人気を得はじめていたと考えてよいだろう。また同年の新聞記事には、前年つまり「佐渡情話」発売以降における米若の吹き込み料を、一枚あたり「一万四千円」と報じている。この金額は当時の浪界内では群を抜いていたと考えられる。[41]

先に述べたような経緯からも分かるように、「佐渡情話」のヒットは、決して周到に用意され予測されたものではなかった。しかしそのうちに、巡業中に聴衆から、あるいは興行師から「佐渡情話」を所望されるようになっていったのである。予想外の売れ行きゆえに、興行用の台本は用意されておらず、必要にせまられて台本作成が依頼された。注文を受けたのは本多哲である。本多は、早稲田大学を中退し、浪花節演者となり、その後台本作家となった人物であった。[42] 秩父重剛は、「佐渡情話」はもともと「最初は作者の筆」、つまり作家の手で生み出されたものではなく、米若の「佐渡おけさ」が上手いという「座談」からはじまり、「何でも新しい企画を狙っている」ビクターの「文芸部が乗り気にな」って、「文芸部員」と米若が捻り出したものだと述べている。その「レコード用」を、「舞台一席分に書き拡げた」のが本多であり、「脚色或いは潤色」というべきだが、一席分に拡張させた努力を認め、「本多哲作として報いられるべき」だと述べている。[43] 米若自身も、晩年には「レコード用」は、俳優であり劇作家でもあった栗島狭衣に、「口演用」(興行用)は本多哲に、それぞれ助けてもらったと記している。[44] ここでいう「レコード用」とは、栗島狭衣の作と銘打たれて一九三三年(昭和八)八月分新譜として発売された「続編　佐渡情話」を指している。[45] では、興行用と栗島による「続編」レコードの前後関係はどうだろうか。記載されているレコード発売情報からみて、一九三二年(昭和七)の前半、つまり続編発売前に印刷されたと推定される興行用ビラを見ると、既に「佐渡情話」を前面に押し出して、来場の呼びかけがなされている(図3―2)。

図 3-2 興行用ビラ（国立劇場所蔵）

この興行で「佐渡情話」が口演されたかどうかは分からない。しかし、この時点で、宣伝のために「佐渡情話」の米若という売り込みが最も有効であるという判断がなされていたことは間違いない。

興行用「佐渡情話」の後半部分、あるいはレコード版「続編」に、どの程度米若が関わったのかは判然としないところがある。[46] しかしながら、一席の口演に耐えうる長さにまで物語を延ばし、そこにフシを埋め込んでいく必要があり、その急務が本多に転がり込んだというエピソードは繰り返し語られている。以下では、興行用に拡充されて以降においての「佐渡情話」の全体像をうかがえるはやい段階のものとして、一九三四年（昭和七）に刊行された『寿々木米若全集』から概要を確認しておきたい。「全集版」では、前半部分、つまり最初に出されたレコード版と重なる部分については、フシが継ぎ足されて長くなっている。たとえば、シチノスケがオミツを追いかける部分が加えられた。この部分はセメと呼ばれるテンポをあげて進められるフシがあてがわれており、緊張感が演出される。たらいを割られたオミツの心理描写もフシを交えながらより丁寧に描写される。また「全集版」では、ゴサクが佐渡を去る前に結婚の約束を固く交わすようになっており、シチノスケはいとこではなく幼馴染という設定に変更されている。その後の後半部分を見ておこう。

（概要）モヘイ（オミツの父）は潮風に吹かれるオミツと子ども（孫）を心配して探しにくる。折しも、柏崎からゴサクが戻って来た。嫁にもらいに来たという。モヘイは、遅かった、オミツは気が狂ったと伝える。ゴサクはオミツを抱きしめ、「愛の力」一筋に、介抱し治してみせると嘆き悲しむ。そこに流刑のため佐渡島にいた日蓮が通りかかる。岩陰から見ていた日蓮は、オミツをあわれに思い、空に向かって「南無妙法蓮華経」と題目をとなえつつそれを描くと文字が現れた。一同は合掌し伏し拝んだ。オミツは「正気の人」としてよみがえり、ゴサクとモヘイは「うれし泣き」をする。[47]

父親には、モヘイという名前が当てられている。恋人であるゴサクは、約束通り戻ってきたが、悲劇が待っていた。しかし、偶然通りかかる日蓮上人の不思議な力でオミツは元の状態に戻る。ゴサクがオミツにわびる場面から最後までは一気にフシで進行していく。「全集版」は、読み物として補訂されている可能性が高いが、これ以降においても筋は概ね変わらず、「佐渡情話」は細かい改変を続けていくことになる。

たらいの舟に乗って佐渡島から越後本土まで女性が通うというモチーフを継承する一方で、女性が化け物であった点が除かれるなど、大幅な変更がほどこされて「佐渡情話」は誕生した。付け加えられた要素のなかで重要と考えられるのは、二人の登場人物である。一人は父親であり、もう一人は二人に嫉妬して恋愛関係に横やりを入れる男性である。親子関係、さらには恋愛の三角関係を加えることによって、化け物をめぐる伝説は、人間関係の機微を語る語り物へと変貌した。またその後、作家の手を経て、全体の整合性や人物の心情・性格の設定が念入りにほどこされ、結果として怪異譚は霊験譚に生まれ変わったのである。

レコード版「続編」の全体的な流れは、全集版と同じであり、時間制限をふまえてかなり端折られている。冒頭に配置された「潮風寒き夕暮れの、狂女おみつは今日もまた」といったフシの文句は、栗島の手によるものと推定されるが、のちのテイチク版などには出てこない。また、結びは、一同合掌して、「大上人」を「ふし拝」んだところで終わっており、日蓮の力によってオミツに何が起こり、最終的にどのような結末になったのかは語られておられず、唐突な終わり方になっている。[48] こうしたことから、おそらく、すでにかたちになっていた「佐渡情話」の後半部分を前提として、若干の改変が加えられ、著名な栗島の名前を付すことでレコード発売されたのが「続編」だったのではないか。戦後に発売されたレコードあるいは作品集には、しばしば本多哲・作と明記されていくが、栗島の名前は出てこない。繰り返し吹き込まれ、また再販されていった「佐渡情話」は、基本的には興行用である本多版が基になっており、人々の記憶に残っていったと考えられる。

四　「佐渡情話」をめぐる受容の地平

「佐渡情話」は、いうなれば、漁師と村娘の恋仲が成就するという他愛ない筋の物語である。クライマックスの部分では、宗教者の霊験を急にもち出して大団円に向かっていくという、考えようによっては、とってつけたような結末が組み込まれているともいえる。たしかに、「不自然な筋で成程面白くはない」

という批評があってもおかしくはないだろう。[49]物語の筋のみとりだしただけでは、「佐渡情話」の勢いと影響を理解するのは難しい。本節で「佐渡情話」が受け入れられていく受容の地平について、次節では「佐渡情話」がつくっていく受容の地平について、考察しておきたい。

先述した『寿々木米若』は、テイチクに移籍して間もなく製作された。掲載された記事は、当然ながら米若びいきの内容になっている。しかしながら、ここに掲載されている米若批評は、米若の芸の特徴への説明が多方面からなされていたり、批判者の典型的な反応を見越した擁護がなされているなど、米若が受けとめられた文脈や反応を知るうえで興味深い。たとえば、匿名批評において、次の点が指摘されている。米若がレコード「佐渡情話」で「世に出た様に思ふ」のは少々行き過ぎだという。米若はすでに売れはじめており、それが「人気者として爆発する口火をつけたまで」のことであった。評者は、「佐渡情話」が売れたポイントは以下の三つだと述べる。一つは、米若のフシ回しの「流麗さ」である。米若の声とフシへの魅力が根源的な要素であったことは、先にも述べたとおりである。ここではその他の二点について、少し詳しくみていこう。その一つ目は、「佐渡情話」というタイトルだという。「何々情話」というタイトルが以前になかったわけはないが、「佐渡情話」には「何か新しい気分」が醸し出されていた。[50]これは一体どのようなことを述べているのだろうか。たしかに、それまでにも「情話」という語彙が付与された浪花節レコードはあった。

米若自身、「情話」という言葉を副題に用いて、一九二七年（昭和二）には「恋の木戸孝允——維新情話」[51]を発売している。木戸孝允と彼を支えた芸者の交流をとりあげた演目であった。米若は、幅広いレパートリーをかかえていたが、そのなかに「玉菊灯籠」などを含めて、男女の情愛を扱う演目を含み込んでいた。

他の演者としては、たとえば二六年には、酒井雲「深川情話」が発売されている。[52] これは講釈ダネ「小猿七之助」の一部分である。いわくつきの船頭・七之助と芸者・お滝の舟上でのやりとりが吹き込まれている。お滝を乗せた七之助は、身投げをした男を助けるが、その男は、博打でイカサマ師にはめられて集金した店の金を取られたのだという。そのイカサマ師は七之助の父親だった。七之助は、身投げした男を、すきを見て川に沈めてしまい、口封じのためお滝も殺そうとする。しかしそこでお滝はかねてから七之助に思いを寄せていたことを吐露するという筋になっている。

あるいは三〇年に、木村友衛「函館情話」が発売されている。[53] これは、友衛が師匠・重友から譲り受けた「稲妻お玉」という探偵物からの抜き読みである。お玉の犯罪仲間である「万引きお清」という女が、脱獄・逃亡し、函館で潜伏している際のエピソードのうち、友衛が吹き込んでいるのは、お清が、偽名を騙り「清水の萬蔵」という男の妾になっていたときに、かつての情夫・伊之助と偶然出会うというくだりのなかの一部分である。この伊之助は、萬蔵の息子であった。萬蔵は、二人の会話をこっそり聞き、神戸でお清とお玉が殺した女が自分の娘であることを知りさらに驚き、さらに覗き見てお清の会話の相手が長年会わない息子であると知り二度驚く。萬蔵が、何も知らないふりをして、お清の前に現れて、神戸で自分の娘が殺されたと述べてその場を去るところを、友衛は抜き出して吹き込んだ。毒婦を軸に展開する緊張感あふれる場面のなかで、複雑な人間模様が語られる。このように「函館情話」とは、明治期における毒婦伝の一節に付されたレコード用のタイトルであった。

芸者や遊女と男の情愛は、浪花節でもしばしばとりあげられた。また、いわゆる毒婦伝、妖婦伝は明治期の新談の一角を占める演目群でもあった。それに比して、「佐渡情話」は、都会とはかけ離れた佐渡を舞台として展開される、しかも男女いずれも世間的には注目されない、ごくありふれた村娘と漁師の物語である。たとえば、米若がヒットレコードとして目標とした「紺屋高尾」では、花魁・高尾大夫と職人との純愛が語られる。吉原などの遊郭をはじめとした遊興空間、あるいはその周辺での出会いを扱う物語は、血縁・地縁を超えた男女の交流をえがく常套的な手段である。許嫁ではない男女の素朴な恋仲を取り上げた物語は、男の側を有名人や悪党に設定したものよりも、聴衆により親近感をいだかせただろう。しかし「紺屋高尾」は、市井の職人を主人公としていたが、相手は美しくきらびやかな花魁だった。モダンな文化が都会でもてはやされる一九三〇年代の初頭において、そこから遠く離れた島を舞台とした若い男女の恋仲を劇的なものとして浪花節化したのが「佐渡情話」だった。「佐渡情話」は、ごくありふれた男女の恋仲を、浪花節の主題として明確に掘り起したといっていい。

二つ目として挙げられているのは、「「一世を風靡していた佐渡おけさ」を取り入れた」ことだという。それ以前に流行した安来節に比べるとおけさは「遥かに情緒的」であり「ローマンスに織り込んでも立派に成功する」民謡であるという。また歌うのが「難かしいおけさ」を、「都会風にお座敷風に」歌いやすくしたのが勝太郎であり、米若はうまくそのおけさを入れ込んで「流行に乗じた」のが「賢明」なのだった。[54] 野村典彦は、鉄道網の拡充とともに民謡・伝説をめぐる想像力が活性化され、一九三〇年前後における旅行ブームを背景とした出版物のなかでそれらが消費されていく詳細を論じている。それはまた、出版物によって、現地にでかけない「居ながら」の旅が、需要として掘り起こされていく事態を意味していた。鉄道・出版物という二つのメディアによって成立する旅のなかで、伝説・民謡は世俗的な旅情を誘うための素材であった。その旅情は、「情話」という言葉を媒介して、男の視点からの「ローマンス」とリンクしていたという。[55]

まさに「佐渡情話」は、民謡・伝説の両方を取り込んでレコードを前提としてつくられた語り物だった。純朴な恋仲をあつかった演目である一方で、非日常的な出会いが物語を動かしていくきっかけとして埋め込まれている。つまり、ゴサクとオミツは、遭難という偶然によって出会ったという設定になっていて、村落内部の恋仲ではなく、オミツの側からするとゴサクは生活空間である村落の外部からやってきた男であった。その点において、えがかれているのは、島を舞台として偶発的なきっかけに支えられた若い男女のロマンスである。音楽産業、出版産業がつくりだしていく大衆文化のなかに、地方のウタやカタリが加工され取り込まれ、バリエーションとして消費されていく。大局的にみれば、旅情／郷愁がまるごと商品化されていくそうした文脈のなかで、「佐渡情話」は生み出されたのだった。

五　浪花節レコードと「事変」——米若のテイチク時代

一九三〇年代の前半から半ばにかけて、米若と口演空間の関係は、娯楽産業の動向と国家の動向という二つの水準において、新たな段階に入っていく。そうしたなかで、米若は相変わらず幅広い種類の演目をレコードに吹き込んでいった。

娯楽産業においては、映画との関係、レコードとの関係における動きがあった。「佐渡情話」は、一九三四年（昭和九）には日活で映画化された。制作は吉本興業がうけもったという。「佐渡情話」の映画化以降、「浪曲映画」は一時期日活の「ドル箱」となった。[56] 映画とレコードの連動は、すでに二八年以降盛んになっており、翌二九年は、流行歌「君恋し」の売れ行きに象徴されるように、レコードの販売枚数は万単位で成功が競われるようになるという「異常なる年」だった。[57] そうした映画とレコードを連動させる体制のただなかに、浪花節は取り込まれていったのである。

その後、米若は日本ビクターの専属をやめてテイチクレコードと契約を結ぶ。三五年には、「七年後の佐渡情話」「赤城の子守唄」などが発売されている。[58] なかには、川口松太郎の「号外五円五拾銭」のように、売れっ子作家の小説を、浪花節化する場合もあった。三六年一二月に川口宅にレコード吹き込みと興行での口演の許可を得て、三七年に台本化が完成したようであるが、その後、口演しやすいように加筆修正がなされたことがうかがえる。[59] なお、これらはすべて本多哲が浪花節台本を執筆している。

テイチクとの関係を結んで以降、米若は男女の恋仲を中心に展開する物語のタイトルにしばしば、「情話」ということばを付して、演目を吹き込んでいくことになる。[60] また三六年には、「新吹込佐渡情話」を吹き込んでいる。この際に部分的な改変がいくつもおこなわれた。たとえば、シチノスケの悪人ぶりが強調される演出がなされている。どちらかというと、ビクター版では、シチノスケは、情けなく言い寄る口調になっていたが、テイチク版では、「全集版」にあったようにオミツを追いかけて怪我をする場面が口演されており、怒りのあまり凶暴化していることが口調から理解できるようになっている。またオミツ親子の「貧乏」を強調する演出が付け加えられたり、さらに結末では、ビクターの「続編」では省略されていた部分だが、オミツが正気に戻ることの明言がなされている。全体としては、感情移入しやすいように、つくりこまれたのが、テイチク版であり、この当時興行にかけられていたものと近い演出になっていたのではないかと考えられる。こうした内容の変更にともない、盤面と盤面のつなぎ方も変更された。[61]

「佐渡情話」のヒット以降、米若に期待され、米若自身が得意とした明瞭な個性が二つ確認できる。一つは若い男女の恋仲を中心に展開する物語の筋である。以下では、そうした筋をもつ物語を〈情話物〉とよんでおきたい。もう一つは、「おけさ節」をはじめとした様々なフシ回しの挿入である。物語中の人物の心情や状況を、ウタにのせて抒情的に表現するために、土地土地で伝承されてきた歌やはやり歌を、演目のいろどりとして入れ込むのである。ここではそれを〈俗謡〉の挿入とよんでおくことにしよう（第六章参照）。浪花節語りのなかで、これらが米若の専売特許だったわけではない。ここで述べておきたいのは、「佐渡情話」を基点として、テイチクは、米若の得意な芸風を意識的にかためていったという点である。相変わらず広範な種類の演目をこなしつつ、核になる米若らしさを明確にし、持続的に新作を繰り出していった。演者の個性の定着は、誕生と同様にレコード会社を前提として展開したのである。〈情話物〉はテイチクとの関係をきっかけとして、一つのジャンルとして定着し、米若の代表的な演目群になった。また、「佐渡情話」の映画化以降、浪花節を取り込んだ映画が各映画社の間で制作され、演者自身が映画出演に駆り出されることも増えていく。つまり、「佐渡情話」は、米若個人にとってのレコード、および浪界全体にとっての映画、それぞれにおけるジャンル生成のきっかけを与えたのである。

国家の動向という水準においては、それと歩調を合わせていく同時代的な演目をレコードに吹き込んでいく方向性がみてとれる。三二年には、前年に起こった満州事変での中村大尉事件をとりあげた「嗚呼中村大尉　満州事変美談」を吹き込んでいる。[62]外地の報道に追従する演目の作成は、満州事変の時点からはじまっているのだが、最初のピークを迎えるのは同年の第一次上海事変であった。米若も「上海事変　銃後美談」という、出征軍人が遺書を残し、それを家族が涙ながらに読むという内容のレコード、あるいは「肉弾三勇士」を発売している。[63]

「肉弾（爆弾）三勇士」は演劇・演芸・映画に積極的に取り込まれていったが、浪花節もその一つだった。梅中軒鶯童は、当時の様子を自著に記している。鶯童が「肉弾三勇士」を創作したのは三二年三月のことだったという。それは讃岐、伊予路、九州へと続いていく巡業ルートの最中であった。伊予の巡業先にいる際に、北九州在住の協力者から、久留米師団から得た材料を持参してもらい、それをもとにして、「肉弾三勇士」を創作した。四国から大阪までレコードの吹込みに一旦戻り、再び巡業ルートに復帰したという。満州事変以来、世の中が「いよいよ騒々しく」なっていくなかで、上海事変が勃発し、「肉弾三勇士が現れて益々軍国熱が燃え上がっている時」であった。三勇士の原隊で試演会も開いている。また、このときの九州興行は、「肉弾三勇士」を「売り物にして宣伝を計画」していたという。つまり、国家奉仕という目的と興行＝商売という目的を兼ね備えた契機として、時局性を帯びた「事変」は取り込まれていく。

大阪では、日吉川秋水にまつわる次のようなフォークロアが伝わっている。秋水は、「藪井玄以」や「水戸黄門」を得意とした滑稽読みであり、聴かせどころのフシは、笑いを誘う物語に似合った軽妙なものだった。その秋水が「爆弾三勇士」を口演したことがあるという。秋水がいつも用いていたフシ回しを使い、「ばくだーん、かかえて、さんゆうしー」と語ったところ、客席から「こら秋水。はよほらな爆発すんぞ！」とヤジが飛んだという。秋水節は、登場人物のユーモラスな言動と一体となって普段から聞かれていた。そのフシ回しと決死の覚悟がしっくり合わないことへの、客からの絶妙のつっこみだった、という笑い話である。[64] はたしてどこからどこまでが真実であるのかは、定かでない。ごく部分的な真実が、楽屋話のなかで面白おかしく脚色された可能性もある。だが、ここで問題にしたいのは、その真偽ではない。このからかい交じりの笑い話をもとにして述べておきたいのは、秋水のような滑稽読みまでが時局性の強い演目に手を出すほどに、時局への対応が業界にとっての課題として共有されていたという点、そして時局性の強い演目が必ずしも、客の期待に沿うものばかりではなかったという点である。芸能人も、「軍神」をつくりだすメディアとしての役割を担っていく。即時的な報道と時間差をはらみながらも敏感に反応していく演芸・映画の連動のもとに、「軍神」は演じられ、浸透した。しかし演芸という対面空間でのオーラルなコミュニケーションの現場では、演者／客の関係性はときに流動的であり、不安定さがつきまとう。国家レベルでの戦死者の物語化は、様々なタイプの語りによって補完される可能性をもちつつも、泣きや笑いを媒介した意味生産の逸脱を生み出す場合もあった。それは、国家機関からすれば、注視すべき危険性でもあっただろう。秋水の「爆弾三勇士」をめぐるフォークロアは、そのことを間接的に記憶している。

六　ラジオと浪花節の不安定な関係

序章において、ラジオ放送のエリア拡大と浪花節聴取の希望者数増加について述べたが、その点からいうと、一九三〇年代の初頭において、浪花節はラジオと最も相性のよい語り芸であったと思われるかもしれない。聴取者から渇望される娯楽、それが浪花節だった。そう考えると、代表的な人気演者がどんどんラジオ放送で口演してもよさそうなものだが、実際は違っていた。「佐渡情話」の発売以降も、〈情話物〉をはじめとした米若のレコードは相変わらず量産されていく。しかしその一方で、ラジオへの出演は順調に増えていったわけではなかった。一九三〇年代初頭には、ラジオ放送と浪界とは安定した関係を結ぶには至っていなかった。

ラジオと興行が、娯楽をめぐる需要を食いあうという不安は、放送エリアの拡大や受信機の普及とともに露呈していった。それを象徴する出来事が大阪で起こっている。一九三〇年（昭和五）九月には、大阪の親友派浪花節組合がラジオ放送への「不出演を決議」する。[65] 争点となったのは、それまで組合側にあった「出演者の指名権」だった。放送局が出演させたい演者は、組合の差し出す演者とは必ずしも一致しなかった。もうひとつの理由としては、二八年以来可能になっていた全国中継が関わっていた。それは、「関東側の浪花節」の放送があるときは事前に知らせるという約束が徹底されなかったことへの組合の不満である。同年の年末には、出演者の指名を合議で決めることを条件に両者は和解している。[66] それ以来、毎月数人が放送で口演することが慣例になっていたが、三六年には、再び組合は口演の拒否を決議する。その理由は、「放送者は常に中幹部以上の顔ぶれに限られ」ていたこと、さらにそれが「ラジオを聴くだけで満足」する者を生むというように、地方興行の不振とラジオ放送が関連づけてとらえられていたことによる。さらに決議の時点では、大阪親友派浪花節組合は東京浪花節協会に対しても、「なるべく全国中継放送を停止されたい」という「勧誘状」の発送を予定していた。しかし、放送局側の反応は歩み寄るたぐいのものではなく、もし口演拒否をするのであれば、東京からの中継が増えるだけであるという見解を示している。[67] この「口演拒否」は約一〇ヵ月間つづいたとみられる。[68] レコードが興行で練り上げられた演目の部分をとりだすメディアだった一方で、ラジオは演目の全体を再現できた点、ライブ性をもちえた点において浪界の慎重な対応を呼び込んだのである。

では、米若自身はラジオ放送とどのような関係にあったのか。米若は、はじめてラジオ口演した一九二六年（大正一五）には九回、二七年には八回、二八年には六回、二九年には二回、三〇年には二回、それぞれ口演している。しかし、その後、三一年から三七年までの間では、三四年における三回の口演だけである。[69] おそらく米若が興行で売れるにつれ、放送局との関係も変化していったのであろう。ラジオ放送に、浪花節あるいはその演者がうまく接続されるか否かの焦点には、演目の性格や先に述べたような音声面の問題だけでなく、稼業の機軸である興行（巡業）とのかねあいも含まれていた。特に「相当に名ある人」は、「いつも地方廻りをやつているので、実際に在京者が居ない」という状況があった。[70] 全国的な人気を得ていた米若は、興行で得る一日の口演料のほうが、放送出演料よりも高額だったと考えられる。戦中から戦後にかけて浪曲台本を執筆していく中川明徳は、次のように米若と放送局のあいだで出演料の折り合いがつかなかったエピソードを記している。

放送局側では『佐渡情話』の人気はもとより知っているが、放送出演料として八百円という、ばく大な要求はとうていのめないところだし、それに売れっ子の米若だけにそのスケジュールが詰まっていて、まったく予定が立てられそうもない。米若がいかに人気者であろうとも、ヒザを屈してまで放送を依頼することはないという考えだ。——米若側では、一晩千円もの給金で飛ぶように売れているのに、安い放送料で無理をしてまで放送局の言いなりになることはない、とこれまた強気だ。双方にらみあいのまま何年も過ぎた。『佐渡情話』が出る以前には、米若も何度か放送している。なまじ大ヒットがでたため縁が切れたというわけだ。[71]

放送料そのものについては検証できないのだが、中川の記述からは、一九三〇年代前半において、米若と放送局の関係が良好とはいい難かったことがうかがえる。放送網の拡充によって、人気演者にとってみれば全国的に知名度を上げる可能性を秘めていたはずだが、むしろ興行こそが日常のなりわいを支えるうえで最重要であった。「佐渡情話」によって興行とレコードの連携の可能性が明瞭になった一方で、ラジオに対しては、距離の取り方を決めあぐねていたのだろう。

しかし、一九三七年（昭和一二）に日中戦争が開戦されて以降、出演者の選択に対する不満や全国放送による地方巡業の危機といった争点は、表面上完全に消えてしまう。この年の後半にはラジオでは、日中戦争に取材した演目をはじめ軍国色の強いものが目立ちはじめる。三八年に国家総動員法が公布されたことをきっかけとして、東京浪花節協会は「日本浪曲協会」に改組し、動員体制に呼応していく（第四章参照）。浪花節は「国民精神の昂揚に適当な」演芸としての性格をさらに強く求められるようになる。三八年の「第二放送の演芸番組拡充」によって、この年の三月には米若のラジオ口演が三年七ヵ月ぶりに実現する。演目は、「日華事変に取材した」とされる「南京最後の日」であり、東京から全国中継されている。「南京最後の日」は、テイチクに所属していた萩原四朗の作であった。[72] テイチクへの移籍以降、米若の「新作」レコードのほとんどは萩原の作もしくは脚色であった。「南京最後の日」以後、米若のラジオ口演はそれ以前に比べて相対的に増加する。三九年末までの期間に口演した演目は、軍国美談がある一方で、「佐渡情話」「紀伊国屋文左衛門」などの戦争のからまない演目もあった。[73] しかし、四〇年以降では、ラジオで口演する演目としては「新作」の軍国美談にさらに重点がおかれるようになる。

ここまでみてきたように、一九三〇年代とは、米若にとって浪花節演者としてのみならず、芸能界全体における人気者となっていく時代であった。「佐渡情話」は、米若自身の受容の地平を明瞭にしていくとともに、浪花節の可能性を広げた。それはレコード、映画、ラジオといったメディア空間との結びつきのなかで成し遂げられていった。その結びつき方は、歴史的に性格を変えていく。浪花節に関していうと、一九三〇年代とはレコードがすでに、興行と補い合う関係を安定的に保ちながら、ラジオとの関係を模索していった時代であった。それは、米若がスターダムを駆け上がっていく過程から如実にうかがえる。次章では、総力戦下において米若がどのように各種の口演空間とつながっていったのかを明らかにしていく。

【注】

1　大阪を中心に活躍した浪曲師（一九一五―二〇一四）。一九二九年に梅中軒鶯童のもとに入門した。ここで紹介したのは、浪曲師としての人生について聞き書きした際に、天龍三郎が話した米若の声についての説明である。入門してしばらくした頃（一九三〇年代前半）、巡業先で、米若のレコード「佐渡情話」をはじめて耳にしたという。「筒の太い」という比喩は、低音の響き、安定感などが与える声の心地よさを表現している。ビング・クロスビー（一九〇四―一九七七）は、アメリカ合衆国の流行歌歌手。生涯に膨大な数のレコードを吹き込んでいるが、一九三〇年代から一九四〇年代半ばまでが絶頂期とされる。ソロ歌手としてレコード・ラジオで人気を高め、「ホワイトクリスマス」をはじめとした多数のミリオンセラーレコードをヒットさせた。映画にも数多く出演し、一九五〇年代はじめまで「ドル箱スター」であった。いわゆる「マイクロフォン歌手」として、「甘いバリトンと声質を生かした」歌唱法だったとされる（『新訂　標準音楽辞典』音楽之友社、一九九六年）。一方が、ささやきかけるように、声を張り上げない歌唱法で知られたアメリカのポピュラー歌手であり、もう一方が、胴声で力強くうなる声を売り物にする日本の浪花節語りであることを考えると、米若の声の魅力をたとえるために、ビング・クロスビーをひきあいに出した説明は、突飛に聞こえるかもしれない。浪花節の世界に足を踏み入れつつも、ジャズなどの洋楽も愛好した若者であった天龍三郎にとっては、ビング・クロスビーも米若も、複製された声によって人々を魅了したスターとして青春時代の思い出のなかに同座していた。二人とも、レコード、ラジオ、映画という一九三〇年代のメディア空間を横断するなかで、自覚的につくりあげた自らの声の振動を拡散させることができた演者だったという点で共通している。そうした前提のうえで、二人が与える声の快楽は、対照的なのだった。一九三〇年代前半において、天龍が米若節に感じ取った声の魅力を説明する際に、引き合いに出す格好の対照例がビング・クロスビーだったのである。天龍三郎への聞き書きをもとにした論考としては、拙稿「芸能のポピュラリティーと演者の実践――浪曲師・天龍三郎の口演空間の獲得史」（赤坂憲雄編『現代民俗誌の地平二 権力』朝倉書店、二〇〇四年）を参照。

2 正岡容『雲右衛門以後』文林堂双魚房、一九四四年、二四一―二四四頁。

3 房前智光「思い出の米若さん　第四回」『月刊浪曲』一三号、一九八三年、六頁。

4 房前智光「思い出の米若さん　第一八回」『月刊浪曲』二七号、一九八四年、八頁。

5 芝清之編「寿々木米若巡業日程表」『浪花節――東京市内・寄席名及び出演者一覧』、浪曲編集部、一九八六年、九〇五頁。

6 同右における芝の記述、芝清之編『日本浪曲大全集』（浪曲編集部、一九八九年）における記述、およびハワイ興行の際のインタビュー記事（「来る〳〵と待たれた寿々木米若の開演」『布哇報知』一九二八年一二月九日付、四面）をもとに記している。

7 「寿々木米若巡業日程表」には一九二二年（大正一一）、『日本浪曲大全集』には、その前年と記されている。いずれにせよ、入門前から浪花節を語る経験を積んでいた米若の看板披露は、はやかったと考えていい。

8 寿々木米若『稲の花』欅発行所、一九六九年、三〇四頁。

9 著者所蔵手書き台本による。台本の最後のあたりには、一九二八年一〇月二六日に「米造師より教導さる」と記されている。おそらく数回に分けて、この連続物を教授してもらったと考えられる。

10 前掲芝『日本浪曲大全集』、一六七頁。

11 全国浪花節奨励会編『浪花節名鑑』杉岡文楽堂、一九二三年、八四―八五頁。

12 「協会主催で浪花節大会」『浪界の友』一四巻八号、一九二五年、一三頁。
13 「児玉将軍と都々逸」ヒコーキ二二二六。
14 「ねずみ小僧」ツル六五四―六五五、「勇の加賀鳶」ツル七一〇―七一一。
15 ここに記したレコード吹き込みについてのエピソードについては、寿々木米若「一人前になるまで」（中川明徳編『寿々木米若』非売品、一九三七年）、〔芸談〕藤田延・〔聞き手〕芝清之「昔彩浪花節絃調」（『月刊浪曲』七四号）を参照した。
16 前掲藤田・芝「昔彩浪花節絃調」一〇頁。
17 前掲寿々木『稲の花』、二一〇頁。
18 房前智光「思い出の米若さん　第二回」『月刊浪曲』一〇号、一九八三年、六頁。
19 京田武男「ラジオと浪花節（四）」『都新聞』一九二六年五月四日付、八面。ここでいう「奈良丸」とは、二代目吉田奈良丸を指している。
20 京田武男「ラジオと浪花節（五）」『都新聞』一九二六年五月五日付、八面。
21 「昭和二年東西浪花節真打人気競　卯五月政正」（文楽堂発行）を参照した。もっとも浪花節の番付は、発行元の売り出し戦略を多分に反映していて、業界全体の意思をそのまま体現するものとは限らない。発行元によって、演者の格付けが異なることはしばしばある。しかし、年次を追って番付を見ることによって、演者の業界内部での位置の上昇を推察する手立てとすることは可能である。
22 「乃木伝」については、拙稿「乃木さんのひとり歩き―浪花節にえがかれた日露戦後の庶民感情」（『説話・伝承学』六、一九九九年）参照。浪花節にとって、「乃木伝」は「義士伝」の後継および新たな演目群の開拓という二つの意味をもっていた。
23 前掲「来る〳〵と待たれた寿々木米若の開演」及び、「寿々木米若一行　水曜当地乗込み」（『羅府新報』一九二九年三月二七日、二面）。
24 梅中軒鶯童『浪曲旅芸人』青蛙書房、二三四―二三六頁。
25 杉本邦子編「長田幹彦年譜」『大衆文学体系　二〇』講談社、八三三頁。
26 中村とうよう「歌謡曲の成立と作詞家の誕生」『季刊ノイズ』創刊号、一九八九年、九七―九九頁。
27 前掲正岡『雲右衛門以後』、二八三頁。
28 松浦泉三郎「浪花節痴語」『江戸と東京』復刊第一号、一九三八年、四〇頁。
29 同右。
30 前掲松浦「浪花節痴語」、四一頁。
31 日本放送協会編『日本放送史　上』、日本放送出版協会、一九六五年、二一七頁。
32 「地方民謡大会全国へ中継放送」『都新聞』一九二九年一月四日付、六面。
33 半畜生「「佐渡情話」が全国を風靡するまで」中川明徳編『寿々木米若』非売品、一九三七年、一四頁。
34 「一流浪曲家座談会」『キング』一六巻四号、一九四〇年、二六八頁。
35 前掲寿々木『稲の花』、二一八頁。
36 越後頸城郡誌稿刊行会編『訂正越後頸城郡誌稿　下』、小島書店、一九六九年（底本一九二三年）、一八七五―一八七六頁。米若が幼少期に聞き覚え、記憶していた類話では、最後に、蛇体となった娘が男を絞め殺すことになっていた（前掲寿々木『稲の花』、二一八頁）。
37 したがって、実際に吹き込まれ、市場に出回りはじめたのは前年ということになる（凡例参照）。
38 「佐渡情話―佐渡おけさ節入り」（ビクター五一五〇七A―五一五〇八B）。後のテイチク版では、「鴎の群れ千鳥」が「鴎か群れ千鳥」と改められていたり、タンカが変更されたりなど、細かい補訂がなされていく。

39 「近頃流行レコード芸術家人気番付」『時事新報』一九三二年一一月二七日付、一〇面。

40 前掲国立劇場調査室編『演芸レコード発売目録』一七九頁。浮世亭雲心坊「節真似　寿々木米若（佐渡情話）木村重友（小金井小次郎）」ポリドール三五八〇A―三五八〇B。

41 「そも円盤は幾らで出来るか」『東京朝日新聞』一九三二年一一月四日付、一〇面。

42 芝清之『浪曲人物史』『上方芸能』編集部、一九七七年、一八九頁。

43 秩父重剛「佐渡情話」日本浪曲研究会編『台本浪曲百選集　佐渡情話他二十四編』八こう社、一九五六年、五―六頁。

44 「（インタビュー）俳壇時の人　寿々木米若氏」『俳句研究』一七巻一〇号、一九六六年、一一七頁。

45 「続編佐渡情話」（栗島狭衣作、ビクター五二七三六―五二七三七）参照。発売年月は、『ビクターレコード　八月邦楽新譜』（日本ビクター蓄音器株式会社、一九三三年）によった。栗島狭衣（一八七六―一九四五）は、劇評家として執筆活動をおこなうかたわら、無声映画の台本を執筆したり、自ら映画に出演もした。

46 「佐渡情話」の誕生をめぐって、晩年の著書『稲の花』では、初回吹き込み時に、「一人で後編を練」り、「日蓮上人」を登場させるなどして二枚分の吹き込みをしたとしている（前掲寿々木『稲の花』二二〇頁）。しかし、本文中に示したように日蓮は、「佐渡情話」の二枚・四面には登場しない。

47 寿々木米若「佐渡情話」『寿々木米若全集』永昌社、一九三四年、一九―二六頁。

48 前掲「続編佐渡情話」。

49 水野草庵子「寿々木米若論」中川明徳編『寿々木米若』非売品、一九三七年、二頁。

50 前掲半畜生「「佐渡情話」が全国を風靡するまで」、一四頁。

51　「恋の木戸孝允―維新情話―」内外四二九一―四二九四。
52　前掲国立劇場芸能調査室編『演芸レコード発売目録』、二五五頁（現物レコード未確認）。後にコロムビアからも発売されている。「深川情話」コロムビア二七六五四―二七六五五。同目録、三八一頁。
53　「函館情話」ビクター五一三八〇―五一三八一。木村重友『稲妻お玉』三芳屋書店、一九一三年。
54　前掲半畜生「「佐渡情話」が全国を風靡するまで」、一四頁。
55　野村典彦「鉄道の想像力と民謡・伝説」『鉄道と旅する身体の近代――民謡・伝説からディスカバージャパンへ』青弓社、二〇一一年、一一九―一六二頁。
56　唯二郎『実録　浪曲史』東峰書房、一九九九年、一三二頁。また、日活が浪曲映画を制作するようになるエピソードについては林正之助と桂米朝の対談（桂米朝編『一芸一談』淡交社、一九九一年、二七七―二七八頁）を参照。映画史からの浪曲映画もしくは浪曲と映画の関係についての言及は、佐藤忠男『日本映画史　I』（岩波書店、一九九五年、三五六―三五七頁、四〇二頁、四二二頁、四二八頁）、笹川慶子「忘却された音―浪曲映画の歴史とその意義」（神山彰他編『映画のなかの古典芸能』森話社、二〇一〇年）参照。
57　前掲倉田『日本レコード文化史』一五八頁。
58　「七年後の佐渡情話」テイチク一五〇九五―一五〇九六、「赤城の子守唄　前編」テイチク一五〇九七―一五〇九八。移籍直後に発売されたレコードとしては他に「乃木将軍と渡し守　前編」（テイチク一五一〇一―一五一〇二）がある。
59　著者所蔵手書き台本による。
60　たとえば一九三〇年代後半においては、「鳥辺山情話」（テイチク五〇〇一〇―五〇〇一三）、「新佐渡情話」（テイチク五〇〇五〇―五〇〇五三）、「深川情話」（テイチク一〇三〇―一〇三一）、「新潟情話」（テイチク二〇二九―二〇三〇）、「南国情話」（ポリドール八八二一―八八二二、八九〇二―八九〇三）などがある。

61　「佐渡情話」テイチク五〇二四五―五〇二四八。

62　「嗚呼中村大尉　満州事変美談」ビクター五二一五八―五二一六〇。たとえば、この年、一月分新譜として松風軒栄楽『山田一等兵と鄭さん』（ビクター五二〇九六―五二〇九七）、三月分新譜として天光軒満月『井上中尉夫人の死』（オリエント六〇七八一―六〇七八二）などが発売された。

63　「上海事変　銃後の美談」（ビクター五二三五四―五二三五五）。肉弾三勇士物は、浪花節としても多数発売されていく。米若の場合、銘々伝の連作の一部として「嗚呼軍神肉弾三勇士　血染めのハンカチーフ　江下武二の巻」（ビクター五二二六〇―五二二六一）「嗚呼軍神肉弾三勇士　廟行鎮肉弾爆破の巻」（ビクター五二二六四―五二二六五）を吹き込んでいる。

64　拙稿「メディアの重層性と「軍神」のポピュラリティー――「戦死者のゆくえ」で対話するための論点として―」『日本学報』二一号、二〇〇二年、八四―八五頁。

65　「『放送浪花節』ごてる」『大阪朝日新聞』一九三〇年九月二三日付、五面。東京ではなく大阪でこのような衝突があからさまになった理由の一つとしては、大阪の浪花節親友派組合の凝集力が、東京の浪花節協会のそれよりも強かったことが挙げられる。それには興行制度の性格が関係していたと考えられる。東京では一般的に、口演料のやりとりは、一回ごとの興行において個人単位で歩合制がとられていた。それに対して大阪では、劇場や浪花節席とのあいだで給料制の契約がなされていた。また東京に比べて大阪では、介入する興行師の数も多かったといわれる。またラジオ放送とどのように距離をとるかという問題は浪界だけがかかえていたのではない。同年一二月七日には桂春団治が、所属する吉本興行部の内規を破り無断で落語を放送している。その制裁としての春団治の寄席出演禁止をめぐる問題は、翌年一月三一日の和解までつづいた（「『落語家の口に蓋』は無理といふもんだつせ」『大阪朝日新聞』一九三〇年一二月八日付、五面）。

66 「BKと親友派の紛擾解決」『大阪朝日新聞』一九三〇年一二月三一日付、四面。またBK（大阪放送局）と組合の「手打ち」を意味する「公演」として、宮川松安によるピアノを伴奏に取り入れた口演がおこなわれた（「ピアノ入りで浪花節の協同公演」『大阪朝日新聞』一九三一年一月一〇日付、五面）。

67 「ラジオ放送と浪曲また絶縁」『大阪朝日新聞』一九三六年一月二三日付、一一頁。

68 前掲唯『実録　浪曲史』、八一頁。

69 前掲芝編『浪花節――ラジオ・テレビ出演者及び演題一覧』もしくは「放送番組確定表」（放送博物館所蔵）参照。

70 京田武男「ラジオと浪花節（二）」『都新聞』一九二六年五月二日付、八面。

71 中川明徳「浪曲くち三味線ラジオ放送の出現　二」『西日本スポーツ』一九七二年五月一三日付、七面。しかし、中川の記述には事実誤認が見受けられる。中川は米若が一九三三年から三八年までの間で米若の放送出演がなかったと書いているが、本文中に示したように、一九三四年には三回の口演（うち「佐渡情話」一回）をしている。

72 前掲『日本放送史　上』、三七七頁。

73 一九三八年一二月一七日「漢口最後の日」、翌一八日「佐渡情話」、一九三九年五月二五日「婦人従軍歌」、翌六月二八日「紀伊国屋文左衛門」（前掲芝編『浪花節』および前掲「放送番組確定表」参照）。

第四章　総力戦下の浪曲師――横断する米若の口演空間

はじめに

表4―1は、一九三八年（昭和一三）以降の浪界の主な動向を示した略年表である。国家総動員法が公布されて以降、娯楽産業は戦時体制への協力を求められてゆく。先に述べたように、東京浪花節協会は、日本浪曲協会に改組し、動員体制に呼応した。[1]この時点で業界の公式名称として「浪曲」がはじめて掲げられたことになる。一九四〇年（昭和一五）夏以降、近衛文麿内閣が「新体制」をとなえたことをきっかけとして、芸術・娯楽の各ジャンル同様、演芸界も改組や新団体の設立などの新しい試みをおこなってゆく。「新体制」下においては、自主的な集団の存在が否定されて、芸術・娯楽の各ジャンルでは、「国策協力」団体への一元的な組織統合が進められた。[2]後に述べる「愛国浪曲」の制作と口演は、演芸界全体のなかで、「新体制」下における先駆的な「国策協力」の表れだった。また、一九四一年（昭和一六）には「浪曲向上会」が発足する。浪曲向上会は、情報局、経国文芸の会、[3]浪界、あるいは興行界から集まった者たちによって構成され、啓蒙的な性格の強い雑誌『浪曲』（図4―1）の発行などをおこなった。また同年には、浪曲作家協会が組織されている。さらに、翌年には、情報局の指導のもとに「浪曲動員協議会」が

表 4-1 浪界の主な動向（1938-1944 年）

年・月	内容
1938 ・2	東京浪花節協会は日本浪曲協会へ、親友派浪花節組合は浪曲親友協会へと名称変更及び改組。
1940 ・11	愛国浪曲発表浪曲大会開催（東京）。
・12	愛国浪曲発表浪曲大会開催（大阪）。
1941 ・1	情報局講堂（旧帝劇）にて、愛国浪曲試聴会開催。
・2	第二回愛国浪曲発表大会開催。
・5	浪曲界の戦争協力促進のために浪曲向上会発足。
1942 ・1	必勝浪曲大会。
・2	軍人援護浪曲台本コンクール（情報局・ＮＨＫ・レコード協会後援）。
・3	浪曲動員協議会実施。
・5	浪曲作家協会発足。軍用機献納浪曲大会。
・10	国民浪曲賞設定（情報局・ＮＨＫ後援）。
1943 ・8	海洋浪曲発表。
・12	従軍壮行浪曲大会（芸能文化連盟主催）。
1944 ・4	日本浪曲協会・浪曲親友協会・興浪会（九州）の三団体が合併して日本浪曲会を発足。日本浪曲配給会社発足。
・12	一億憤激英撃滅浪曲台本授賞式（情報局募集）。

注：唯二郎『実録　浪曲史』（東峰書房、1999 年）、芦川淳平・大西信行「浪曲史年表」（正岡容『定本日本浪曲史』岩波書店、2009 年）を参考にした。

発足する。それを契機として、大政翼賛会や大日本産業報国会の意向を受けた農村・工場慰問、あるいは大蔵省や郵政省による「貯蓄増強」のキャンペーンなどに、浪曲師は動員された。[4] 四一年初頭の時点では、日本浪曲協会は、向山正太郎 を名誉会長、東家楽燕を相談役、木村友衛を会長にすえていた。寿々木米若は、二代目広沢虎造らとともに日本浪曲協会の副会長の立場にあった。[5] 二人はともに、業界の屋台骨ともいうべき存在だった。米若は、業界内でどのような位置づけにあったのか。ここでは同時代を共有した演者を対照させながら、当時の米若のプロフィールをみてみよう。友衛、虎造に次いで、三番目に米若が掲載されている。

全国三歳の小児と雖も米若を知らざる者はなし。米若独特の妙節に依って、更に新らしい浪曲ファンを多数増加せしめた事は、疑ひのない事実であつて、小唄にまでも米若節を取り入れる等の一例を見た事は、芸術家として最も誇りとする処であらう。芸力と言ひ、人格と言ひ、又彼が大家と成つた後の総ての行ひと言ひ、芸界典型的紳士である。憧れの名調は津々浦々に唱はれ、近代大衆を魅惑する処の演題と、朗らかなる音声は、天下無敵の覇を鳴らしてゐる。従つて日本一の人気王として、業界人士が認め得る処となつた。[6]

図 4-1『浪曲』4号（浪曲向上会、1942 年）

ここで挙げた資料は、浪界の宣伝を旨とするパンフレットである。したがって、プロフィールの紹介は、それぞれの演者の個性や芸風を賞賛する内容となっている。米若についてもその例にもれず、その「芸力」や「人格」をたたえる内容が記されている。批評とはいいがたい紹介文であるが、当時の米若が虎造とともに業界全体の中で、どのような位置にあったかをうかがい知ることはできる。米若は既に「大家」として評されていた。また、名人上手とよばれた浪曲師のフシ回し中でも、米若節は全国的に知られたものの一つであった。それは、「小唄」に流用されてもいた。また演目としては「近代大衆を魅了する処の演題」を得意としていた。米若は「日本一の人気王」として売り込まれるような、業界を代表する演者の一人であった。

一方の虎造は、「侠客読みの日本一として、今や日本全道に於いて赫赫たるたる人気と賞賛を博しつつある」という。また「当今では、次々と新作物に目を通じ、中でも最も非常時に相和しい『男の魂』などを映画にも実演にも圧倒的人気を博し」ており、「真に芸術的句調を以って、追々文芸化した台本に喰い入って行く」浪曲師として紹介されている。[7]

米若と虎造は業界のなかで仲がよかったという。[8] 二人は、お互いの個性の差異を認識し合っており、そもそも大会で競演しても、二人の演目のタイプが競合する度合いは低かったと考えられる。虎造にとって、米若とは対照的な関係にあったのが玉川勝太郎であった。虎造がトリをとるときに、同じ舞台で、その前に勝太郎が「石松三十石船」を口演したことがあるという。虎造と勝太郎という二人の大看板は、得意分野が侠客伝である点で一致していた。一方で、最も得意とする演目群は異なってはいるが、互いに相手の最も得意とする演目群をレパートリーの一部として抱えていた。そのような場合、互いの口演を意識せざるをえない状況が必然的に生じる。虎造にとって勝太郎は「晩年まで張り合」う関係だった。[9]

先に挙げたパンフレットの紹介文では、米若、虎造ともに「日本一」と評される。また米若は「近代大衆を魅了する」演目を手がけ、かたや虎造は「男の魂」のような「新作物」を手がけるのだという。ことばのニュアンスを変えながら、差異よりも類似が見出されるかのような同調した表現が用いられている。

互いの共存／競争の関係は、こうした宣伝文句でむしろ覆い隠されてしまう。米若は、自らと他の大看板との差異をどのようにとらえていたのか。一九五七年（昭和三二）に出版された『浪花節一代』に掲載されている「過去から未来へ」と題した文章をもとに確認してみよう。これは、米若へのインタビューを再構成した文章である。このなかで、米若は、他の大看板との比較のうえで、自分の演目の特徴を述べている。他の演者を立てて、自らを謙遜する語り口になってはいるが、米若が認識していた、また他の演者もそう認識していたであろう米若の個性の一端を垣間見ることができる。虎造も勝太郎も、専売特許とでもよべるような演目群をもっていた。虎造にとっては「清水次郎長伝」、勝太郎にとっては「天保水滸伝」である。米若は、二人がそれらの演目群で客を「満足・堪能させることができる」[10]と述べたのち、二人と自分を対照させて、次のように言う。

米若というと、すぐに〝佐渡情話〟を連想なさるかも知れんが、当の私はこの読み物をすっかり忘れてしまっている位です。あるいは意固地だといわれる向があるかとも思うが、私自身が同じ土地で、同じものを演ることが大嫌いな性分です。

こんなことをいうと、両所にはナンだか当てつけがましくきこえるかもわからぬが、決してそんな意味で申し上げるわけではない。したがって、どうしても新作物をつぎつぎ手掛けざるをえなくなり、それだけに考えてみると、私はなんという因果な星の下に生れてきたものかと、己が不憫におもわれてきます。[11]

米若が勝太郎にその旨を述べると、勝太郎自身は、「新作を演っても余りウケない」ので、「つい十年一日の如く旧作を読んでいる始末」であり、「新作に頼ってゆける」米若には「張合があるし、心強い」と励ましたという。その一方で伊丹秀子つまり、第七章で取り上げる二代目天中軒雲月とは、「『あんたと私は一年中、新作にぶつかってゆかねばならんから、張合もあるがホネも折れますネ』となぐさめ合った」という。[12] ここから米若が自分のレパートリーについてどのようにとらえていたかを知ることができるだろう。侠客伝は業界全体で共有される演目群であるが、なかでも虎造・勝太郎のそれらは代表的なものであった。しかし米若は、虎造や勝太郎のように、専売特許と呼べるような長編シリーズをもっていなかった。それは新作に精力的であることと裏返しである。そうした新作指向は雲月と共振する立場であった。

レコードが発売されていくなかで、あるいはその演目が映画と連動していくなかで、米若の声は大量に複製されていった。しかし、レコードやラジオの演目は、米若のレパートリーの一部を照らしているにすぎない。米若をはじめとした浪曲師にとって稼業の機軸は、相変わらず巡業をはじめとした興行だった。ここでは米若の『演題帳』（国立劇場所蔵）をもとに、巡業の概要をつかみだしてみたい。『演題帳』には、一九四〇年（昭和一五）一月から終戦をはさんで一九五一年（昭和二六）一二月までに、米若がいつ・どこで・何を口演したのかが記されている。また『演題帳』の冒頭には「新記入　寿々木春若」と記されていることから、弟子が記録係を請け負っていたと考えられる。本章では、ひとまず戦時下、つまり終戦までの期間についての記述を多面的に読み込んで、総力戦体制に対峙し、「新作」を量産し続けた米若の巡業の構造を理解し、口演空間を横断していく実践感覚について論じていくことにしよう。

一 日常の機軸としての巡業

米若が『演題帳』の期間にこなしていた口演日数は、表4―2のとおりである。これは、米若が口演した労働日数をあらわしており、口演席数（回数）や口演会場数ではない。たとえば、四〇歳代に入ったばかりの米若は、年間に二六〇日以上の口演をこなしていた。一九四〇年の興行は、一月一日の群馬県佐野町での口演に始まる。以後のスケジュールを概観すると、関東地方（東京を含む）の巡業のあと、一月二五日から九州地方、二月末日から中国地方、三月一六日から北陸地方、四月一日から関西地方、四月五日から北陸地方、四月一〇日から東北地方、二一日から関東地方、二四日から中部地方（三重県を含む）、五月二五日から東京で浪曲大会のかけもち、六月一日から関西地方、七月一日から東北地方、七月一一日から北海道地方、九月一日から満州、一〇月二三日から中国地方、一一月一一日から四国地方、一二月一日から中部地方、一二月五日から北陸地方、そして年末には神戸市での浪曲大会となっていた。この年は、まとまった休暇をとった月以外は、一ヶ月あたり二〇日以上二九日以下の興行をこなしている。年間では合計二六〇日以上稼動していた。各地元の興行師が仕切る巡業場所のまとまりを仮に「巡業ブロック」とよぶとして、巡業ブロックから巡業ブロックへの移動日を考慮すると、稼働日以外がすべて完全な休日というわけではなかった。例年八月は夏休みにあたり、一二月も休暇をほかの月よりも多めにとることがしばしばあった。一年を一つのサイクルとした場合、「夏休み」は節目として重要な意味をもっていた。つまり、この期間には、むこう一年間の興行の日程を決めるため、滝野川の米若邸に全国から興行師が集まることが

表 4-2『演題帳』に記入された稼働日数

年＼月	1月	2月	3月	4月	5月	6月	7月	8月	9月	10月	11月	12月	合計（日数）
1940	22	29	24	29	26	20	28 (+1?*1)	3	23	29	20	15	268(+ 1 ?)
1941	25	16	24	26	27	28	26	0	29	20	25	22	268
1942	25	26	12	0	0	22	27	0	26*2	28	25	23	214
1943	27	27	27	29*3	21	27	29	14	29 (+1?*4)	21	24	9	284(+1?)
1944	● *5	●	●	0	31	22	0	0	26	25	19	12	135
1945	22	23	30	21	0	21	0	0	5	29	19	8 (+1?*6)	178(+1?)
1946	12	16	31	25	29	20	31	5	30	25*7	25*8	21*9	270
1947	13	19*10	24	25	24	29	30	0	9	27*11	25	23	248
1948	27	23	26	30	24	26	31	1*12	17	31	22*13	2*14	260
1949	22	22	24	22*15	19	29	29*16	4	24	30	30	5	260
1950	15	16	26	18	27	16	11	● *17	●	●	19	27	175
1951	9	3	31	23	24	12	30	1	23	1	20	21	198

注：戦地慰問・海外巡業は●印。該当期間は日数から除いた。記入されたラジオ放送出演・録音、レコード吹き込みを含むが、映画撮影は除いた。

*1　7月23日は、前日と同一会場で同一演目が口演されたことが記号で示されている。地方興行の記入では稀有な例であるが、記入にしたがって加えた。

*2　9月10日から16日までの日付け記入が混乱している。この間の稼動日数は7日間であることは間違いないと考えられるが、日付と場所の対応を明確にすることは困難である。

*3　4月31日という記入があるが省いた。

*4　9月5日の記入は2つある。1つは9月4日についての記入である可能性が高い。4日とみなした場合、30日稼働となる。

*5　1月10日から3月10日まで「南方慰問」。

*6　12月4日の記入が2つある。それは「西蒲原郡黒崎村純情一代男」と「二日目塩原太（ママ）助」である。前者の記入は12月3日についての記入と考えられる。3日とみなした場合、9日稼働となる。

*7　10月25日はレコード吹き込み日。

*8　11月7-20日の月欄の記入が10月になっており、誤っている。

*9　12月7-26日の月欄の記入が11月になっており、誤っている。

*10　3日は、「前だけ出演」とある。体調不良のため（翌日「タンセキ（注：胆石）にて帰宅」）。舞台挨拶のみであったと考えられる。

*11　29日はレコード吹き込み日。

*12　8月は、2日「熱海慰問」、14日より30日まで「大映映画出演のため大映映画会社」とある。稼働日数に映画出演は含んでいない。

*13　「横浜国劇」での2日間の口演のうち、初日は「11月30日横浜市国際劇場」と記入されているが11月29日の誤りと考えられる。

*14　稼働日は、2日「浪曲トーキー佐渡情話撮影」と28日「米若一門浪曲競演大会」。

*15　寿々木米春の襲名披露興行2日分について日付の記入なし。

*16　7月から9月にかけて記入個所のみだれあり。

*17　8月11日渡米。10月26日まで、ハワイ、カルフォルニア州各1ケ月巡業。

慣例となっていた。当時すでに、米若は「滝野川御殿」と世間からよばれる住まいを東京に構えており、そこには、興行師たちを泊めるために寝具や食器が用意されていたという。また当時、米若にかぎらず、東京の浪界では人気演者のマネージメントは、それぞれの「支配人」（興行師兼マネージャー）が請け負っていた。[13]

米若の巡業は全国各地にわたっていたが、巡業の起点ともいえるエリアは二ヶ所あった。一つは、協会の本拠地でもある東京である。東京都下の興行に続いて関東エリアでの巡業がしばしばなされた。もう一つは、新潟県下だった。新潟県は米若の出生地である。一年のサイクルのなかで、いつ、どの地方に行くかは、はっきり固定しているわけではなかった。しかし毎年の記録を見比べると、いくつかの傾向は読み取れる。たとえば、一月から二月といった冬場に九州に出かけることがしばしばあった。また、三月から四月といった春先には、「越後路」の巡業、七月ごろの夏場には、北海道の巡業が慣例になっていた。他には、満州や樺太への巡業もおこなわれていた。四三年には、米若は、虎造・梅鶯らとともに浪界を代表して、「南方慰問」に出向いている。また、ラジオでの口演やレコードの吹き込みは、大半の場合、一連の巡業が終わり、次の巡業ブロックへと移る移動期間や、巡業と巡業の間にもうけられた休暇中におこなわれることが多かった。また、口演会場は都市部や町場の劇場をはじめとして、公民館、小学校、映画館など多岐にわたっていた。

基本的な興行の形式は、一日一会場で、座長である米若の二席口演と前読み（座長の前に読む者）の口演だった。たとえば、図3―1では、米若以外の前読みは八人となっている。図4―2で示した浪花座入

図 4-2 1933 年 3 月浪花座（大阪）での興行（『日本浪曲大全集』浪曲編集部、1989 年、195 頁）

口の看板からも、前読みはほぼ同人数用意されていたことがうかがえる。浪花座は大阪・道頓堀にあった代表的な劇場のひとつだが、一九三三年（昭和八）当時の興行では、特等席で一円二〇銭、一等椅子席一円、二等席七〇銭、三等大衆席五〇銭となっていた。[14]

こうした自分の一座の興行以外では、たとえば人気演者を集めて催される「大会」にも加わった。大会では一席口演であり、一日二会場で口演することもあった。米若は、しばしば東京宝塚劇場と明治座を掛けもちしている。

ここで、『演題帳』期間より前のものになるが、「浪曲大会」のプログラム予定例を挙げておこう。図4―3は、『東京浪曲新聞』一六号（一九三六年三月一日発行）に掲載された「昭和十一年春期浪曲大会」での出演順序と時間割の予定表である。会場は明治座（日本橋）と第一劇場（新宿）である。午後二時に開場し、午後一〇時四〇分まで予定されている。最初の二人が若手であり、三人目からは目当ての人気演者が連なっていく。もち時間も四〇分、四五分、五〇分と出番によって変えられていた。第一劇場も、開演から終演までまったく同一の時間進行となっている。たとえば、米若は初日午後三時五分から四五分までの四〇分間、第一劇場で口演したあと、移動して、七時三〇分から八時一五分までの四五分間、明治座で口演している。最初の若手二人はそのまま劇場に居残り、メインとなる一〇人は、二つの劇場を移動するのである。この大会の報告記事を見ると、米若、雲月あたりが客の期待を最も集めていたというが、実際には、雲月が病欠となって、代演が入ったという。[15] このように、実際には当日の時間進行にずれが発生したり、代演が入ることもあったわけで、ここに取り上げた表はあくまで「予定」である。

図 4-3　明治座・第一劇場浪曲大会プログラム（『東京浪曲新聞』16 号、1936 年）

しかしながら、当時の大会の構成の仕方、あるいは口演時間などが分かるモデルプランであるには違いない。ジャンルの頂点にいる演者が揃う大会は、当時の浪界にとっては一大イベントであった。米若をはじめとする人気演者は、巡業のあいまにこうした大会にも出演していたのである。また、有楽座での「独演会」（東京日比谷、一九四一年一一月二六日）のような場合には、四席を口演することがあった。さらに、巡業や大会出演の他に、ラジオ放送での口演日もある。

二　『演題帳』に記された演目――二席ヨミの意義について

では、米若の『演題帳』にはどのような演目が記入されたのか。表4―3（巻末記載）は、演目の記入回数を、月毎に区切り、数量化したものである。記入された演目の内容が不明であったり、記入もれがあったりもするが、記入回数を時間軸にそって整理して、レパートリーの消長を明らかにすることは可能である。[16] 記入回数の全体的な様相からは、既出の演目を軸としつつ、徐々に新しい演目が加えられてゆく様子が読み取れる。たとえば、一九四〇年（昭和一五）一月には六つの演目が口演され、翌二月には新作である「妻」［7］[17]（以下［　］内は表4―3の演目番号）が初演されている。加えられてゆく演目には、このような新作と、三九年一二月以前に口演された可能性のある演目がある。[18] まとまった休養をとらずに一ヶ月間巡業した場合、その口演回数は五〇席（席：口演回数の単位）前後から六〇席未満にまで及んだ。演目の種類数は、一ヶ月にのべ三〇回以上の口演をした場合、五つ以上であったが、なかには四一年一月のように一一種類に及ぶ月もあった。

ここでは、戦時下の米若の演目を二つの範疇に分類し、常套的な演目の組み合わせを提示してみたい。設定する範疇の一つは、物語世界の設定を「戦地」や「銃後」にした、当時における現代物（以下〈同時代物〉）であり、もう一つは設定を江戸期・明治期などの過去にした演目（以下〈時代物〉）である。ここでいう〈同時代物〉〈時代物〉という区分は本稿の分析概念として用いており、必ずしも一般的な浪曲批評で用いられる用語ではない。

また、四〇年から終戦までの演目すべてをこれら二つの概念ですっきりと分類できるわけではない。回収しきれない性格をもった演目としては例えば「乃木将軍」がある。「乃木伝」は日露戦中・戦後を舞台とした大正期の「新談」である。他の〈時代物〉と比べて相対的に、口演記録がつけられた当時に近い時代を物語の背景としている。一方で戦争にまつわる物語という点では〈同時代物〉と共通しているが、戦後社会の遺族の様子を描くバリエーションが多いという点では〈同時代物〉と一線を画してもいる。「乃木さん」の物語は、浪界にとって、大正期に醸成されていった演目群であった[19]。戦後社会で生まれた演目群が、記憶のなかの戦争を語る演目群となり、事変を重ね時局性が強まっていく時勢のなかで、戦争を語る演目群としての位置づけが変容していった。「信州墓参」、「塩原渡舟場」、「辻占売り」などが口演されなくなったわけではないが、戦後の庶民感情を掬い上げ、時として遺族の切なさ・悲しさを露呈させてしまう物語は、それまで通りの位置づけでは収まらなくなっていった。浪曲における銃後／戦場のイメージは、同時代の物語のなかで刷新されていく。「辻占売り」をはじめとして「乃木伝」は、米若が人気者となっていく過程を後押しした大事な演目であったことは間違いない。しかしながら、〈同時代物〉を通して戦争を語るなかで、おのずと既存の「乃木伝」を興行で口演しなくなっていった。換言すれば、突出した新作主義を貫けた米若は、「乃木さん」に頼らずとも、やっていけたのである。

ここで設定した二つの概念は、あくまでも戦時下における興行の性格を分析し可視化するために設定する点を強調しておきたい。それらは、浪曲が、愛国的・軍国的な演目を通じて国策に占有されたイメージを相対化するという目的に焦点を合わせるために、一時的に採用する概念である。最終的に本章では、二つの概念を乗り越えるかたちで、米若が蓄えた演目群の理解に向うことになるだろう。

米若は、ここでいう〈同時代物〉を積極的に口演した演者の一人だった。それらの多くは、浪曲作家の手によって書き下ろされた。中心的な登場人物は、兵士をはじめとする男性であり、またその妻や母である。一方、〈時代物〉の登場人物としては、例えば、豪商（「紀伊国屋文左衛門」［1］）、のちに侠客や義賊になる少年（「少年忠治」［35］・「雪の峠道」［25］）[20]、若い漁師とその恋仲の娘（「佐渡情話」［9］）、魚屋（「一心太助」［17］）などである。〈時代物〉の登場人物には、他の浪曲師の口演、あるいは講談、映画などでよく知られたものも多い。

先に述べたように、全国各地を巡業してまわる際には、一つの会場で二席をヨム（口演する）形式が、通常ではとられていた。戦時下における演目選択として常套的だったのは〈同時代物〉と〈時代物〉を一席ずつ口演する組み合わせだった。ただし、すべての口演において、ここで設定した二つの範疇から、一つずつ演目が選択されていたわけではなく、〈時代物〉から二席選ばれたこともしばしばあった。たとえば、「紀伊国屋文左衛門」は、「少年の義侠」[21]などの〈時代物〉ともしばしば組み合わされていた。ただし、

〈同時代物〉を二席口演することはまれだったようである。米若の場合、前席（一席目）に、少しカタイ内容の演目を配置した場合、後席（二席目）には、それとは別種の趣向をもつ演目で相対的に気軽に聴ける演目が用意された。二席目の演目は「後席ネタ」ともよばれた。「後席ネタ」には、相対的に、気軽に聞ける演目が配置されることが多かったと考えられる。たとえば米若の場合、一席目に戦争のからんだ〈同時代物〉を口演すると、二席目には衣装を替えて舞台に立ち、「お肩がこりましたでしょう」というようなねぎらいをのべたあとで、「鼠小僧」などのような〈時代物〉を口演することがあったという。[22]二席口演の際に、一席目に中核となる演目をもってきて、そのうえで二席目に何をもってくるのかという方針には、演者の経験則が反映されただろう。いずれにせよ、大看板となる演者を中心に構成された一座のパッケージ全体で、いかに客を満足させるかという配慮がなされた。

こうした二席ヨミへの注目は、戦時体制下における米若の演目選択を理解するためのヒントを与えてくれる。〈同時代物〉と〈時代物〉という分類をもとに、口演される頻度が相対的に高かった演目の消長を見てみよう。

三　主な〈同時代物〉と〈時代物〉の消長

口演記録がつけられはじめた時期に〈同時代物〉の軸をなしていたのは、「婦人従軍歌[23]」［3］である。この演目は、他の演目が中軸をなすようになってからも、終戦後の一九四五年（昭和二〇）一一月に至るまで、たびたび口演された。少なくとも、六年以上もの間レパートリーに取り入れられていたことになる。

その他、長期にわたって口演された〈同時代物〉は、「上等兵の母」［11］[24]や「佐渡の船歌」［29］[25]がある。また、口演期間・回数ともにこれらには及ばないまでも、一時期には口演の軸に加えられていた演目もある。例えば「妻」［7］は約一年の間加えられていた。さらに次章でとりあげる「涙の舟唄」［14］[26]は約七ヶ月であった。[27]このような演目がある一方で、なかには相対的にみて口演が少なかった演目もある。たとえば「第二の戦場」［15］[28]は一二回（ラジオ含む）、「海を呼ぶ声」［35］[29]は八回（ラジオ含む）、「月と老僧」［26］[30]は四回（ラジオ含む）、それぞれ記入されている。

その一方で、〈時代物〉の軸となっていた演目としては、次のものが挙げられる。口演記録がつけられはじめた頃、頻繁に口演されていた演目としては「紀伊国屋文左衛門」や「少年の義侠」［6］がある。四一年二月以降には、「一心太助」や「塩原多助」［24］が軸に代わる。[31]「塩原多助」は翌年二月まで口演されて、いったん口演されなくなる。さらに同年九月からは「雪の峠道」［25］が軸となってゆく。また四三年一〇月より「孝子三次」［31］[32]が口演されはじめると、「雪の峠道」の口演回数は減少する。その後、一時期「少年の義侠」「雪の峠道」「純情一代男」［5］[33]などが複合的に選択された。そして、四五年春頃から、「雪の峠道」の口演回数の減少と並行して、「少年忠治」と「塩原多助」が増加する。この二つは戦後も頻繁に口演されてゆく。

興行の軸にすえられる演目は一貫していたわけではなく、一定期間ごとに入れ替えられていた。では、そうした傾向を、分析対象の期間において最も口演の多かった演目の消長に焦点をしぼり、確認してみたい。とりあげるのは、「雪の峠道」と「佐渡の船歌」の組み合わせである。先に述べたように、「雪の峠道」

は一九四二年（昭和一七）九月に口演されたことを契機として、「塩原太助」と入れ替わるように口演の軸となってゆく。当初、組み合わせの演目には、「婦人従軍歌」「上等兵の母」「母性愛」のいずれかが選択されてゆく。途中、昭和一八年一月に「母性進軍歌」と三度、二月には〈時代物〉である「佐渡情話」と七度組み合わされるが、同年三月に「佐渡の船歌」が初演されると、それとの組み合わせが中心となってゆく。そして、同年一〇月七日から、途中の「南方慰問」の期間を除いて約五ヶ月間は、「佐渡の船歌」と組み合わされる対象としては、「孝子三次」が中心となる。次いで「孝子三次」「雪の峠道」「純情一代男」「塩原多助」が並行して選択される時期が続き、その後、三月一日に「少年忠治」が口演されると、それが頻繁に組み合わされるようになってゆく。戦時下の興行において、〈同時代物〉を口演する場合、それを〈時代物〉と組み合わせることは、米若の常套的な方針であった。

ただし、同年四月と六月においては（五月は休養）、「佐渡の船歌」は口演される割合自体が低下する。二席口演の際に、〈同時代物〉と〈時代物〉を組み合わせるパターンは半数以下となり、「塩原太助」と「少年忠治」が最多の組み合わせパターンになった。〈時代物〉どうしの組み合わせの急増には、情報局の方針変更が影響を与えている可能性があるだろう。ラジオで放送された浪曲に関しては、一九四五年に入ってから終戦までの時期、いわば終戦直前期において、「戦時生活の明朗化」という方針により、軍事色の強いものの割合が減っていたことが、これまでにも指摘されている。[34]この「塩原多助」と「少年忠治」の組み合わせは終戦直後も引き続き多用されてゆく。戦争末期の窮状のなかで、娯楽への締め付けがゆるんだ状況のもとに、米若の巡業においては、現代的な〈同時代物〉、つまり時局への対応という点でもうしぶんない演目は捨てられてしまった。総力戦のための国家的な苦肉の策は、興行つまり演者／客のコミュニケーションにおいて、緊張感を解除する大義名分を与えてしまったといえるだろうか。米若の興行記録は、敗戦前夜と終戦後の連続性を表明している。その連続性は、当時における客の期待への配慮が優先されたことをさりげなく示しているともいえるだろう。

口演記録を時間軸にしたがって整理すると、演目選択の連続性と非連続性を視覚化できる。息の長い演目から数回しか口演されなかった演目まで、寿命は様々である。客を満足させられるか否か、米若自身が口演しやすいかどうか、興行師の意向など、定着や口演回数の多少については、複雑に理由が入り混じっていただろう。いずれにせよ、興行用に向いているとみなされた演目は、頻繁に口演されていく。また逆に、定着しなかった新作は、客を満足させることが難しいなどの理由から、興行用には向かないと判断されたと考えられる。

四　口演空間の差異化

では、ここで見てきた興行用の演目は、レコード、ラジオといったメディアとどのような関係を結んでいたのだろう。先に述べたように日中戦争以降、米若はラジオでの口演については、以前と比べると積極的であった。一方で、必ずしもレコード発売された演目すべてが興行用として定着したわけではなく、興行の主軸演目がラジオでの口演演目として順当に選ばれるわけでもなかった。巡業、レコード、ラジオそれぞれの口演空間における演目の種類は、重なりながらもずれをもっていた。ここでは、直接的な口演である興行の特徴を明らかにするために、そのリストを他の口演空間の演目リストと比較してみたい。

分析対象となる期間に発売されたレコードの概要は、表4―4の通りである。同期間にレコードで発売されたのは、新作が中心だった。その多くは〈同時代物〉であったが、一部には〈時代物〉も含まれていた。挙げられた演目のほとんどは、浪曲作家によって書き下ろされたり、脚色されたものである。この時期の米若の場合、新作の提供や脚色はレコード会社に所属する浪曲作家の手によることがほとんどだった。最も多く演目を提供したのは、萩原四郎である。萩原はテイチクレコード専属の浪曲作家であった。レコード会社との関係は演目を生み出す重要な回路であった。また、レコード産業と連動していたのが映画産業である。日活が製作した初の浪曲映画は、先に述べたように一九三四年（昭和九）の「佐渡情話」であり、翌年には多数の浪曲映画が製作され、浪曲師は、映画にしばしば出演したり、主題浪曲を吹き込んだりするようになる。米若自身も、『演題帳』期間だと、「純情一代男」や「妻」（図4―4）などの映画と連動した演目を口演した。

表4―3と表4―4を比較すると、レコード化されながらも、興行で口演されなかった演目がある。たとえば、次のような新作である。「三味線娘」[35]は同名の映画と連動した演目であった。また、「日の丸供養」[36]「旗に祈る」[37]「ハワイ爆撃前夜」[38]「聖戦の花　父の巻」[39]「空の若武者」（後述）などは〈同時代物〉であった。また、「香港最後の日」[40]は、口演の有無を明確にし難いが、後に言及する「月と老僧」と同様に、限定的にしか口演されなかったと推定される演目である。このように、萩原をはじめとした浪曲作家の手によって与えられた新作は、興行にかけられるなかでレパートリーとして維持されるものがある一方で、

表 4-4　寿々木米若レコード発売リスト（1940 年 1 月—1945 年 8 月）

発売年月	演目名	備 考
1940 年 1 月	△名人浪曲集（乃木将軍と辻占売り）	
? 月	○純情一代男	原作：上山柑翁　脚色：萩原四朗　日活映画主題浪曲
3 月	○妻	作：萩原四朗　日活映画主題浪曲
6 月	×日の丸供養	作：藤田光　満鉄社員会撰
9 月	×三味線娘	新興キネマ主題浪曲 作：萩原四朗
1941 年 1 月	○上等兵の母	作：萩原四朗
2 月	×大忠臣蔵 1 月お軽勘平忍ぶ道行 千代田の刃傷	共同制作：村田吉邦、水谷雅夫
	×大忠臣蔵 8 月お花金右衛門 恋の手習い	共同制作：村田吉邦、水谷雅夫
4 月	○涙の船唄	原作：長田幹彦　推薦：大政翼賛会宣伝部・内閣情報局　提供・経国文芸の会
? 月	×天龍月夜	作：萩原四朗　後援：逓信省
6 月	○第二の戦場	原作：榊山潤　脚色：萩原四朗　推薦：軍事保護院
8 月	×旗に祈る	原作：堤千代　脚色：萩原四朗
9 月	○母性進軍歌	作：萩原四朗
12 月	×揺らぐ吉良邸	赤穂浪士伝第四話　作：萩原四朗
1942 年 2 月	×空の若武者	作：萩原四朗　提供：浪曲向上委員会
? 月	○断崖に立つ男	作：萩原四朗
6 月	×ハワイ爆撃前夜	作：吉野夫二郎
9 月	×聖戦の花父の巻	作：萩原四朗
1943 年 1 月	△香港最後の日	浪曲大東亜戦争第一集　作：萩原四朗　監修：浪曲向上会・浪曲作家協会・日本蓄音器レコード文化協会
3 月	○月と老僧	作：萩原四朗 情報局国民浪曲参加作昭和 17 年度第 1 位入選
5 月	○佐渡の船歌	作：萩原四朗
8 月	△乃木将軍伝	作：萩原四朗　解説：村田知英子　音楽：大久保徳二郎　伴奏：テイチク管弦楽団
9 月	×男性行軍歌	作・萩原四朗

注：○・・・興行で口演された演目　×・・・興行で口演されなかった演目
△・・・明確な判断が難しい演目。「香港最後の日」は『演題帳』記入不明瞭のため。「乃木将軍伝」はバリエーションが複数あるため。
＊『演芸レコード発売目録』（国立劇場、1990 年）をもとに発売順に並べた。
なお、「天龍月夜」「断崖に立つ男」は目録未掲載。森川司氏旧蔵コレクションにて現物確認。レコード番号をもとに発売時期を推定し配列した。
＊「名人浪曲集」は『演芸レコード発売目録』による（488 頁）。現物未確認。これのみリーガルから、他はテイチクから発売された。
＊「純情一代男」は『演芸レコード発売目録』に記載されているが、発売月不明（494 頁）。現物未確認。「新粧紀伊國屋文左衛門」（テイチク 2360—2363）と同一演目と推定。
＊「日の丸供養」は『演芸レコード発売目録』に記載（492 頁）、国立国会図書館デジタルコレクションにて部分的に現存確認。他はすべて森川コレクションで現物確認。
＊「忠臣蔵一月」「忠臣蔵八月」は、過去に発売されたレコードの再発売と推定。

図4-4「妻」公開予告ビラ

定着しないものもあった。

新作以外にも口演されない演目があった。それは「義士伝」である。米若はかつて「義士伝」をレパートリーに取り入れていたと考えられるが、少なくとも一九四〇年（昭和一五）以降における口演記録はない。表4―4に記載されている「義士伝」のレコードは、レコード会社の意向が強く反映されたものと考えられ、いわば「企画物」として発売されたといえる。義士伝と同様に、「企画物」といえる演目としては、「乃木伝」がある。「名人浪曲集」は、米若の「乃木将軍と辻占売り」[41]や二代目虎造の「森の石松」などといった名の通った既発表演目を組にして発売したものと考えられる。[42]また「乃木将軍伝」[43]は、音楽や女優の朗読が挿入された長編レコード集であった。「乃木伝」は米若が二〇代の頃に得意としていた演目の一つであり、大正期から昭和期初頭には、繰り返しレコード化された。一九四〇年以降には、「乃木伝」の口演記録は三度のみである。「義士伝」「乃木伝」いずれも、すでに興行の軸ではなくなっていた。「義士伝」や「乃木伝」は、様々な演者によって頻繁にレコード化されてきた演目群であり、また

表4-5　寿々木米若ラジオ口演一覧（1940年—1945年8月）

放送年・月・日	演　目
1940年　3月25日	婦人従軍歌
6月29日	妻
1941年　1月25日	上等兵の母
5月28日	第二の戦場－東京劇場より中継－○
9月16日	空の若武者（名古屋放送局）○
11月28日	母性進軍歌
1942年　3月16日	母性進軍歌
8月　3日	最後の子守唄 *1
10月27日	月と老僧（大阪放送局）○
1943年　1月　2日	香港(漢口？)最後の日○ *2
3月13日	佐渡の船歌（大阪放送局）○ *3
5月　7日	前線に送る夕・声の慰問袋に出演△ *4
25日	月と老僧○
10月23日	海の少年
1944年　12月10日	海を呼ぶ声○
1945年　2月13日	佐渡の船歌
5月25日	海軍[征きて還らぬ]*5

注：『朝日新聞』ラジオ欄及び「番組確定表」（放送博物館所蔵）をもとに作成。
○…『演題帳』に記載されているもの。
△…関連する可能性がある記載が『演題帳』にあるが詳細不明なもの。
＊1「赤城の子守唄」と推定される。＊2　注40参照。「香港最後の日」と推定。
＊3　表4-3内＊3参照。＊4　表4-3内＊4参照。
＊5　[　]内は番組確定表のタイトル。

他の演者と競合する度合いの高い演目群でもあったゆえに、米若はそれらの演目から距離をとっていったと考えられる。その一方で、興行にかけられなかったり、かけられるのがまれであったりしても、レコード会社の意向によっては、あらためて吹き込みがおこなわれた。

一方、ラジオ放送においては、米若の場合、一九四〇年から終戦までの間に、少なくとも一六回の口演をしている。表4―5は、新聞のラジオ欄をもとに作成した米若のラジオ口演リストである。しかし、ラジオ放送での口演（中継・録音を含む）のすべてが『演題帳』に記入されているわけではない。大阪・名古屋からの放送は、それぞれの地域での巡業日程のなかに組み込まれていたスケジュールであったが、このような巡業の最中での口演はむしろ少なかったようである。大半の場合、一連の巡業が終わり、次の巡業ブロックへと移る移動期間や、巡業と巡業の間にもうけられた休暇中になされた。

ラジオ口演のほとんどが戦時下を舞台とした〈同時代物〉だった。[44] なかにはラジオ放送では脚光を浴びながらも、興行ではほとんど口演されなかった演目、あるいは新作としてレコード発売されながらもほとんど口演されなかった演目がある。たとえば萩原が提供した「月と老僧」は、「第一回国民浪曲賞」の総裁賞を受賞した作品だった。「国民浪曲賞」は情報局とNHKの後援を受け、浪曲向上会が設定した賞である。「日本精神の高揚、健全なる国民娯楽の樹立を旨とし」ており、参加作品はあらかじめ選考された新作であった。しかし「月と老僧」は、興行では二回口演されただけであった。また、「空の若武者」は浪曲向上会の「製作」としてラジオで発表された演目である。[45] こちらは一度も興行では口演されなかった。「月と老僧」と「空の若武者」は時局に合致することに焦点をすえた演目だった。どちらも萩原四朗の作であり、レコード化もされている。日々の興行で客を前にして口演される演目に関しては、客受け、演じやすさ、興行形式上の必要性などの条件によって、ラジオ・レコードとは異質の演目選択がおこなわれていたと考えられる。

おわりに

以上のように、米若は巡業を稼業の軸としながら、「新作」の絶えざる補充という点でレコード会社と密接な関係を保っていた。しかし、たとえ新作を浪曲作家から与えられても、短命に終わった演目や興行にかけられなかった演目もあった。ラジオには、国家の論理が顕著に影響していたが、興行においてはそれとは別の、芸を売るための方針が介入していた。そして、〈時代物〉は相変わらず興行には欠かせないレパートリーだったのである。また、ラジオとの関係は、興行での売れ方と国家の動向の絡みあいのなかで変化していった。国家の期待と密接に関係をもちながらも、けっしてそれだけを直接的に反映したのではなく、興行の慣例やレコード会社の量産システムとの折衝のもとに、米若は日々の巡業のなかで演目の採用・維持・廃棄を繰り返していく。興行、レコード、ラジオ、それぞれの演目リストは重なりつつもずれをもち、独自の演目群をなしていた。米若は、総力戦を目的とした戦時体制下という状況において、情報局や大政翼賛会などの国家機関の視線を受けとめながらも、興行では客受けを見据えた演目選択をおこなっていた。

興行における〈同時代物〉と〈時代物〉の配分や、メディアによる演目の振り分けといったバランスのとり方は、豊富なレパートリーをかかえ、新作を量産した米若であったからこそ可能であったともいえる。米若は、複数のメディア空間を通じて娯楽産業の論理や国家の論理と深く関わる位置にいた。重要なのは、米若の演目リストから、戦時体制下における浪曲師の演目選択の仕方を普遍化することではなく、演者の個性と歴史的社会的に規定される条件が交わる交叉点上に、演目リストを位置付ける方法そのものである。オラリティの社会的な位相を論じるにあたっては、メディアが複雑に媒介してゆくなかで、演者が客受けを内面化しつつ、諸制度の期待や統制とどのように対峙したかを分析し、職業的な語り芸の動態を位置づけていく作業が求められる。

米若は若手時代からレパートリーの開拓に精力的に取り組んでいた。特に「佐渡情話」以来の〈情話物〉は、レコード会社との関係において、商品価値をもったジャンルとして扱われていく。それは戦時下から戦後を貫いて認められる特徴である。「新作」は、同工異曲的な側面をはらみながら、手を替え品を替え生み出されていくことになる。戦時下の国家の動向への追従は、米若とラジオ放送の復縁をもたらした。その一方で、日々の生活は相変わらず興行（巡業）中心であり、二席ヨミの常套的な側面はプロフェッショナルな技術として欠かせないものだった。米若の実践史から読み取れるのは、口演空間の重層性やそれらの連動を利用する一方で、諸制度の期待を内面化し、それに束縛されていくという矛盾をもはらんだ芸人の位相である。

【注】

1　唯二郎『実録　浪曲史』東峰書房、一九九九年、九〇―九五頁。
2　赤澤史朗他編『文化とファシズム』日本経済評論社、一九三三年、八頁。
3　文学を通じて国策を推進する団体。たとえば「国策を無視する遊戯文学の屏息を期」し、「御用作家風の浮薄な芸術の出現を改め」ることなどが目的とされた（「経国文芸会生る」『大阪朝日新聞』一九三九年一二月七日付、七面）。第五章参照。
4　前掲唯『実録　浪曲史』、一一四頁。
5　『浪界芸術家集』七号、一九四一年、二頁。

6 前掲『浪界芸術家集』七号、五頁。
7 前掲『浪界芸術家集』七号、四頁。
8 「娘さんの整子さんが語る広沢虎造」『月刊浪曲』二〇五号、一九九九年、八頁。
9 前掲「娘さんの整子さんが語る広沢虎造」、七頁。
10 寿々木米若「過去から未来へ」三好貢編『浪花節一代』朋文社、一九五七年、二六五頁。
11 前掲寿々木「過去から未来へ」、二六六頁。
12 同右。
13 「滝野川御殿」は「地所が三百坪ぐらいに部屋が二〇くらいある建物」だった。そこには「弟子」や「女中」が「大勢」いたという（〔芸談〕藤田延・〔聞き手〕芝清之「昔彩浪花節絃調」『月刊浪曲』七五号、一九八八年、九頁）。「大日本真打人気競昭和一五年」（大日本浪曲光栄社、一九四〇年）の裏面広告には、「米若営業部」として、支配人・吉川島龍、事務員・大里実の名が記されている。後に支配人・大里、後見人・島龍という体制になったとみられる（同連載七六号、一九八八年、八頁）。
14 『大阪朝日新聞』（一九三三年三月二九日付、二面）に掲載された広告による。たとえば、この直前（三月一五日より）に興行されていた芝居「中村扇雀・新興座市川小太夫合同劇」は、特等席二円、一等椅子席一円、二等席八〇銭、三等大衆席五〇銭であった（『大阪朝日新聞』、一九三三年三月一五日付、二面）。また同時期に、道頓堀・中座における曾我廼家五郎劇の「平常値段」は、特等二円八〇銭、一等二円五〇銭、二等一円二〇銭、三等八〇銭、四等五〇銭だったことが広告欄からわかる（『大阪朝日新聞』一九三三年三月一五日付、二面）。
15 「浪曲大会の成績――明治座と第一劇場に於て十大家掛持出演」『東京浪曲新聞』一六号、一九三六年、一面。
16 たとえば、四〇年一二月一六日「神戸市浪曲大会」については演目の記入がない。また、同年一一月二六日から三日間行われた「愛国浪曲発表会」、四三年八月一〇日「海洋浪曲発表大会」、同年一二月三〇日「芸能従軍壮行浪曲大会」などをはじめとしたイベント的な性格の強い大会については、出演自体が記入されていないことがある。ゆえに、表4―3は原則として口演の実数ではなく、記入回数ということになる。また、会場欄に二ヶ所記され、演目欄に一つだけ演目が記されている場合は、原則としてそれぞれの会場で一回ずつ口演したものとみなした。また、演目名などを判断しかねる記入に関しては「不明」として数えた。

17　概要については、第六章参照。（「妻」テイチクN三六七―N三七〇）。

18　たとえば、「吉原百人斬り」や「一心太助」は『演題帳』期間以前にレコード化されている（「吉原百人斬」ツル七五六―七五七、「一心太助の義侠」ツル五〇五八―五〇五九）。

19　拙稿「乃木さんのひとり歩き――浪花節にえがかれた日露戦後の庶民感情」（『説話・伝承学』六号、一九九八年）参照。

20　鼠小僧次郎吉の少年時代の物語と推定される。ある親子を殺して金を巻き上げた盗賊を、次郎吉がだまして金を巻き上げる。

21　「少年の義侠」は内容不明であるが、本章でいうところの〈時代物〉であると推定される（芝清之氏談）。類似の演目と考えられる米若のレパートリーとして、侠客・武蔵屋新造の少年時代の物語がある（「少年侠客新造」ビクターJ二〇〇六三―J二〇〇六四）。

22　レコードコレクター・森川司氏からの聞き取りによる。木村若衛は、「軍事物」と、「河内山宗俊」などのそれ以外の演目を組み合わせて口演したという（安斎竹夫「昭和と浪曲の精神史」『芸双書　七　うなる』白水社、一九八一年、一四四頁）。こうした回想からも、戦時下において「同時代物」は重要な演目群でありながらも、それらが偏重される事態が避けられていたことがうかがえる。なお、若衛へのインタビューのなかでは「愛国浪曲」という言葉が用いられているが、これは本稿で扱う「愛国浪曲」ではなく、同時代の戦争を扱った「軍事物」をひろく意味している。

23 （概要）負傷兵である夫と従軍看護婦である妻が戦地で再会する。妻の重体に際して、周囲は見舞うことをすすめる。しかし夫は、戦地に夫婦の関係をもちこむことはならないと言い張り、見舞おうとしない。しかし、我が子から妻にあてた手紙を受け取り、それを読んでやりたいという思いから、妻の病室を訪れる。その後、妻は全快し、夫は戦地に再び赴く。（「婦人従軍歌」テイチク二六三七―二六四〇）。

24 （概要）上等兵の息子をもつ母親の思いを語った物語。母親は、戦死した息子の墓前で病死した妻の手紙を読んでやり、妻の黒髪をたむける。病床で書かれた手紙には、元気でやっているといううそや、何度ももらった手紙を読んで面影を偲んでいること、夫の夢を見たことなどがつづられていた（「上等兵の母」テイチクA二九六―A二九九）。「軍国の母」［12］は同一演目の可能性が高い。

25 （概要）主人公は、戦争に用いる舟の原料にするため、御神木を切り倒そうとする。一方、その父親は、御神木にまつわる伝説をふまえて、切り倒すのを許さない。しかし、赤紙がきたことを機会に、父は息子の言うことを理解する。息子は思いを寄せ合っている女性と祝言を挙げたのち、出征する（「佐渡の船歌」テイチクA七五三―A七五六）。

26 レコードタイトルは「涙の船歌」（テイチクA三三〇―A三三三）。概要は第五章参照。

27 その他に「同時代物」と推測される演目で軸に加えられていたものとしては、「母性愛」がある。約一年二ヶ月の間に百二回の口演が記録されている。「母性愛」は内容不明であるが、興行レパートリーに加わった時期（一九四一年一一月）を考慮すると、「母性進軍歌」（一九四一年九月分新譜）は類似もしくは同一の演目である可能性が高い。また、『演題帳』の期間以前には、類似した外題名がつけられた演目として「母の愛」（テイチク五〇〇六六―五〇〇六九、一九三五年九月分新譜）がある。「母性進軍歌」の概要は以下参照。（概要）両眼を負傷してうなされる上等兵に看護婦長がおけさ節を唄ってやる。上等兵が日本に送還される直前に、看護婦長は、それが生き別れになった自分の息子であることを知る。しかし、「女の道をふみあやまった」自分が名乗り出ると、息子の「手柄がけがれる」と思い、名乗りでずに別れる（「母性進軍歌」テイチクA四二五―A四二八）。
28　（概要）片足を失い帰国した傷兵が世間の無理解と葛藤する様を描いた物語。傷兵は、最後には仕事に就くことができ、結婚をする（「第二の戦場」テイチクA三七三―A三七六）。
29　「海の呼ぶ声」は「国民演劇賞、情報局総裁賞をとった『たらちねの海』」の映画化作品。「父を海で失ったために、子供を海にやろうとしない母」を描いた物語。米若の浪曲はこの映画と連動したもの。その監督をした伊賀山正徳によると、「アッツ、タラワ、マキンと玉砕のつづいたあとだけに見事当局の忌諱に触れて上映禁止という目に遭った」という（前掲唯『実録　浪曲史』、一三三頁）。終戦後に改めて上映された。
30　（概要）主人公である僧侶は、日露戦争中、乃木将軍のもとで決死隊に参加し、生き残った男性である。僧侶は「勇士の仏像」を日々作り続ける。そのわけや息子への思いを、身の回りの世話をしてくれる身寄りのない娘に語る（「月と老僧」テイチクA七一二―A七一五）。
31　「一心太助」「塩原多助」ともに名の部分には「太助」という表記が用いられている。そのため姓をつけず名のみの略称で記入されているものについては、表4―3では［18］に一括した。
32　纏持ちである野狐三次の少年時代の親孝行物語。
33　紀伊国屋文左衛門の青年時代の恋愛物語。［1］の「紀伊国屋文左衛門」と同一演目と推定される。一九四〇年に映画化された際のタイトルが「純情一代男」。
34　前掲唯『実録　浪曲史』（一三八―一三九頁）や前掲安斎「昭和と浪曲の精神史――愛国浪曲の周辺」参照。すでに、戦況の悪化にともなって一九四四年五月には、次官会議で「戦時生活ノ明朗化」が申し合わされている。たとえばそこでは、

「時局性ばかりが目立ってちっとも面白くない時局演芸や反発したくなる様な生硬な国策劇は断然排除せられねばならぬ」とされた（『放送五十年史資料編』日本放送出版協会、一九七七年、七二頁）。

35（概要）温泉宿の娘をめぐる三角関係の物語。家と身寄りを無くした温泉宿のひとり娘が、芸人として流浪し、好きだった手代の男と再会する（「三味線娘」テイチクA二三三―A二三六）。

36「日の丸供養」は、一、二面のみ内容確認（A一五三、国会図書館デジタルコレクション）。満州鉄道社員を中心として展開する物語。

37（概要）出征する夫と残される妻の物語。夫婦は不慮の事故で幼い我が子を亡くした。それがもとで、妻は、気がふれてしまったままで暮らしている。夫は出征する前に妻の髪に櫛を入れて整えてやる。そして、妻には我が子をつれてかえってくると言う。それは死を覚悟した言葉だった。三面から六面のみ現物確認（「旗に祈る」テイチクA三九七―A四〇〇）。

38（概要）「ハワイ爆撃前夜」は、排日運動に際して自害した日本人移民に感銘した男が、真珠湾攻撃の際には、自分も家を焼き払う決意をするという物語（「ハワイ爆撃前夜」テイチクA五九〇―A五九三）。

39（概要）男の出征をめぐる家族の物語。父は年老いて体が弱っており、母は亡くなっている。妹は男ができて家を出て行き音信がなかったが、苦労をした末に家に戻ってくるという。出征前に母の墓前で、父、妹を案じていることを吐露する。そこに父が現れ、妹が子どもを連れて帰ってきたこと、すべてを許すと伝えたことを男に伝える。冒頭はオーケストラの演奏が入る（「聖戦の花　父の巻」テイチクA六三三―A六三四）。「聖戦の花」は他の浪曲師との連作として発売された。

40（概要）イギリスから香港が解放されるのを願っている日本人の男（貿易商）を中心に展開する物語。演目中では、アヘン戦争を発端とする香港の歴史が語られる。老人は、「香港攻略」に参加した孫娘の婚約者に助け出される（「香港最後の日」テイチクA七一七―A七二〇）。「香港最後の日」は、四三年一月分新譜として発売された（一二月に店頭にならんだばかりの）新作。ラジオの番組表で記された「香港最後の日」は、口演記録には「漢口最後の日」と記されている。また四二年一二月二一日の欄には「香口《ママ》最後の日」と記されている。これらの情報は、表4―3では、「漢口最後の日」の欄に一括して扱った。「漢口最後の日」は三八年一二月分新譜として発売された。漢口攻撃の直前に戦死した上等兵の遺言や手紙にまつわる物語（「漢口最後の日」N二四六二―N二四六五）。口演されなくなった過去の〈同時代物〉が集中的に復活するということは考えにくい。おそらく、ラジオ放送を念頭において、「香港最後の日」を一二月に度々興行にかけたと推測される。したがって、一二月に記入されている「漢口最後の日」は、「香港最後の日」の誤記である可能性が高い。

41 複数のレコード会社からくり返し発売された。（概要）日露戦後の社会における乃木と庶民の交流をえがいた物語の一つ。乃木は、偶然見かけた辻占売りの子供が日露戦争で父親をなくした事を知り、その子供の家を見舞う（たとえばリーガルからは、「乃木将軍と辻占売り」六六九二三―六六九二四）。

42 表4―5下欄参照。

43 「乃木将軍伝」テイチクA七八五―A七九六。

44 例外としては、一九四二年八月三日に放送された「最後の子守唄」（「赤城の子守唄」）がある。

45 「無題録」『浪曲』創刊号、一九四一年、三〇頁。「空の若武者」は、若い航空兵と飛行学校の教官の交流をえがいた物語（同号、四―八頁）。

第五章　愛国浪曲をめぐる葛藤――ポピュラーな「語り物」を分析するための視点

はじめに

浪界は、一九三〇年代末以降、様々な戦時対応のための企画を打ち出していった。そのなかで最も規模が大きく代表的なものといえるのは、「愛国浪曲」の発表であった。「愛国浪曲」とはいかなる演目群であり、どのように受け止められたのか。代表的な浪曲師の一人だった寿々木米若は、もちろんその一角に加わっていた。本章では、前章で分析した期間のなかの一時期に焦点をしぼり、業界全体がおかれた状況を象徴的に体現する演目群であった「愛国浪曲」を分析する。以下で提示するのは、「語り物」のテクストを、様々な社会的位置から繰り出されるテクスト操作の論理と技術がせめぎ合う場として扱う視点である。せめぎ合う様を抽出するうえで重要なのは①社会的位置を背負った個人及び集団の関係、②各々の目的に応じて生起するテクストの意味である。従って、具体的な分析をほどこすためには、生産と受容の両局面を視野に入れることが必要である。浪曲を戦意昂揚のための手段と考える人々が「愛国浪曲」に抱いた期待、興行師、浪曲師がそれに抱いた期待、及び娯楽としてたのしむ人々[1]が浪曲／浪花節に抱いていた期待、それぞれがどのように具体化し、ぶつかり合っていたのかについて述べてゆきたい。

本章では、前章で用いた数量データを〝語らせる〟ために、言説資料と関連させていくことになる。戦時期においては、公的な性格が強くなればなるほど、国家機関の視線や統制コードが与える言説への負荷が重くなることは想像に難くない。口演記録と言説資料は相互に補完し、また齟齬を生む。異なるタイプの資料をつきあわせるなかで、愛国浪曲をめぐる葛藤を読み解くことにしたい。

一　愛国浪曲の生産――興行師・文壇・国家の諸機関

前章で述べたように、一九四〇年（昭和一五）夏以降、近衛文麿内閣のもとで展開される「新体制」下においては、文化の各ジャンルでは、「国策協力」団体への一元的な統合が進められていく。[2] 演芸界もその例外ではなかった。[3] 戦時下における浪界は、内閣情報局（情報部）[4] の指導を念頭におき、台本を作り出し、戦地への慰問を含めた興行をおこなった。このような動向のなかで、愛国浪曲は、演芸界における先駆的な「国策協力」の現れとして位置づけることができる（表4―1参照）。[5] 愛国浪曲は、内閣情報部の「肝煎と後援」で、国民精神総動員運動の一環として作成された。[6]

原作を提供したのは、文学を通じて国策協力を推進する経国文芸の会だった。[7] 二人の人物により経国文芸の会と浪界が結び付いていく。一人は、経国文芸の会で事務員をしていた松沢太平という人物である。もう一人は、浪曲協会の書記長をつとめていた興行師・永田貞雄であった。永田は『月刊浪曲』のなかで、松沢や愛国浪曲に関する記憶を述べている。そこからは、興行師が浪花節の社会的地位を獲得するために、「文壇」に興味をもっていたことが如実にうかがえる。松沢が、『都新聞』の記者の紹介で永田を訪ねて来たのは一九四〇年（昭和一五）の春だった。松沢は、「文壇人」との付き合いがあった。永田は「無学で、営業一本でやってきて、興行のことしか知らな」かったので、松沢の人脈に興味を覚えた。松沢としては、「当時浪花節が盛んであったから浪曲の中へ飛び込んで、何か仕事をしてみたいという気持ちだった」のではないか、と永田は述べる。「平和なときとは全く別の仕事が浪曲の世界にもつぎつぎとやってくるようになったために」、永田としては「松沢の利用価値も高まってきた」という。また松沢本人も、「非常に旺盛に活躍の場を浪曲の中に見つけだして」いった。松沢は、まず尾崎士郎を紹介した。次いで経国文芸の会の発起人の一人である佐藤春夫を紹介した。こうして「愛国浪曲が作られる人脈ができた」と、永田はいう。[8]

経国文芸の会のメンバーのなかでも、長田幹彦は、原作提供のみならず、企画の成立に向けて尽力したひとりであった。長田は、「浪曲報国」というエッセーのなかで、自身の考えを次のように記している。少し長くなるが、長田の立場と見解を追ってみよう。

長田は子どもの頃から浪花節あるいはそれと隣接する軍談にふれる機会がしばしばあった。父親が「町医者」で、明治天皇の侍従長をしていた「高辻子爵」の邸宅をそっくりそのまま借りて住んでいた時期には、音曲軍談で注目されていた美当一調《びとういっちょう》の口演を聴いたという。その後改めて、早稲田大学に進学してから、田山花袋の「愛弟子」であった白石実三から「浪花節趣味」を開眼されたという。学業を離れ、旅芸人一座にもぐり込み北海道を巡業しているときには、「どんどん節」で知られた三河屋円車《みかわやえんしゃ》を聴き、あるいは父親と本郷座で桃中軒雲右衛門を聴いたという。長田は、自分の人生のところどころに浪花節が「絢ひ込まれ」ていたことを回想しつつ、それでもなお、「好きだ」と「決して言ひ切れない」自分がいるという。「厭な要素がふんだんにある」にも関わらず、それがまた「魅力」に思え、「あゝいやだな」と思いながらも「陶然として聞入つてしまふ」という始末の悪さがあり、そうした自分の浪花節への接し方は、「批評の眼にあらず」と自覚していた。そういう立場にあって、「愛国浪曲」は「頗る機宜に適した」企画だという。原作提供者のなかには浪花節嫌いの者が「相当ある」と察しつつ、しばらくの協力を求めている。原作の浪曲化については、長田は試みとして、既に活躍している浪曲作家ではなく、「新進の俊秀な大衆作家」に依頼した。経国文芸の会の了解は得たものの、それは長田個人の見解と責任のもとになされていた。長田は、「新鮮な」可能性が浪曲に芽生えることを期待してのことだという。失敗すれば、この企画、つまりは文壇の原作提供と若手大衆作家の連携による浪曲提供という仕事づくりのシステムからは撤退するが、うまくいけば「壘を固うして永遠にこの職場を占據するかもしれない」という。この新しい仕事は政治の動向と「可成りふかい関係」にあり、「当局の支持」があるので、それを重々考慮に入れるようにと述べている。浪曲作家の側からささやかれていた不満や憶測への牽制だったといえるだろうか。精動本部や内閣情報部と緊密に連絡をとりながら経国文芸の会が取り組む企画は、浪界に前例のない目玉企画だった。相撲が「国技」と認識されるように、浪曲は「国調」として認識される「千載一遇」のチャンスだという。歌謡曲の大部分が「封じられ」るなかで、レコード会社は、国策に沿うか否かという点において商品を点検し直し、それをつくる者も「百八十度の転舵を敢行」しているという。[9] 諸手を挙げて好きとはいえない、しかしながらどうしても魅かれてしまうという浪曲へのアンビバレントな感情の吐露は、同業者に向けて参加を説得する立場にあったことを反映しているだろう。同業者をなだめつつ、時局の趨勢からしてのらざるを得ない、そしてのる意義のある企画だと主張され、なおかつ、商売上の衝突への自覚が、浪界外部の者の立場から敢えて記されているといっていいだろう。そして長田は次のように述べる。

今の場合、国家の示す方針に、とにもかくにも一応便乗するしかないではないか。一々思索反省して、本然の理念に触れてゐる余裕なぞは皆目ないのだ。ことほど左様に時局転換のテンポは眩るしいのである。便乗して然る後に握飯を噛りつゝ、了見を叩き直し、精神を歴史の必然性の方向にむけて極力鍛錬してみることだ。[10]

大衆の期待と欲望によりそう執筆を続け、ラジオやレコードというメディアから望まれ、またそれらに深く関わっていった長田からすれば、国家を包み込む文化統制の時流への違和感はあっただろう。その一方で、「思索反省」の余裕がないという言い訳めいた言葉から、状況に飲み込まれていく自身への違和感を封印しようとするかのようでもある。長田には、「この十数年来」における「政治指導力」の「思想対策」は、「誤謬」を繰り返してきたと見えていた。その一方で娯楽産業が、存続をかけて迎合していくことを当事者として否定できる立場にもなかった。むしろ、長らく「自由主義」が文学芸術の源泉となってきたなかで、その時代のなかで存分に仕事をしてきた作家も少なくないはずなのに、「生えぬきの全体主義者のようなノメノメした顔をしている連中」こそが、「唾棄すべき軽業師」だという。長田自身は、どうしても「国家動向に冥合帰一」できないときは、「便乗したバス」から飛び降りて、「生存不適者」として「路傍に愧死する」覚悟だという。長田はこのように、諦念の末に国家の方針に「便乗」していった。[11]大衆の欲望、期待を喚起する最前線にいた長田にとってみれは、総力戦下の浪曲制作は、自分の来歴と時局を結びつけるための選択であった。経国文芸の会の側からすると、時局にのっているという大義名分からは、否定しがたい「報国」企画でもあっただろう。また、新しい仕事の開拓という点では興行側と利害が一致していたのである。

内閣情報部の指導を受けるなかで、興行師と「文壇」と関係をもつ人物の精力的な働きかけにより、経国文芸の会から原作が提供された。そしてその次に、原作が脚色されて台本となった。[12]それらは、一九四一年（昭和一六）に『愛国浪曲原作集』（図5—1）、『愛国浪曲台本集』として出版されている。『原作集』は二一の物語で構成されており、うち一九は小説の形式をとっている。[13]なお発表会はそれに先んじて四〇年一一月に東京（明治座、松竹座）で、一二月に大阪（中座）で開催された。[14]

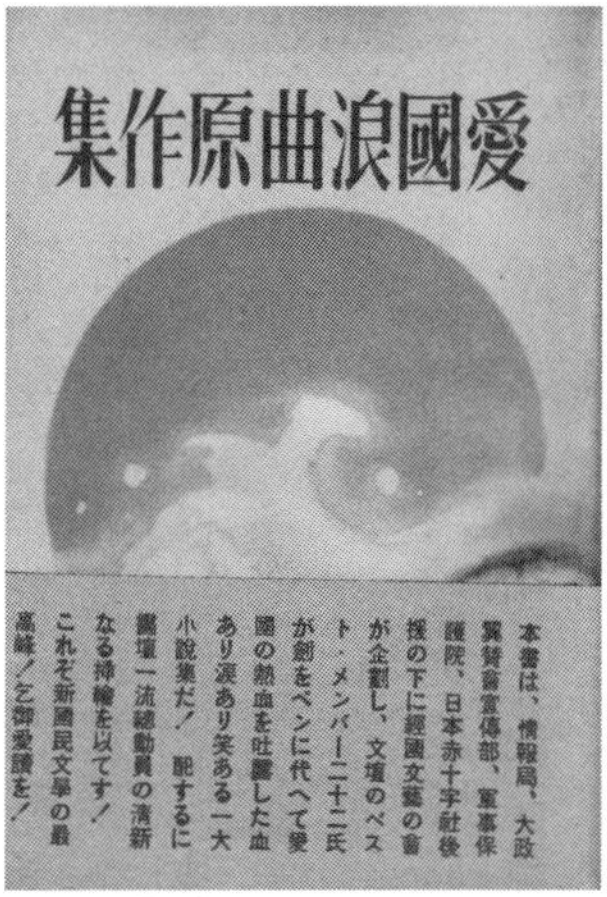

図 5-1『愛国浪曲原作集』（大和書房、1941 年）

『台本集』の作品は演者が覚える台本そのものであったかどうかは明らかではない。むしろ、臨機応変な変更がおこなわれていたと考えるべきであろう。しかし、ここで重要なのは『台本集』には、情報局・大政翼賛会・日本赤十字社の〝推薦を得た台本〟が集められているということである。「台本」からは、国家の諸機関が浪曲に抱

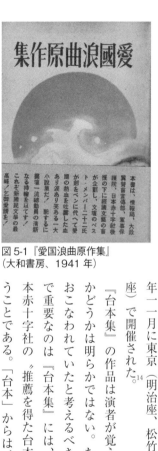

いた期待を知ることが出来る。「台本」の分析に入る前にまず、国家側からの浪曲に対する認識と期待が顕著に表れている言説を示そう。

浪曲は国民大衆の心の糧です。糧がよければ、国民は肥え太り、精神も肉体も健康で、晴朗快活な気分も湧き、又勇気も出、国家の為め一致結束して身を捨てる事も出来ます。それ故、浪曲は国民の真の休養保健に役立つと共にまた生成発育にも役立たなければならぬと思ひます。[15]

（歌人・元陸軍少将・浪曲向上会会長　斎藤瀏『浪曲』創刊の辞より）

浪曲がわが国特有の大衆芸術として、如何に広く、深い感化力を有ってゐるかは、今更こゝに贅言を要しない。直截平明な内容と形式の故であらうか、（中略）解り易いがゆゑに大衆に親しまれ、愛唱されるのである。然し、これのみが浪曲の隆盛を築いたのではない。浪曲のもつ素朴、清純な日本的性格——これがあるが故に、浪曲は自らわが国民大衆に親しまれるものと思ふ。否この反対に、素朴、清純な日本人の心の姿を巧むところなく表現しているがゆゑに、浪曲は大衆に愛好されたのだと言った方が適切であらう。[16]

（情報局第五部長　川面隆三『愛国浪曲台本集　下』序より）

以上の二つの事例をまとめると次のようになる。浪曲の特徴は、わかりやすいがゆえに「愛唱」される点と、その物語世界が「素朴、清純な日本人の心の姿を巧むところなく表現している」点である。「大衆」あるいは「国民大衆」が好む娯楽である浪曲は、ひろく深い「感化力」をもつ「心の糧」である。それは「国民」の「休養保健」のみならず、「生成発育」に役立たねばならない。最終的には「国民」が「勇気」を出し、「国家の為め一致結束して身を捨てる」ようになることが期待された。また、大政翼賛会宣伝部は「生活感情に大きな影響」を与える浪曲に、「翼賛運動の理念徹底」の手段としての役割を期待していた。[17]では、これらの言説にみられる浪曲への認識と期待は、愛国浪曲の物語中でどのように具体化されたのだろうか。

二　「国民」としての義理

浪花節の主要なテーマに「義理人情」がある。「義理人情」は、社会生活の喜怒哀楽を生み出す源泉である。ここでは、分析概念として、〈義理〉と〈人情〉を設定して、愛国浪曲の性格を明らかにしておこう。既存の人間関係を保持しようとする〈義理〉と、積極的に他者と関わり、思いやることをすすめる〈人情〉を両立させようとする登場人物の言動は、しばしば感動を引き起こし、涙を誘う。浪花節の物語、特に「義理人情」をテーマとするものには、逃避できない日々の暮らしの中で耐え忍び、なんとかして生きてゆく人々の姿がえがかれる。なかでも〈義理〉は様々な拘束を生みだす。受動的なきっかけにより生じた〈義理〉は、定着後、人の言動をコントロールしてゆく。

「愛国浪曲」では社会生活に欠かせない論理の一つである〈義理〉が戦意昂揚という目的を果たすために

利用された。愛国浪曲のテーマは「国民」としての〈義理〉である。それは、二つのレベルに大別できる。一つは戦地・銃後において社会生活を営む者どうしのヨコの関係における〈義理〉である。この〈義理〉は〈挙国一致〉といいかえてもいいだろう。もう一つは天皇に対するタテの関係における〈義理〉である。こちらは、〈皇恩〉と換言してもいい。愛国浪曲では、「国民」としての〈義理〉というテーマにしたがって、「新体制」下における戦地及び銃後でとるべき言動のモデルが提示された。それらは、物語中の登場人物を通じて直接的にえがかれている。愛国浪曲の原作は「現代編」と「時代編」に分類されている。前者は、同時代を舞台として戦地と「銃後」で展開される物語であり、それに対して後者は過去を舞台として展開される物語である。「時代編」のなかには、観音信仰と奇跡譚がからんだ父娘の愛情物語「お礼参りする父娘」や、商家の主従関係を扱った美談「近江商人」のように、直接「愛国」というテーマを扱っていないものもあるが、全体として重視されたのは、勤王思想や国家観の提示であった。大化の改新、鎌倉時代、南北朝時代、戦国時代など時代設定は様々であるが、最も多いのは幕末から明治維新後の動乱期である。戊辰戦争における幕府側の戦死者を弔った柳川熊吉の義憤とそれを容認した官軍の寛大さを語る「函館碧血碑」、蘭学者・高野長英を扱った「長英の新出発」、水戸藩士らの尊皇攘夷思想に基づいて勃発した天狗党の乱をとりあげた「十四日の月」、筑波山の乱に加わった田中平八の伝記を扱った「天下の糸平」、神風連の乱をとりあげた「村上六等警部」、井伊直弼の家臣でありながら、水戸学を学び、勤王思想を掲げる武士を主人公とする「雲に鳥無情剣」などであった。大衆文化としてのリアリティを作品にもたせるためには、古代をはじめとした遠い過去よりも、幕末・明治維新という近い過去の方が扱いやすかったということがあるだろう。こうした時代物がある一方で、より直接的に言動モデルが表現されていると考えられるのが、戦地・銃後の物語を扱った「現代編」[18]であった。ベルリンオリンピックで金メダルを獲得した孫基禎の物語である「諏訪湖の蘆」、紙芝居屋の戦死美談「少年街の勇士」などが含まれている。

そのようなかで米若に与えられたのが、長田幹彦原作「涙の舟歌」だった。新民謡をつくりだす情話文学者と米若のコンビは、愛国浪曲全体を見渡しても、無理のない、あるいはまたとない組み合わせだったといえるだろう。以下では、愛国浪曲の特徴を説明するために「涙の舟歌」をとりあげ、「新体制」下における言動モデルを具体的に示してみたい。提供された原作は「台本」化のなかで様々な改変がおこなわれていく。まず第一に、場面や登場人物を削除することで筋を単純化する必要があった。[19]「涙の舟歌」の原作と「台本」の比較を通じて示されるのは、先に挙げた二つのレベルの「国民」としての〈義理〉の強調と具体化である。また、「愛唱」されるフシへの期待も顕著に導き出すことができる。フシは、小説として提示された原作を台本化する過程で埋め込まれた。[20]フシには、「新体制」下でのキーワードが挿入され、登場人物の感情あるいは戦意が高ぶる様子が描写される。受け手を喜ばせることよりも、国家の諸機関の期待を強調することが最優先された結果として「台本」は位置づけられる。同一物語の原作と「台本」の比較によって、愛国浪曲の特徴を的確につかまえることができるであろう。

「台本」版「涙の舟歌」[21]

（主な登場人物）愛香（温泉ホテル浴風園の内芸者）

古澤（工場経営者）
女将（温泉ホテル浴風園の女将）
民三（愛香の弟・少年航空兵）

（概要）愛香は古澤から身請けを承諾しろと言い寄られている。愛香は、軍需景気でもうけて「成金風」を吹かせ、湯水のように金を使う古澤のことを嫌っている。古澤との言い争いのあと、愛香は松原から流れてくる尺八の音色を聞いた。故郷の舟歌であった。舟歌を聞き、弟や故郷を思い出し、涙をこぼす愛香を女将が慰める。すると、愛香は自分の身の上話を始める。愛香は新潟県の出身で、実家は漁業を営む網主であった。遠洋漁業の失敗から、借金が重なり、家は没落した。父も母も苦労が積もって死んでしまった。また、愛香にはたった一人の弟がいる。弟は少年航空兵になることを志願した。愛香はこっそり芸者になることで金を工面し、弟を航空隊に入れてやった。弟は姉が「身を落した」ことを知って、自分の良心に恥じるから航空隊をやめると言い出した。「姉さんの折角の犠牲を無駄にしないで、お互い辛抱して一生懸命になって、一日も早く仕合せになれるように努力しませう」と書いた手紙を残し、「堅気」になれるまで会わないと愛香は誓った。それ以来音信不通になり現在に至っているのだと愛香は言う。子供も親類もいない女将は話を聴いて、自分の養女にならないかともちかける。実は戦時下での自分の商売を恥じていて、「堅気」になりたいのだという。愛香は泣いて喜ぶ。また、舟歌を尺八で吹いているのが盲目の水兵であることを知らされる。その水兵が弟かも知れないと思った愛香は、「海軍温泉療養所」を訪ねる。民三は両目を負傷していた。傷はもうすぐ全快するという。傷が治ったら、再び「誉の前線」に出ていくことを「感激の涙」を流しながら、姉に告げる。

愛香は、不遇な生い立ちをもつ芸者である。嫌な男からの執拗な身請けの誘いに悩まされる一方で、居場所の分からない弟の安否を心配している。献身的な愛情ゆえに芸者となったが、弟には理解されない。故郷の人々は芸者を「人鬼」[22]のようにみなすため、弟の世間体を慮り、会うまいと決心する。また、雇い主のおもいやりによって励まされた愛香は涙を流す。原作の最後の部分では、姉と両目を負傷した弟は奇遇にも再会を果たし、抱き合って泣く。芸者である女を中心に据え、その人間関係に注目するとき、「涙の舟歌」にも浪花節の主要テーマである「義理人情」が物語の基調となっていることが分かる。

以下ではまず、〈挙国一致〉を促す言動モデルを挙げる。女将が「堅気」になりたい理由を語る部分をみてみよう。原作では、持病の「心嚢炎」が「浮気家業」から足を洗いたい理由としてまず挙げられ、身寄りのない女将の不安が吐露される。[23]一方、「台本」では次のように語られる。

まア考へても御覧な。ネ。若い殿方はみなさん、生命をすてゝ戦線へ出ていらつしやる。銃後の私達も一心同体、日本の国中が、すつかり量見を入れかへて起ち直らうといふ時に、お酒や色気がもとでのこの商売、こんなことをしてゐて果してい丶のだらうかと、私も実は幾度考へさせられたか知れやしないんだよ。自分でも腑におちないお商売を今日明日と不安ながらにつゞけていくのは、余り良心に恥ぢ

るからねえ[24]

「台本」では女将が持病をもつことは省略されている。また、身寄りがないという説明は一言で済まされる。その一方で、右のような、原作では語られない「銃後」の「一心同体」が明言されている。

次に、愛香が海軍温泉療養所を指さし、古澤に向かって説教しようとする部分のフシをとりあげる。

（フシ）今の日本は国を挙げ、大君のため益良男が、命捧げて支那の空、銃後の民を心して、新体制の旗の下、ともども進む非常時に、いくら正しい利益でも、私ごとや色酒に、湯水とつかふは何事です。しがない芸者のあたしぢゃとて、ラジオニュースや新聞を、日毎聴くたび読むたびに、何時も感謝で泣けてくる、人はかはれど真心は、みんな一つよ国のため、忠と愛の固りが、火華と燃えて、闇照らす、東亜建設の炬火ぢゃ……[25]

〈挙国一致〉にそぐわない言動をとる古澤は批判の対象である。また、愛香は古澤に金の使い道について、「ですからそんなに儲かるのなら、原価をどんどん安くするとか、そっくり公債を買ふとかいろいろ方法がありますわ。あたし達でさへ、毎月債権を買ってゐるンですよ」と諭した後、「大嫌ひ」と言い捨てる。[26]その言動に対する評価は次のように節づけされる。

（フシ）やさしい顔に似合はない、凛と冽ねたる心意気、火を吐くやうな熱烈な、言葉残して憤然と畳を蹴って長廊下、これぞ非常時軍国の、銃後に咲いた紅椿、赤い心も頼もしや……[27]

〈挙国一致〉というテーマにそった言動をとる愛香の感情の高ぶりが強調されている。また、「新体制」「東亜建設」という言葉が「台本」で付け加えられている。ここでも「銃後」の者のとるべき態度がより具体的に表現される。

次に、「台本」化することで天皇への〈義理〉が明確かつ直接的に表現されている部分をとりあげる。それは姉弟が再会するラストシーンである。原作では、目が見えない民三は、おろおろしながらも、両手で姉の体をさすり、襟のところにある疣に触れる。「たしかに姉さんだッ、姉さん、僕、逢ひ度かつたですよ。僕……」と民三の言葉が途切れ、「姉弟は真に奇蹟ともいふべきこの奇遇に、唯々相抱いて泣くよりほかはなかつた」[28]と表現されている。また「原作」では、目の怪我は「不幸にも敵弾に目をやられた」と説明される。[29]ところが「台本」では、民三の怪我は「名誉の負傷」と肯定されており、亡くなった両親が「草葉の蔭（陰？）で喜んでゐる」だろうと愛香は言う。[30]「台本」は次のようなフシで締めくくられている。

（フシ）しっかと肩に手をかけて、抱いて寄せ合ふ頬と頬、析から空を飛行機が、秋の日浴びて飛んで行く、見えぬ眼ながら民三は耳に響いた爆音に、思はずはツと立ち上り、早くこの眼が癒つたら、再び誉の前線へ、二度と逢ふ日はないとても、たゞひとすじに身を捨てゝ、天皇陛下の御ために、御楯となって散りますと、姉の手を執り感激の涙流すも勇ましや、あ丶けなげなる若鷲よ、翼燃え立つ日の丸を、かざして進む空の涯、四百余州の雲ふき晴れて、翔ける希望の日は何時ぞ……[31]

「天皇陛下」の「楯」となるという民三の決意がうたわれている。クライマックスにおいて、〈皇恩〉つまり天皇への〈義理〉が新たに付け加えられた。物語の最後をしめくくるフシは盛り上げるうえで重要な役割を果たすが、そのなかで、泣きが戦意に転化している。浪花節の「たのしみ」の要素として「泣き」は重要な位置を占める。受け手は、耐え忍ぶ登場人物の「泣き」に自らの境遇を重ね合わせ、心を動かされ、思わず貰い泣きをする。戦意を喪失させる「泣き」が「愛国浪曲」にえがかれることは避けられねばならなかった。「勇気」を出し、「国家の為め一致結束して身を捨てる」ためには、「泣き」が戦意に転化する必要があった。

「国民」としての義理は、登場人物の言動のなかで具体化され、聴く者に押し付けられた。国家の諸機関及び経国文芸の会にとって、浪花節は戦意昂揚の手段である。それらが愛国浪曲に抱いた期待とは、「国民」としての〈義理〉を浪花節にとって不可欠なテーマである「義理人情」と混然と一体化して提示し、戦地や「銃後」での言動を求心的にコントロールすることだといえよう。それらを提示するにあたって、フシは効果的に利用された。

では、こうした愛国浪曲を手にした浪曲師たちはどのような心境だったのだろうか。

三　浪曲師たちの誇りととまどい

浪曲師たちは愛国浪曲の口演を手放しで喜んでいたわけではない。確かに、文学作家たちから提供された物語を口演することは「浪曲界としては空前の大企画」であり、演芸・演劇部門に関する「愛国運動に於いては一応浪曲がリードする立場」をとっていた。[32] そして浪界では、愛国浪曲は浪曲の社会的地位の向上に着実につながっていくと考えられた。一九四一年の「愛国浪曲座談会」は、概ね愛国浪曲を持ち上げる内容になっている。しかしその一方で、「座談会」からは、愛国浪曲に対する浪曲師たちのとまどいも読み取ることができる。木村友衛は、「驚いたのなんのッて……とてもとても、これは出来ないと思ひましたね」と述べている。東家楽燕も最初は「これは読みこなしがつかない」と思った。浪曲では扱われたことのない「千四百年昔の話」である上に、「色気が全くない」内容であるために、「こんな固いものをお客が聞いてくれるだらうか」と心配になったという。また、玉川勝太郎は演台の上に「ぶあつい台本」を用意したことを広沢虎造から冷やかされている。[33] 浪曲師たちは著名な作家の手によって作られた作品を口演するという〝誇り〟と、客に受け入れられるかどうかという〝とまどい〟がいりまじった心境であった。[34]

一方の米若自身は「座談会」で、「涙の舟歌」が客を感激させたエピソードを紹介している。しかし実際には、「涙の舟歌」は米若の十八番となったのか。前章の表4―4からも分かるように、「涙の舟歌」は一時期口演の軸となり集中して興行にかけられたが、レパートリーとしての寿命が長かったわけではない。図5―2は、主な〈同時代物〉の記入回数と「涙の舟歌」の口演回数を対照させたグラフである。

前章で述べたように、戦時下においては、一座を組んで座長として二席口演する場合、一席目には常套

図5-2　主な〈同時代物〉の消長

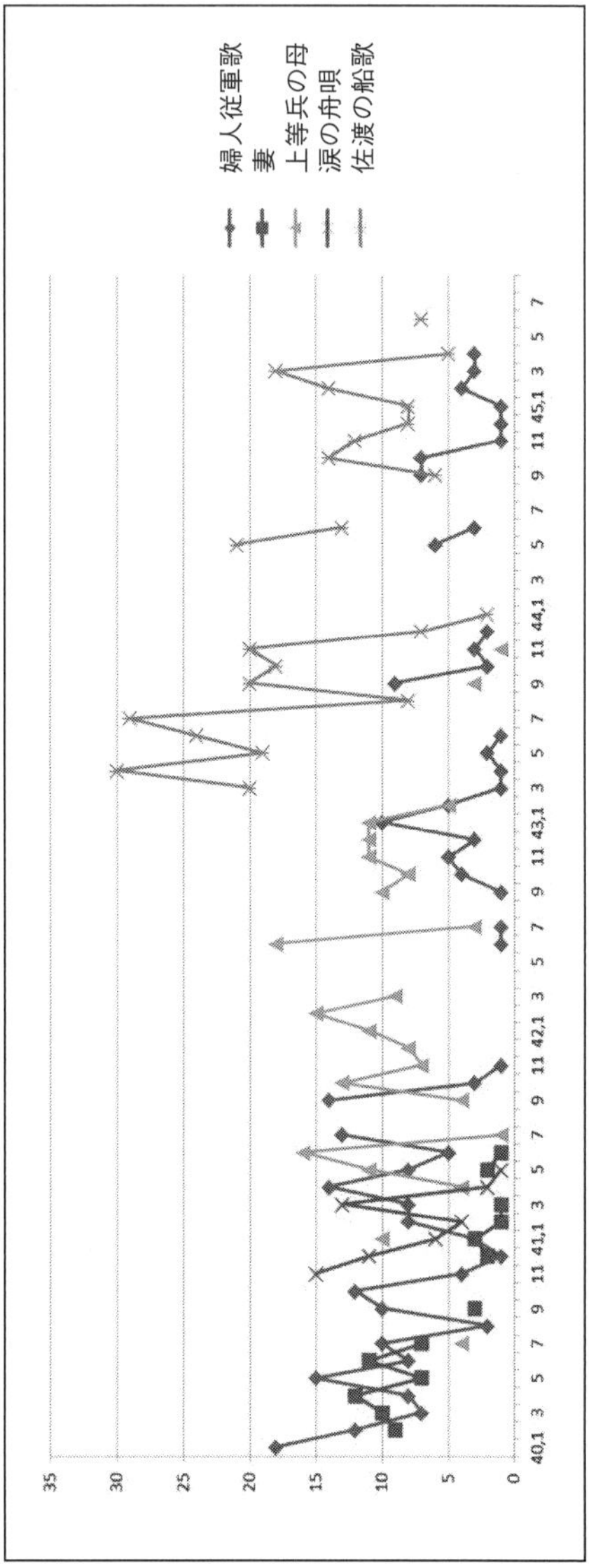

的に〈同時代物〉が選択された。巡業を続けていく際の主軸となる〈同時代物〉としては、たとえば、「婦人従軍歌」があった。一九三九年（昭和一四）六月にレコードとして発売された演目であり、その後終戦まで度々口演されている。終戦直後にも二度口演された。浪曲作家が米若に提供する〈同時代物〉としての「新作」では最も長命であったといっていいだろう。他には、「上等兵の母」は四一年一月から約三年間、演目に加えられていた。「婦人従軍歌」と同じく映画と連動していた「妻」は長命とはいい難いが、一年以上レパートリーに加わっていた。あるいは口演回数という点からいくと、「佐渡の船歌」は、「上等

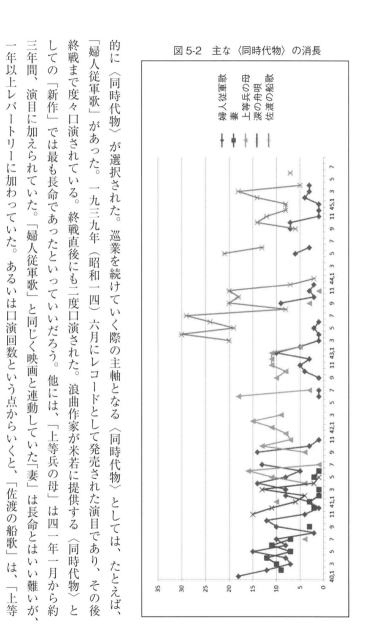

兵の母」などの主軸と入れかわるように採用されていき、四三年三月から終戦前までに集中的に口演されていく。「佐渡の船歌」は、父と息子の葛藤を扱った戦時下の物語である。戦況の悪化のなかで、涙を誘う母物の口演はばかられていったのかもしれない。父子の物語を採用する一方で「佐渡」「歌」という語彙、つまり米若が長年かけて獲得した自身の口演イメージを残すという意義が、この演目にはあっただろう。そのように米若のレパートリーを見渡すと、「涙の舟歌」は約七ケ月間にわたり、五二回の口演が記録されたが、「涙の舟歌」の寿命が長くなかったのは確かである。センセーショナルなイベントとしての性格をもちつつも、大会や巡業を経た感触を手掛かりにしたとき、米若自身は「涙の舟歌」を興行用として重宝するという結果には至らなかった。

興行師の場合と同様に、浪曲師たちは愛国浪曲に対して、社会的地位の向上を期待した。その一方で、彼らが情報局の指導を見据えつつも、客受けを考慮せざるをえなかったことがうかがえるであろう。[35]

四　受容者にとっての愛国浪曲

四―一　拒否と利用

では、愛国浪曲はどのように聴かれたのか。聴取のあり方は、一定程度構造化されつつも、個々の人生や社会的な背景に応じて多様であっただろう。ひとくちに戦争を扱った〈同時代物〉といっても、その内実は様々であり、「婦人従軍歌」のように、ウケる可能性の高いものもあったがなかには興行用として定着しないものも多々あったのである。愛国浪曲についても、感涙を流す客もなかにはいたかもしれない。

しかしながら、愛国浪曲は華々しい企画である一方で、多くの浪曲ファンの期待に応えられたとはいい難い浪曲であったと考えられる。以下では、二つの聴取の態度について述べてみたい。ひとつは愛国浪曲の拒否であり、もう一つは、推論的に提示できる利用という態度である。

まず挙げるのは、愛国浪曲発表会についての記述である。

一流の文士の手になった折角の台本も、演者がいかに熱演しても大衆は喜ばず、わたしの知っているある大会に、広沢虎造が登場するや、「浪花節をやってくれ！」と、大向こうから野次がとんで、場内は騒然となり、「そうだ、そうだ」という観客の声で、しばらく虎造は立ちすくんで、遂に十八番の次郎長伝を口演したことがあった。が、これはまれなことで、以降は大会においては戦時色一色となり、次第々々に浪曲は、権力の一足となっていったのである。[36]

この事例は、愛国浪曲発表当初における拒否反応を具体的に示しているといえよう。正岡容も、おそらく同じ口演に居合わせたと思われるが、愛国浪曲を口演しようとすると「頼むから森の石松演つて呉れッ！」と声が飛んだと記している。[37] 演者である広沢虎造と、愛国浪曲を拒否する観客との間にある緊迫感が伝わってくる。

一方、中川明徳は、浪曲が「戦争指導者の走狗となっ」たという見方も成り立つことを認めながらも、次のように述べる。

たとえ多少の娯楽性を犠牲にしても、戦争に直面した民衆が、直接さらされている状況の中で、哀歌におぼれさせてくれるようなものを求めてそれを浪曲の中に見出したのではないかという見方も拒むものではない。浪曲はたたかいの唄として民衆の間に供され、軍歌や軍国歌謡と同じ役割を果たしたとは云うものの、民衆はその中にひそむ浪花節のもつ悲壮感を絶えず探りだし、戦争謳歌の文句でさえも悲哀のリズムによって違った受取り方をしていたとも云える。[38]

中川は、「民衆」は「悲壮感を絶えず探りだした」のであり、「戦争謳歌の文句でさえも」リズムによって違った受け止め方をしていたという。つまり、戦争物の浪曲がたのしまれたとしても、それによって必ずしも戦意を昂揚され、心身ともに服従していたのではないということを控え目ながらも述べているのだ。

次節では、具体的な演目の利用例をレコードコレクターの戦争体験のなかに見出してみたい。

四―二　戦争体験と浪花節

とりあげるレコードコレクターは、故・森川司さんである。戦争体験を中心とした個人史を聞き取るなかで、浪曲との関わり方を語ってもらった。以下は、一九九七年の聞き書きに基づいている。森川さんは一九二三年（大正一二）、長男として大阪市に生まれた。祖母や父親に連れられて、幼い頃から寄席に通った。大阪の私立大学の専門部法律科を一九四四（昭和一九）年九月に一旦卒業した後、学部の法律科に入学し直したが、同年一〇月二〇日、召集された。その一週間後には、「小倉の一四連隊」に配属され、ソ満国境の警備に当たった。終戦後はシベリアに抑留されて、ハバロフスク州ホール地区の山中で伐採の労働に従事することになる。一九四七年（昭和二二）一一月末に復員し、その後、商社に勤務した。

終戦前所有していた浪花節のSPレコードは戦火によって焼失してしまい、本格的に収集を再開したのは、一九七二年（昭和四七）の春だった。白内障を患い、「目がだめなら耳でたのしむ趣味をもちたい」、また「老後の趣味をもちたい」と思ったことが収集のきっかけだった。

森川さんは、学生時代から寿々木米若のファンだった。米若のレコードは発売される度に購入していた。森川さんの浪花節の好みは明確である。声に関しては低く、太い「胴声」[39]を好む。特に米若節は「哀愁」があってよい。マイクロフォンに頼る「上声」[40]の浪曲は「耳に合わない」し「こたえない」（ものたりない）のだという。

日本を離れるとき、寿々木米若の演目を書き付けた大学ノートを持っていった。仲間や上司から「おい、一席やってくれ」とよく頼まれた。連隊に所属する間に、大学ノートの演目のほとんどを覚えてしまった。大勢の前で浪花節をやる機会もあった。その日は、兵士たちで構成する劇団の公演日だった。舞台の準備が出来るまでの間に、一席やらされた。その時、米若の演目である「佐渡情話」を披露した。

抑留がはじまってからしばらくの間は、浪曲をやる元気すらなかった。収容所のなかではじめてやったのは演芸大会に出場したときだった。演目はやはり米若のものを選んだ。「純情一代男」という紀伊国屋文左衛門を主人公とする悲恋物語だった。観客は日本全国色々なところから来た者たちだった。大会は、野外の会場で夕方におこなわれた。森川さんの順番が回ってきたときは、ちょうど夕日が沈むころだった。その光景に「哀愁を帯びた米若節はぴったり合っていた」。あるときから、劇団に所属することになった。劇団に所属すると、練習のために、伐採の作業から抜けることができた。仕事の内容も軽くなった。芸は身を助けるとはこのことだ、と森川さんは言う。

森川さんのように、浪花節を戦地でうなった兵士は少なくなかった。たとえば、火野葦平は『土と兵隊』のなかで、戦地にむかう船ではじまった「退屈まぎれ」の「演芸大会」の拍手を耳にしたことをきっかけに「兵隊は一番浪花節を喜ぶようだ」と記している。「浪花節は誰も一節や二節は唸らない者はいないのだという。[41] 葦平の記述からも、浪花節が軍隊で交わされる演芸（鼻歌から大会に至るまで）のなかでもポピュラーなものだったことがうかがえる。川村勉は、自らの戦地体験をもとにした「実話小説」のなかで、米若節にまつわるエピソードを記している。軍事列車で内地を移動する際に、消灯までの時間に演芸大会が開かれ、「佐渡情話」を戦友と競ったという。この軍事列車には、大阪以北（樺太から近畿まで）出身の兵士が乗り合わせていた。その戦友は「最後まで一言一句間違わず」にやり遂げ、「米若顔負けの名調子」で締めくくったという。川村と戦友の腕くらべは、まさにレコードを聴き込んだふたりの腕くらべだった。さらに戦友は、陸軍病院で開かれた演芸大会で米若の「紀伊国屋文左衛門」を口演してみせたともいう。[42] 様々な出身地、階層、職種にある兵士が集い、即席で催される演芸大会で、民謡や流行歌とならんで、浪花節は人気の出し物だった。米若節はそのなかでも代表的なものの一つだっただろう。

森川さんは戦地体験、抑留体験の厳しさを耐え忍び、ときには押し付けをうまい具合にしのぎながら生きた。そして、時には浪花節をたのしんだ。また、浪花節をうなることで、皆を喜ばしてやろうとも思っていた。以上のように、森川さんの戦地体験と抑留体験にみられるのは浪花節を積極的に自分のものとして取り込み、利用する姿である。次節では森川さんの愛国浪曲のたのしみ方を示す。

四―三　愛国浪曲のたのしみ方

以下で示すのは、聞き書きの時点（一九九七年）において、自らが所持するコレクションについて述べられた極めて個人的な語りである。しかし、戦時下において、人々が抱いた浪花節への期待、及び愛国浪曲からおもしろみを抜きとることができる可能性を知るうえでは重要なきっかけを得られる。まず、「東天紅」（濱本浩原作・京山幸枝口演）をとりあげる。[43]「東天紅」は、松山上等兵夫妻と一家の大黒柱を戦争で失った板井家との交流をえがいた物語である。松山は鳥を飼うことを趣味としている。入隊する前には駒鳥を飼っていた。出征前日に逃がしてやったところ、その駒鳥は翌日の歓送会の最中に、どこからか飛んできて自分の肩にとまった。松山はそのことが忘れられない。戦地から帰還してからも、高知県の特産種である東天紅という鶏をもらってきて育てる。松山の妻は東天紅に入れ込む夫に嫉妬している。物語の後半では、松山の妻は「銃後」の者としてとるべき態度として、贅沢はしないこと、いつ招集されるか分からない夫に尽くすこと、遺族を助けることを悟る。東天紅を「宮殿下」に見せて、声をかけてもらう部分が物語のクライマックスに位置づけられる。森川さんは、「東天紅」について次のように語る。

嫁はんが改心した言うて、あそこはどーでもええけど。生き物に対して、野に放ったんやけど、出征するゆうときに、肩にとまってたっていうね、人間と動物とのね、あれなんか私イキてる思うんですよ。あと、宮さんがちょこっと出てきて褒められてどうのこうの、あんなんはどーでもええねん、わし（笑）。

森川さんは「宮さん」の登場や、「嫁はん」が「銃後」の者のとるべき態度を悟るところにはさほど興味はない。一方で、出征前に逃がしてやった駒鳥が飼い主のことを忘れていなかったことに情を感じている。〈挙国一致〉・〈皇恩〉というテーマを回避し、物語の伏線部分に位置づけられるエピソードを評価している。

次に、「血を嗣ぐもの」（久米正雄原作・富士月子口演）をとりあげる。[44]「血を嗣ぐもの」は、負傷した兵士である落合が、看護婦である千代の献身的な介護と輸血により生き延びてゆく物語である。落合は、礼を言うために、千代が婦長として赴任している南京の病院へ向かうが、千代は一ヶ月前にコレラにかかって死んでいた。話を聞いた落合は呆然とする。落合は千代の墓の前で、「血の恩」を思い、「君に代って一身を、興亜の業に捧」げるぞと思いながら、「四邊かまはぬ男泣き」をする。この物語を森川さんは、次のようにとらえていた。

全然見ず知らずの他人どうしがはじめて会うわけですよ。自分がO型やいうことを知ってか知ら（な）いでか、看護婦さんやから輸血すんねんけどね。（でも、）簡単にあれ（戦場で、自分の疲労した体からの輸血を申し出ることを）するもんではないですよね。戦争のときなんかに、そんな、本人さんにとってもう感激すること（他には）ないですて。

森川さんは、見ず知らずの者との出会いが物語の基調に据えられていることを強調する。そして、たとえ看護婦という立場の者であるとしても、自ら進んで輸血してくれるようなことは、戦争のときには非常に感激するのだという。さらに、森川さんは「血を嗣ぐもの」のおもしろさはどのようなところにあるかという質問に対して、次のように答える。

はあ、人間愛ですわな。輸血してもーて（もらって）今度は恩返しですな。ところが、亡くなってること聞いて、びっくりして、ほったらかし（その場をすぐに離れて）にして、お墓参りせな気がすまん言うて、教えてもーて（もらって）行くでしょ。あそこが一番ええとこかな。血を輸血してあげた人は死んだけど、もろた（もらった）人は生きてゆく。あそこらへんの気持ちわかるわ。

看護婦が死んだことを聞いて、すぐに墓参りをすることに関しては、兵士の気持ちがよくわかるという。森川さんはこの物語のテーマを「人間愛」であるととらえている。

最後に、前出の「涙の舟歌」をとりあげる。先述のように米若は、戦時中、森川さんが特に好きだった演者である。森川さんは「涙の舟歌」について次のように語る。

あれ、いいでしょ。あれ聞くと、ぼくら若いときじーんと泣きそうなったもん。自分の養女になり、言うてね、そのあたり。

森川さんは、女将の思いやりに心を動かされた。それに加えて、ここで注意しておきたいことは、前述のように森川さんが米若のフシと声のファンであったことだ。抜き取るべき「おもしろさ」として声やフシ回しが挙げられることを忘れてはならないだろう。「じーんと泣きそう」になったのは、内容をたのしむと同時に米若のフシ回し及び胴声のおもしろさを味わっていたからだと考えられる。

以上に示された森川さんの愛国浪曲のたのしみ方とは、次の三つの方法に整理される。それらは、①押し付けられるテーマの回避、②テーマに対する独自の解釈、③フシ・声に対する感覚的な味わいである。[45]

発表大会において、聴く者から拒否されることもあったように、愛国浪曲は浪花節をたのしむ者の期待を満たしにくい物語であった。しかし、「国策協力」一色の状況において、たのしむ者は、押し付けられる物語からおもしろみを抜きとることも可能であったのではないか。戦時下において、人々は愛国浪曲をはじめとする戦争を扱った浪花節を聴き、戦意を昂揚されていたというような理解は極めて一面的である。物語を聴き、共感を覚え、感動したとしても、その対象となった部分は、必ずしも生産者が意図した部分ではなかった。たのしんだり、感動して泣いたりするためには、改めて自分にとっての意味が〝製作〟される必要があったのだ。

森川さんの現代における語りを、当時のファンの語りとして普遍化できるわけではない。しかし、生産システムのなかでコード化された「戦意高揚」が思惑通りに末端の聴取にまで貫徹したかといえば、必ずしもそうではなかったことを察するうえでの十分なきっかけになるだろう。

おわりに

戦時下の「新体制」という極限状態におかれた浪花節—愛国浪曲—を、語り物のテクストとして分析してきた。愛国浪曲において、「国民」としての義理は、親子・夫婦・兄弟姉妹・若い男女・隣人どうしなどの日常生活の基盤となる人間関係に埋め込まれた。愛国浪曲は、精神を均一化し統合するための共通の物語となることを国家の諸機関から期待された。愛国浪曲の生産と受容という両局面において関わる人々の期待は、最大限にまで乖離する。演者は誇りととまどいの入り交じった心境のなかで、その両局面を見据えつつ演じねばならなかった。メディア空間が公的なものであればあるほど、演者の言説もまた公的なもの、つまり様々な視線を予期したものにならざるを得ないだろう。一方で、多数の客との演目を通したコミュニケーションの積み重ねとして口演記録を見渡したとき、「涙の舟歌」は、話題性を認められつつも、一時的なレパートリーで終わったことがわかる。愛国浪曲は押し付けがましく、最もたのしみにくいタイプの浪花節である。しかし、たのしめない原因である「国民」としての〈義理〉を回避しつつ、その物語をたのしむこともまた可能だったのではないか。

本章では、生産と受容を視野に入れることによって、「語り物」のテクストを、様々な社会的位置からそれぞれの目的・期待に応じて繰り出される実践がせめぎあう場として扱ってきた。プロフェッショナルなテクスト管理者にとっての〈近代〉とは、明治期以降のさまざまな制度に幾重にも包み込まれるなかで、生産・受容という二つの局面における期待にこたえることを求められ、生き残るための変化を強要される時代だったといえるだろう。

【注】

1 鶴見俊輔は大衆芸能の「たのしみ」について論じる際、他に言葉がないので仕方なく「たのしみ」という表記を使うのだという。大衆芸能は、「うらみ」「いかり」「つらさ」「かなしさ」などの「切実な情念をになって」いる。（鶴見俊輔「大衆芸能とは何か」『伝統と現代 八』學藝書林、一九六九年、八―九頁）。大衆芸能の「たのしみ」にはそれらの感情が深く関わっている。本稿で示す「たのしみ」は、このような鶴見の解説にしたがうものである。

2 赤澤史朗他編『文化とファシズム』日本経済評論社、一九九三年、八頁。

3 日本浪曲協会の他にも、講談落語協会、漫才協会、漫談協会などが誕生した。落語においては、「新体制」に対応するために、三八〇余りの演目のなかから一部の演目を口演禁止としたという（「落語も新体制」『朝日新聞』一九四〇年九月一五日付夕刊、四面）。浪曲も「三尺物」といわれる任侠物は自粛になるが、国家の諸機関からの期待という点では落語とは対照的である。

4 一九四〇年一二月五日に、内閣情報部は内閣情報局へと改組された。

5 一九四一年四月一日に情報局が発行した内閣文書「情報局ノ組織ト機能」（石川準吉『国家総動員史資料篇 四』国家総動員史刊行会、一九七六年、一八二頁）では次のように記されている。「舞踊・漫才・浪曲・紙芝居等ニ関シテモ映画・演劇ト同様ナ方針デ進ンデ行キ度ク思ツテヰル。例ヘバ浪曲に於テハ「浪曲向上委員会」（仮称）ノ如キモノヲ作ラセテ愛国浪曲ヲ推進力トシテ浪曲ノ向上浄化ヲ図ルト共ニ、浪曲ニヨル国策ノ啓発宣伝ニモ資シ度イト考ヘテヰル」。浪曲が国策宣伝の目的を付与されていたことがわかる。

6 「生れる愛国浪曲」『大阪朝日新聞』一九四〇年九月一八日付、七面。

7 設立の主旨は「国策を無視する遊戯文学の屏息を期」し、「御用作家風の浮薄な芸術の出現を戒め」、「志士のごとき熱情によつて国家の高邁な文化的使命を創造」することを「祖国の文化のために心身を捧げることを喜びとする一切の文芸の士人にのみ呼びかけ」ようというものであった（「経国文芸生る」『大阪朝日新聞』一九三九年一二月七日付、七面）。他に経国文芸の会の記事としては「新体制への文化団体（一）経国文芸会」（『読売新聞』一九四〇年九月一三日付夕刊、三面）参照。

8 「永田貞雄ロングインタビュー」（『月刊浪曲』四二号、一九八五年、一〇頁）によると、松沢は北原白秋に師事した詩人であったとか、そのマネージャーであったとかいわれていたという。

9 長田幹彦「浪曲報国」『大衆文芸』二巻一一号、一九四〇年、二三―二七頁。

10 前掲長田「浪曲報国」、二七頁。

11 同右。

12 『台本集』の監修は長谷川伸と長田幹彦がおこなった。マンネリズムに陥らないために、脚色には「無名の新人」たちを起用した。正岡容は、完成した台本の出来ばえを批判している（正岡容『雲右衛門以後』文林堂双魚房、一九四四年、二七七―二七九頁）。

13 今回用いた資料は、『愛国浪曲原作集』（経国文芸の会編、大和書房、一九四一年三月）及び『愛国浪曲台本集　下』（経国文芸の会編、長谷川伸・長田幹彦監修、情報局・大政翼賛会宣伝部・日本赤十字社推薦、大和書房、一九四一年六月）で

ある。『原作集』を構成する作者と作品は次の通りである。（時代編）長谷川伸「函館碧血碑」・白井喬二「筑紫の博麻呂」・加藤武雄「国難」・藤森成吉「長英の新出発」・倉田百三「お礼詣りする父娘」・吉川英治「大楠公夫人」・長谷川時雨「桜ふぶき」・子母澤寛「十四日の月」・武田麟太郎「天下の糸平」・尾崎士郎「村上六等警部」・土師清二「近江商人」・三上於菟吉「雲に鳥無常剣」・（現代編）菊池寛「近衛篤麿」・長田幹彦「涙の舟唄」佐藤春夫「大場鎮の一夜」・濱本浩「東天紅」・富澤有為男「諏訪湖の蘆」・竹田敏彦「少年街の勇士」・木村毅「新嘉坡の白梅」・久米正雄「血を嗣ぐもの」・大木淳夫「荒地」。なお以上のうち、「血を嗣ぐもの」は浪曲の台本形式で、「荒地」は戯曲の台本形式で提供された。

14 発表会プログラム概要については、唯二郎『実録 浪曲史』（東峰書房、一九九七年、九六頁）参照。発表会で披露された演目と『原作集』に掲載された作品とは必ずしも一致しない（終章参照）。

15 『浪曲』一巻一号、一九四一年、三頁。

16 前掲経国文芸の会編『愛国浪曲台本集 下』、一九四一年、一頁。

17 前掲経国文芸の会編『愛国浪曲台本集 下』、三頁。

18 現代編のなかで『愛国浪曲台本集 下』に収録されている作品は、長田幹彦「涙の舟唄」・佐藤春夫「大場鎮の一夜」・濱本浩「東天紅」・久米正雄「血を嗣ぐもの」である。

19 台本作成において客受けを意識した従来の方法が軽視されていた（うまく反映されていない）ことが窺える。

20 先に示したように「血を嗣ぐもの」は例外である。久米正雄は自ら原作の段階でフシの部分を作っていた。

21 前掲経国文芸の会編『愛国浪曲台本集 下』、三一―四九頁。対応する原作は、前掲経国文芸の会編『愛国浪曲原作集』、三五五―三八二頁。レコードは、「涙の船歌」のタイトルで一九四一年四月分新譜として発売されている（テイチクA三三〇―A三三三）

22　前掲経国文芸の会編『愛国浪曲台本集　下』、四一頁。
23　前掲経国文芸の会編『愛国浪曲原作集』、三七八―三七九頁。
24　前掲経国文芸の会編『愛国浪曲台本集　下』、四五―四六頁。
25　前掲経国文芸の会編『愛国浪曲台本集　下』、三六頁。
26　同右。対応する原作の部分は、前掲経国文芸の会編『愛国浪曲原作集』、三六六頁。
27　前掲経国文芸の会編『愛国浪曲台本集　下』、三七頁。
28　前掲経国文芸の会編『愛国浪曲原作集』、三八二頁。
29　前掲経国文芸の会編『愛国浪曲原作集』、三八一―三八二頁。
30　前掲経国文芸の会編『愛国浪曲台本集　下』、四八頁。
31　前掲経国文芸の会編『愛国浪曲台本集　下』、四九頁。
32　梅中軒鶯童『浪曲旅芸人』青蛙房、一九六五年、二七〇頁。
33　「一流浪曲家総出動　愛国浪曲座談会」『日の出』一〇巻二号、一九四一年、一七八―一八八頁。
34　梅中軒鶯童は、愛国浪曲を与えられたときのことを振り返り、受け入れられるかどうか疑問であり、大変なものを押し付けられたものだと困惑したと述べている（安斎竹夫「昭和と浪曲の精神史」『芸双書　七　うなる』白水社、一九八一年、一三八頁）。
35　劇場では、軍事色の強い演目がよく口演されたが、寄席では依然として世話物など、戦争と関連がない演目、あるいは薄い演目が中心に口演されていたという（芝清之氏談）。
36　芝清之「解説」『大衆芸能資料集成　六』三一書房、一九八〇年、四三二頁。

37 前掲正岡『雲右衛門以後』、二七八頁。
38 中川明徳「太平洋戦争と浪曲界」『文学』三〇巻四号、一九六二年、三六五頁。
39 「胴声」は、「腹から」出される低い音程の声を指す（広沢龍造「浪曲入門」『日本浪曲大全集』浪曲編集部、一九八九年、二一〇頁参照）。一般的に浪花節から連想される〝うなり声〟〝しゃがれた声〟のイメージは主に胴声によってつくられる。
40 「上声」とは、喉に負担をかけず、「平常自分が用いている」声のことを指す（同右）。また、胴声と対照させて、「口先から出す声」とも表現される（前掲広沢「浪曲入門」、二七六頁）。
41 火野葦平『土と兵隊　麦と兵隊』社会批評社、二〇一三年、九頁。
42 川村勉『実話小説　鉄道兵物語』文芸社、二〇〇二年、六九―七一頁。
43 前掲経国文芸の会編『愛国浪曲原作集』、四〇七―四三二頁。前掲経国文芸の会編『愛国浪曲台本集　下』、八五―一〇一頁。レコードは、一九四一年二月分新譜として発売された（「東天紅」タイヘイN五〇〇五〇―N五〇〇五三）。
44 前掲経国文芸の会編『愛国浪曲原作集』、五二七―五四六頁。前掲経国文芸の会編『愛国浪曲台本集　下』、五一―六八頁。レコードは、一九四一年二月分新譜として発売された（「血を嗣ぐもの」G四〇〇七八―四〇〇八一）。
45 記号解読というレベルでは把握しきれない声やフシ回しの感覚的な魅力については、川田順造「はなしの演戯性」『口承文芸研究』、第一一号、一九八八年、八八―一〇三頁、「記号をこえて」『聲』筑摩書房、一九八八年、二三三―二五八頁を参照。

第六章　繰り返される「情話」——戦時下／占領下の連続性と非連続性

はじめに

第三章でも述べたように、「佐渡情話」で獲得され、以後運用されていく個性は、若い男女の恋仲を軸として展開する筋と、おけさ節をはじめとする様々なフシ回しの挿入という演出である。ここでいう寿々木米若の「個性」とは、社会的な諸関係が交差する〈場〉としての声と身体が醸成してきた芸の特徴を指しており、それは〈芸の資本〉とでもよべるものである。〈芸の資本〉は、声などの身体的な生来の特徴と関わりつつも、レコード会社、国家機関、興行師、そして観客・購買客の要請を受け入れるなかで独自に蓄積されてゆく。「佐渡情話」の誕生以来、量産されていく〈情話物〉は、レコード産業や映画産業との関わりのもとで定着し、米若のレパートリーを代表する演目群となった。それはレコード会社、映画会社、興行社などの期待が介入しており、娯楽産業の欲望を背景として定式化していったジャンルであった。

以下では、『演題帳』を手がかりとしつつ、第二次世界大戦終結後における米若のレパートリーをとりあげ、戦時下のそれと対照させる。終戦という国家レベルで共有される画期が演目に与えた影響の一端と、常套的に再利用が繰り返されていく米若の個性の一端を提示してみたい。その後、『演題帳』全体から導き出される実践感覚の連続性について論じてみよう。

一　戦後占領期の検閲と業界の再興

まずは『演題帳』の戦後部分における浪界の動向をふまえておくことにしよう。戦後占領期において、検閲を受ける台本は、あらかじめ日本浪曲協会内部で検討を加えられた。協会からその作業を委託されたのは、中川明徳をはじめとした当時の浪曲作家たちだった。[1]

GHQのメディア検閲は、CIE（民間情報教育局）とCCD（民間検閲支隊）によっておこなわれた。一九四五年（昭和二〇）九月一二日に総司令部の最初のメディア政策が発表され、映画・芝居・レコードの検閲は同年一〇月より開始された。[2]演芸に関しても、基本的な禁止と指導は、映画などのそれに同調していったと考えられる。戦時下において結成された全国的な組織である日本浪曲会は解散し、東京においては、一九四六年（昭和二一）六月に、日本浪曲協会が再結成された。[3]当時長老格の位置にあった東家楽燕を会長とし、副会長には米若と二代目広沢虎造が就いた。[4]具体的かつ直接的に、浪曲業界に通達がなされたのは、これ以降のことであったと考えられる。協会は、「発足早々にGHQから『演劇演芸に関スル検閲規定』を受け取」った。[5]直接的に検閲をおこない、業界との接点にあったのは、CCDの管轄下にあるPPB（新聞映画放送課）であった。同年八月には、日本放送協会演出部演芸課が、検閲規定を禁止レコード一覧とともに出演者に配布している。そこでは、「軍国主義」を背景とする演目はもちろん、「自殺、賭博、復讐、虐待、一宗一派に偏した仏教の宣伝、女性の身売等」も禁止の対象に挙がっていた。[6]

また中川によれば、同年一〇月には口演台本の検閲を言い渡され、翌一九四七年（昭和二二）三月には、巡業中の演者に対して、出演地、出演会場名、出演者名（一行全員）、演題、入場者概数を届けることが指示された。[7]しかしその一方で、先に禁止されていた演目の口演許可も通達されたという。[8]同年半ばになると、ラジオ放送においては、ＣＩＥの番組管理政策に変化が現れ始める。その変化とは、「落語、漫才、浪曲、講談など日本の伝統的な芸能番組を日本人の娯楽源として重視するようになった」[9]点を指す。また、「ＣＩＥは演芸番組のもつ娯楽的価値を認識し、娯楽番組の企画制作の責任をＮＨＫ側に移していく」ことになる。[10]歌舞伎における「仮名手本忠臣蔵」の上演許可などからして、四七年秋頃には、検閲規制はかなりゆるくなっていたと推察される。[11]

浪曲台本の検閲制度は、事前から事後へ、やがて自主検閲という過程をたどり、形式的には、一九四九年（昭和二四）秋頃までつづいたと考えられる。[12]検閲過程については、さらにいっそうの資料収集と分析が必要ではあるが、以上のような経緯から、四六年半ば以降に浪界は戦後体制を整え、また同時にＣＣＤによる占領下の統制を受けていった流れを概観できる。ＣＩＥ・ＣＣＤの意向が強く反映してゆく過程がある一方で、口演空間における権力の影響は均質とはいいがたく、ラジオ・映画に関する検閲・指導と興行におけるそれとは常に温度差をはらみつつ、並行していたといえるだろう。

そのような統制のもとにおかれた一方で、協会は復興を目的として「大会」の主催を試みる。戦後においては、国際商事と提携することで、「再建第一歩として、その基礎資金を作るために、年二回の大会を開催する方針」が採られた。[13]一九五〇年（昭和二五）以降、浅草・国際劇場を会場とした浪曲大会は、協

表6-1 寿々木米若ラジオ口演一覧(1946年—1951年)

1946年1月29日	「晴れ姿塩原多助」(作:萩原四朗)
5月31日	「佐渡情話」(脚色:本多哲　飛行館より中継)
1947年9月25日	「新佐渡情話」
1950年1月30日	「母恋星」(作:萩原四朗)

注:以上『読売新聞』の番組欄及び「番組確定表」(放送博物館所蔵)による

会公認の恒例行事となった。以降、この大会に参加することは、新進浪曲師の目標となり、襲名・引退披露、芸術祭参加、新作発表などもおこなわれていく。業界にとっての年中行事的な晴れ舞台であった。一一月におこなわれた第一回目の大会に、米若は加わっている。[14] この年にはまた、NHKにおいて新作台本の検討会がはじまった。翌年には、民間ラジオ放送局がはじめて開局する。これ以降、民間放送局は年々増加の一途をたどってゆく。

米若の『演題帳』の終戦後部分にあたる期間における浪界の動向を素描してきた。GHQにより軍国主義的な文化のコードが否定され、検閲という介入をうけながらも、浪曲師のなりわいの中心は興行におかれていた。またこの期間は、民間放送局開局以降における、ラジオ放送上のブームに突入する直前期でもある。

『演題帳』記録期間、つまり終戦後から一九五一年(昭和二六)頃までの間に、米若のラジオ口演は四度確認できる(表6―1)。戦時下に比べると放送回数は少ないが、それは、終戦後しばらくの間、相対的に浪曲の放送回数自体が減っていたことも関係しているだろう。同期間における発売レコードとしては、表6―2に示した演目が確認されている。興行での口演演目と重なるのは、「大島情話」、「母恋星」、「おけさ情話」、「湯の町情話」、「湯の町しぐれ(『演題帳』では「湯の町時雨」)」である。このうち「大島情話」(一九四八年公開)、「母恋星」(浪曲は二代目広沢虎造と連作、一九

表6-2　寿々木米若レコード発売リスト（1945年－1952年頃）*1

「指」テイチク X5090—X5093（1,4枚目のみ現物確認）*2
「若旦那」テイチク 556—559(1,3,4枚目のみ現物確認)
「大島情話」テイチク 583—586
「母恋星前篇」テイチク 691—692、BC1044—BC1045
「母恋星完結篇」テイチク BC1089—BC1091
「佐渡の恋唄」テイチク 863—866(1,2枚目のみ現物確認)
「少年日記」テイチク BC1065—BC1068(4枚目のみ現物確認)
「おけさ情話」テイチク H14—H17
「湯の町情話」テイチク BC1085—BC1088
「湯の町しぐれ」テイチク BC1143—BC1146

注：*1 森川司氏旧蔵コレクションにより確認したもの。レコード番号が複数確認できた場合はすべて記している。現物確認が部分的である場合は、レコード番号は推定を含む。
*2 終戦後の発売と推定されるが詳細未詳。

四九年公開）、「湯の町しぐれ」（一九五二年公開）は映画の主題浪曲である。なお、「大島情話」は、戦後において吉本興業が制作した最初の映画でもあった。浪曲映画は一九五二年頃にピークを迎える。この年に、米若は、他にも「呼子星」伊丹秀子〔元・二代目天中軒雲月〕、虎造との連作）、「涙の恋千鳥」の主題浪曲を吹き込んだ。以上のように、米若は終戦後においても、レコード・ラジオ・映画といったメディア空間に自らの声を接続してきたわけだが、その一方でなりわいの中軸である巡業は、どのように展開されたのか。

二　捨てられる演目、選択される演目

米若は、終戦をはさんで七月、八月を休養したのち、九月一七日より巡業をはじめる。手はじめは、新潟県内であった。その後、冬から翌年の春にかけては、新潟をはじめとした北陸地方や関東・東京方面での口演を中心に、福島県や静岡県にも足をのばした。その年の夏には、北海道内を巡業し、のちに夏休みをとっている。秋から年末にかけては、九州地方、中国地方、関西地方を

まわり、いったん伊東で静養したのち群馬で数日の興行をこなし、北陸地方から中部地方への巡業をおこなった。そして年末はふたたび伊東に戻り、年が明けて四七年になると、東京・関東地方から巡業をはじめている。この頃米若の体調は万全というわけではなかったようで、二月四日には「先生タンセキ（引用者注：胆石）にて伊東帰宅」と書かれている。また、九月二三日のラジオ放送出演では、「東京より新佐渡情話放送　途中病気帰宅」とある。

巡業の年間スケジュールは、もちろん年によって異なる部分がある。しかし巡業を中心として進んでゆく日々のあり方は、戦時下と変わっていない。自宅のある伊東、大きな大会などが催され、また協会の拠点がある東京、出身地である新潟、この三ヶ所を機軸として、米若の巡業日程は構成され、陸路を中心とした交通手段の制限に基づき構成されていた。巡業先は東京、関東、北陸をはじめ全国に及んでいた。五〇年八月にはハワイ州、カリフォルニア州への巡業も行なっている。

米若の巡業は業界内において、どのような位置づけにあったのだろう。当時の巡業を伝える記事をみてみよう。

勝太郎、米若、虎造の大頭になると一年のうち遊んでいるのは一カ月か二カ月、あとは旅から旅で半年ぐらい前からスケジュールが定まっているし、二流、三流どころでも旅から旅へ稼ぎ廻っている。芝居の巡業と違って人数は真打ち一人、前読み三、四人、曲師二人、事務員一人の十人足らずの人数で大道具、小道具などは要らないし至極安直に興行できるのが彼らの強みだ。[15]

米若をはじめとした売れっ子浪曲師の多忙さが紹介されている。一年の大半を巡業してまわっている生活は、米若も他の代表的な浪曲師と同様であった。ここで「安直に」と書かれているのは、芝居と対照させたうえでのことである。座員の構成という点からしても、浪曲巡業は戦後の再起動がはやかった。[16]

終戦以降、二席読みにおける演目選択の仕方は、終戦直前と同一の傾向にあったといってよい。「塩原多助」を中心に、「純情一代男」「佐渡の船歌」「婦人従軍歌」「佐渡情話」が選択されたり、忠治の少年時代の物語（「少年忠治」「赤城の馬子唄」）、「雪の峠道」、「少年新造（蔵）」などが選択されてゆく。[17]さらに明確な特徴が現れ始めるのは、一九四七年（昭和二二）二月末である。「新佐渡情話」が『演題帳』においては初めて記入された。それ以降「新佐渡情話」と「赤城の馬子唄（前編・後編）」の組み合わせは五一年末まで見られる。もっとも途中には、「大島情話」、「名月佐渡ヶ島」、「おけさ情話」、「母恋星」、「湯の町情話」、「湯の町時雨」などが「新佐渡情話」の代替演目として選択されることもあった。また「赤城の馬子唄（前編・後編）」の代わりとしては、先に挙げた演目の他「小桜お里」「吉田御殿」「少年捕物帳」「お貞の嫁入り」などが採用された。しかし、四七年二月以降は「新佐渡情話」と「赤城の馬子唄」を機軸として巡業する様子が顕著に読み取れる。

では、戦時下から変化した点とは何だったか。まずは、戦後に口演がひかえられた演目の特徴を、確認してみたい。戦時下に発表された戦地・銃後を舞台とした物語は、終戦直後からすでに口演はひかえられていた。ただし、まったく口演されないわけではなかった。四六年一月末までには五度、〈同時代物〉が口演されている。[18]先に記したように、ＧＨＱから具体的な意向が興行レベルにおいて通達され、浸透してゆくのが同年六月以降である。それ以降、『演題帳』に口演記録が記されている期間内には、戦争がからんだ物語はいっさい口演されていない。

また占領期には、「吉原百人斬り」や「乃木伝」なども口演しづらい演目であっただろう。「吉原百人斬り」は、米若が二〇歳代の頃から口演していた演目であるが、女性の遺恨や、それにまつわるたたりをめぐって展開する演目である。[19] このように口演禁止になる演目があったわけだが、米若の場合はそうした検閲を受けとめつつも、決定的な打撃は受けなかったと考えられる。なぜならば、豊富なレパートリーをかかえつつ、終戦以前と同様に戦後も新作にとりくんでゆく姿勢をもちつづけたからである。

『演題帳』に記された終戦後から五一年までの期間における興行用の演目の概要を示す。終戦以前に米若が口演した経験をもつ演目もしくはレコードに吹き込んでいた演目のなかで、終戦後も口演されていくものは、次の通りである。

吉田御殿（二九）、純情一代男（六一）、佐渡情話（一三七）、塩原多助（二三四）、雪の峠道（一〇四）、少年忠治（六九）、赤城の馬子唄［前編・後編］（合計一〇二四）、新佐渡情話（六九〇）、新造侠客（二一）

（カッコ内は終戦以降の記入回数。）

『演題帳』には、少なくとも五つ以上の「新作」が確認できる。内容を確認できるのは以下の演目である。[20]

「大島情話」（二一）、「おけさ情話（おけさの由来）」（一五〇）、「母恋星」（一三二）、「湯の町情話」（五）、「湯の町しぐれ」（二六）

（初記入の早い順。カッコ内は記載回数。）

ここでいう「新作」とは、米若のために書き下ろされた演目を指している。「母恋星」は離ればなれになった母と子の再会を扱った物語である。「母恋星」以外は若い女性を中心として展開する物語であり、それらは両思いであれ、片思いであれ、なんらかのかたちで若い男女の関係が筋に組み込まれている。

三　連続性の理解にむけて

ここまでは、終戦以降に、興行にかけられた演目を列挙してきた。そうした国家史的なレベルでの画期は、浪曲師のなりわいをめぐる環境を変容させた。しかし、演目選択における非連続的な側面を見出したのみでは、米若のレパートリーを理解したとはいえない。ここからは、戦時期から戦後期にかけての連続性に注目してみたい。しかし、ここでいう連続性は、ここまでみてきたような演目の寿命を考察するだけでは見出すことはできない。つまり、個々の演目の記入回数に注目するのみではなく、演目ジャンルや個々の演目の内容のレベルに定位した分析が必要となってくる。

米若はどのような演目群を得意としてきたのか。これまで挙げてきた演目をもう一度ふりかえってみよう。まずは、米若を象徴する演目群だった〈情話物〉ある。『演題帳』の期間に限らず「情話」という名称が付されている演目を挙げてみよう。

「佐渡情話」、「七年後の佐渡情話」、「鳥辺山情話」、「新佐渡情話」、「南国情話」、「御神火情話」、「新潟情話」、「大島情話」、「おけさ情話」、「湯の町情話」、「磯節情話」、「串本情話」

米若は、三〇代初頭で「佐渡情話」という演目を考案して以降、「情話」ということばを付した演目をたびたび口演してきた。上記のうち「大島情話」から「串本情話」までが、戦後に発表された演目である。あるいは、米若はいわゆる「母物」をいくつかレパートリーに加えていた。ここでいう「母物」とは、母親の情愛を扱い感涙を誘うという、大衆芸能でひろく共有されるタイプの物語である。

「母の愛」、「上等兵の母」、「母性進軍歌」、「母恋星」

これらのなかで、終戦後発表された演目は「母恋星」である。ここで挙げた演目のジャンル分けは、浪曲師の演目を分類するうえで、容易に想定できる作業である。米若の芸人人生を鳥瞰し、口演した演目を何かしらの特徴で分類しようとすれば、たとえば「義士伝」、「商人立志伝」、あるいは「母物」、「文芸物」、「軍事物」などさまざまなジャンルの設定が可能である。しかし、そこで気づかねばならないことは、米若の着手した演目の種類の多さではない。むしろ演目群を分割してゆく作業の限界である。演目中心的に設定されたジャンルは、登場人物の性格で分けられる場合（侠客・母など）もあれば、物語のテーマやメッセージによって分けられる場合（軍事物）もあり、一つの演目群が肥大化すればそれだけでジャンルが設定される（義士伝、乃木伝など）可能性もある。また、それぞれの演目は一つのジャンルと一対一の関係にきれいにおさまるわけではない。一つの演目が複数のジャンルをまたいだり、あるいは新作がいずれのジャンルにもしっくりとなじまないという事態がおこっても不思議ではない。

『演題帳』の分析のために設けた〈同時代物〉〈時代物〉という区分も、戦時下の演目選択のあり方を説明するという目的のために設定していた。比較研究のためにジャンルが設定されるとすれば、それは〝無自覚な分類箱〟ではなく、〝目的に応じて柔軟に設定される分析概念〟でなくてはならない。以下では、より具体的に米若の演目の特徴をうかびあがらせる作業に取り組んでみよう。

〈情話物〉は、若い男女の関係に横槍を入れる者や、それを支える者をからめながら展開してゆく。結末では恋が実る場合もあれば、実らない場合もある。レコード会社や浪曲作家は、演者の特徴をつかみ、それを活かして商売をなしていく。しかし先に述べたように、演目中心的なジャンル分けは、米若の実践を理解するうえでは限界がある。演目を再生産してゆくための〈芸の資本〉を理解しようとしたとき、「情話」という文言がタイトルに付された演目から他の演目に目を移し、米若が蓄積してゆく演目のストック全体のなかで〈情話物〉を配置し直す必要がある。

「佐渡情話」のレコードが売れて以降、獲得し反復していったのは、「情話」というよりも、男女の恋仲を軸として展開する物語の構造そのものであった。若い男女を中心に展開する筋は、「情話」がタイトルに付されていない演目にも流用されていたのである。以下では『演題帳』に記された演目から、終戦以前のレパートリーを一つ、終戦後のものを一つとりあげて、確認していくことにする。いずれも口演・映画・レコードという口演空間をまたいで口演された演目である。その点において、娯楽産業レベルの意思が積極的に介入している演目だといえるだろう。

事例1「紀伊国屋文左衛門」[21]

〈外題付〉南の風の暖かく　女波男波が岸を打つ　紀州紀の国よいところ　山じゃ蜜柑の花盛り　後の豪商紀伊国屋　その頃ようやく一八の　少年文左が初恋に　命捧げて身を焦がす　人は青春時は春

〈概要〉筏流しをなりわいとする文平（のちの紀伊国屋文左衛門）は、熊野屋八右衛門に、熊野屋の娘・美輪を嫁に欲しいと告げる。二人は「昨年の夏祭りの夜」に深い仲になったという。八右衛門は「眼血走り顔色青ざめ」て、なぐりつける。文平は、江戸に出て行こうという意思を告げ、また「千両箱を山と積んで、「男の意気地を立てるまで」帰らないつもりであることを告げる。美輪は別れを苦しみ、滝壷へ身を投げようとする。文平は美輪の「真心」に「腹の底から泣かされ」た。文平は「江戸の宝を寄せ集め、故郷に錦」を飾ろうと考えていたが、美輪を残しては行けないと思い直し、「恋に生きましょう天国で」と心中しようとする。しかし、そこへ八右衛門が現れて引き止め、文平を蹴る。文平はくやし涙を流す。

八右衛門は美輪を「田辺の分銅屋」に嫁にやるという。しかし美輪は「どんなことがあろうとも、五年が十年でも、貴男の帰りを待って居りますよ」と文平に告げる。文平は「恨みをのんで」熊野を去る。そして八年後に、紀伊国屋文左衛門として出世し、深川・木場で名声をはせる。

熊野では、恋人を待ち兼ねて、美輪は重い病気になっていた。熊野屋は美輪のために文平を呼んでやりたいと思うが、田辺の分銅屋への「義理」があるため、それができない。しかも「江戸随一の材木問屋公儀御用達」である紀伊国屋をよんでもきてくれないと思う。そこへ、文左衛門が薬をもって、江戸からやってくる。

母からそのことを告げられた美輪は、喜び「紅に白粉の一刷けも塗」ろうとするが、永の病のため起き上がることもできない。紀伊国屋は、これまで頑張ってきたのは「ただ晴れてそなたに逢いたいがため」だと励ます。美輪は「恋しい男に抱かれて」死ぬ。八右衛門は、文左衛門にかつての言動を詫びる。話の途中で紀伊国屋の番頭がやってきて、一ヶ月以上の大時化のため、木材を送れないという。その年は蜜柑の「当たり年」で、江戸のフイゴ祭りをあてこんで、出荷したいがそれができない状況であった。文左衛門は紀州の人々の涙を「乾かしてみせよう」といい、有田屋に蜜柑を買い占めるように言う。

（最後の節）永の年月、切ない恋の命綱　やっと結んだ喜びも、ただ泡沫のつかの間よ　悲しい思いの涙雨　この大時化を乗り切って　江戸へ蜜柑を送れたら　故郷の人も喜ぶし　江戸の人をも喜ばす　それが何より美輪さんへ　追善供養と言うものよ　鳥も通わぬ熊野沖　黒潮渦巻く遠州灘　八代龍王もな

んのその　腕と度胸で船出する　沖の暗いのに白帆が見ゆるあれは紀伊国屋蜜柑船　世紀をかざる名物男　豪商文左が若き日の　恋の絵巻の物語

ここにとりあげたのは、『演題帳』における「紀伊国屋文左衛門」（レコードタイトルは「新粧紀伊国屋文左衛門」）であり、「少年文左」の「初恋」を扱う物語である。浪曲において、米若の「紀文」像が一般的かというとそうではない。昭和期初頭から米若と同時代を共有し、「紀伊国屋文左衛門」を自らの代表演目にしていた演者としては、梅中軒鶯童がいる。[22]鶯童は、関西の浪界を代表する演者の一人であった。鶯童の「紀伊国屋」は、一貫して豪放な人物として設定され、リスクを負いながらも奇想天外な商売や放蕩三昧の遊興をする。つまり鶯童の「紀伊国屋文左衛門」の物語は、「ドラマチックな場面設定と豪快さ」を特徴とする商人立志伝である。[23]その一方で、米若が口演したのは、文左衛門がまだ商人になる前のかなわぬ恋の物語である。米若の得意とした演出に合致するタイプの原作が選ばれ、萩原四朗によって浪曲化された。

女性を中心にするにせよ、しないにせよ、男女関係を軸にすえる物語の筋は、「佐渡情話」以降、米若にとって自らの個性を打ち出し、また演目を量産していくうえで重要になっていた。次に挙げるのは、占領下であった一九五一年に映画と連動して発表された演目である。

事例2「湯の町しぐれ」[24]

（概要）「温泉芸者」であるコユキは、苦学生のミノベを支えている。ミノベは、コユキの母親が奉公にあがっていた「お屋敷の若様」だった。いわば「大恩人の息子」である。ミノベはおちぶれながらも、がんばっている。思いを寄せながらも、身分の違いがあるので「色恋ぬきの恩返し」をしたいと思っていた。

ミノベから、「設計図が一等に入選」したことを書いた手紙がコユキのもとに届いた。ミノベの手紙には受賞の名誉は「愛情が授けてくれた」と書いてあった。また「十六日の九時」に三島の駅にきて、一緒に伊東に行って欲しいと書いてあった。そして表彰式が終わると「伊東の湯の町」を「新婚旅行の第一日」としたい、と書いてあった。「思いがけない便り」を受け取り、コユキは「夢心地」になる。

宿屋の「女将」が株式会社ヤシロ組の親方から借金をしている。「女将」は返済をまってくれるようにコユキに頼みに行ってくれという。それはミノベと約束した日であった。「男嫌いの名を捨てて、雪より白いやわ肌を、はじめてゆるす日なのよ」とは口には出せず、「浮世の義理」を感じる。これは女将とヤシロによる「しめし合わせた落とし穴」であった。

コユキは、ヤシロに借金返済を待ってくれと伝えたのちに、早々に去ろうとした。ヤシロはコユキを無理に押さえつける。コユキは無我夢中で逃げようとする。組み合うなかで、ヤシロがうめきをあげて倒れる。コユキは、「はっと気が付き」、自分の手をみると、血のついた果物ナイフをもっていた。コユキは、どうせ「行く先は暗い冷たい鉄の窓」であり、逃れる道はないと思う。しかし「せめては今日の若様に名残を惜しみたい」、もう今後は会えないだろうから「ただひと目」会いたいと思う。コユキは夕クシーに乗って三島駅を目指す。

「湯の町しぐれ」は、けなげな「温泉芸者」が無意識的に殺人を犯してしまうという悲恋の物語である。男女の恋仲を軸として、その関係を妨げる障害が設定され物語を盛り上げるやり方は、〈情話物〉のバリエーションと考えてもよいだろう。男女の恋仲を軸として展開する物語は、手をかえ品をかえ、流用されてゆく。

四　戦時下／占領下で語られる「三角関係」

では、常套手段を抽出するために、今一度演目の比較をおこなうことにしよう。

若い男女を中心とした物語の筋のなかでも、設定としてしばしば用いられたのは、女性を主人公にした様々なかたちの三角関係であった。先の「湯の町しぐれ」もその一例である。ここでは結婚をした夫婦に第三者がからむかたちで展開する三角関係の物語を分析する。夫が行方不明である間に、妻が再婚するというモチーフは、浪曲のみならず様々なポピュラーな物語においてしばしば取り扱われてきたと考えられる。[25]とりあげるのは、一九四〇年（昭和一五）二月以降口演されている「妻」と四八年六月以降口演されてゆく「大島情話」である。どちらもレコードとして発売され、映画化もされている。[26]また、いずれもテイチクレコード専属の浪曲作家であった萩原四朗の作である。まずは二つの演目の概要を記す。米若の常套手段を抽出するために、物語の展開における共通点と差異に注目することが目的である。

事例1「妻」[27]

（外題付）ただひとり　庭のつばきにほろほろと　泣いてみたとて　無駄なこと　女は弱いと人は言う　思い出すまい嘆くまい　どうせ浮世とあきらめて　化粧鏡に向えども　父親知らぬ　我が子をみれば　乳房うずくよ　母じゃもの　おさげのかしが　目に浮かぶ

（概要）オカダミヨコ（二二歳）は、一人で娘・ヤスコを育てている。内縁関係のヤマモトは三年前に失踪している。ミヨコは、家族や親族の勧めで、初恋をあきらめてヤマモトと結婚した。ミヨコはヤマモトを好きではなかった。ある日、行方不明の夫が実は傷害罪の罪を背負っていることを知る。ミヨコは、夫が犯罪人であるために会社を解雇された。愛のない結婚を悔やんだミヨコは、ヤスコとともに自殺しようとする。しかし、通りかかったある男にそれをとめられる。その男は、初恋の相手のタケウチだった。タケウチはミヨコに再婚してくれと頼む。思いがけず現れたタケウチの気持ちを知って、ミヨコの心は揺れる。

ある日タケウチ、ミヨコ、ヤスコは陸軍病院を訪れる。そこで、ミヨコは眼の不自由な負傷兵と出会う。それは夫・タケオであった。タケオは警察の指示で刑務所から、「戦線」に向うことを許されたのだという。タケオは自分の眼が回復する見込みは絶望的だという。ミヨコはタケオのことを憎んでいた。しかし、祖国のために命を捧げようとして傷ついたタケオを見たとき、ミヨコはうらみや好き嫌いの感情をこえて涙を流して感激する。タケウチは「親子三人の幸せ」を心から祈ると言ってはげます。

「妻」は初演以降、興行のレパートリーに一時期加えられていた。四〇年六月までに七一回口演されている。では、次に「大島情話」の筋を追ってみよう。

事例2「大島情話」[28]

(外題付)黒潮のおきにゃ　うの鳥渡り鳥　伊豆の大島歌どころ　女波男波が　岸を打つ　島は今年も××(聴き取り不可)かけて　出船入船　数あれど　たよりきもせず　顔みせず　憎やわが子と　恨みはしても　月の指す夜は　思い出す　心とぼしい　波の音

(概要)オシズは義理の父母であるキュウベエ夫妻と暮らしている。オシズは、キュウベエ夫妻によく尽くす評判のよい嫁であった。しかし夫・シマゾウは結婚して間もなく、別の女と駆け落ちした。オシズは、旅をしている呉服屋・カノキチと恋におちる。夫のある身でありながら、情熱とやるせなさを感じ、「これが世にいう恋なのか」と思う。しかしカノキチは「女として間違った道をふませたくない」ので、「別れよう」とオシズに言う。キュウベエはオシズとカノキチの仲を知り怒る。そこにシマゾウが五年ぶりに帰ってくる。シマゾウはオシズに対して怒り、カノキチと別れろとせまる。しかし、オシズが「命をかけた」恋をしていることをさとって、自分たちの結婚がはじめから間違っていたことを悟る。カノキチは、今度は「好きな亭主」を自分で決めろとオシズに言う。キュウベエはうれしそうなオシズを見送りながら、「龍の鳥が放されたようだ」と言って笑う。

この二つの演目が共有する点を確認していこう。まず、物語の中心人物が夫をもつ女性である点が一致している。次に、夫は妻との生活を捨てて行方をくらましている。次に、夫はなんらかの社会的な問題（犯罪・駆け落ち）を抱えた男性として登場する。さらに夫が行方不明の間に、主人公の女性は他の男性と出会い、もしくは再会し、両思いの関係になる。そして夫が女性の前に姿を現す。以上のように、物語の筋を抽象化してみると、極めて類似した展開を見出すことができる。女性は夫の登場により、選択を迫られる。世間的な体裁と個人的な感情、また自らをめぐる男性の気持ちなどの要素がないまぜになり、女性は悩む。夫婦関係がもとにもどるのか否かが、物語を盛り上げる要素として仕組まれている。

二つの演目において、異なる点は物語の結末である。「妻」では、次のような結末を迎える。夫は出征の機会を経て改心しており、妻はその負傷した夫を支えてゆくことを決意する。二人の仲は改善されて、妻が思いを寄せた男性は、それを喜ぶ。戦時下の家族観、傷兵観、戦争観などを如実に反映しており、当時の「国民」の言動モデルをあらわした物語である。一方「大島情話」では、夫は妻に感情的につめよるが、島の外部からやってきた呉服屋への女性の思いは変わらない。女性は好きな男性の後を追う。妻の舅は、嫁のことをうらむなと息子を諭し、怒るのではなくむしろ嫁の行動に理解を示す。

「妻」と「大島情話」は三角関係を取り込みながら、物語の結末は一様ではない。[29] 二つの演目にみられる結末の差異は、単なるバリエーションの差異として解消すべきではない。そこには国家の動向が物語に影響を与えたことがうかがえる。「軍国主義」を否定する終戦直後の「民主主義」という新たな政治的コードにふれたとき、それを意識化してつくられたバリエーションが「大島情話」であった。熟練期から老練期とでもいうべき時期に指しかかろうとしていた米若は、自身が得意とし、かつ求められていると想定される特徴を相変わらず運用してゆくのである。もっとも、こうした対応は、米若がレコード会社に所属する浪曲作家と密接な関係にあったことにも深く起因しているだろう。浪曲作家の介入により、〈芸の資本〉は、状況を見据えて運用され、バリエーションを生み出していった。

戦時下／占領下という切断は、ポピュラーな物語に一元的な準拠すべきコードを要請した。終戦（敗戦）という国家の政治史レベルでの動向に応じて、国家的に推奨される結末は転倒したのである。米若は若い男女の恋仲を扱う新作を継続して発表していくが、それらは米若一人によってつくられたのではない。娯楽産業の介入が重要な契機として関係していた。生産システムが用意されていたからこそ、米若は浪曲作家に支えられながら、表層で「民主主義」に適合する変貌を遂げ、他方の深層では、従来通りの「情話」を維持しつつファンが求める声とフシを聴かせていた。

五　〈俗謡〉の挿入

『演題帳』の期間において、米若が運用した〈芸の資本〉とは、若い男女を中心にした展開のみではない。

ジャンルをまたいで見出される特徴としては、〈俗謡〉の挿入がある。[30] ここでいう〈俗謡〉とは、登場人物がうたうもしくは登場人物の耳に聞こえてくるという状況設定で挿入されるフシ回しである。フシ回しから採集された地域がわかるものから、地域を判断しかねるものまである。また、文言については作家によって創作されたものもあるだろう。なかには七・七音のみという短い場合もある。〈俗謡〉の挿入はオーディエンスをたのしませるために、フシの調子に変化をもたらし、演目に趣向をこらすための方法として採用されてゆく。これは、米若だけが採用していた演出ではない。むしろ浪曲はさまざまなフシ回しや物語の筋を貪欲に取り込んできた。三章でも述べたように、ここで米若の〈俗謡〉の挿入に着目するのは「佐渡情話」以来、明確に意識された演目の特徴であるからだ。「佐渡情話」には「佐渡おけさ」のフシ回しが挿入された。それは、レコードで売れていた「佐渡おけさ」をふまえたレコード会社の要請であった。「佐渡情話」以降、〈俗謡〉は、米若あるいはレコード会社にとって運用すべき〈芸の資本〉であった。

『演題帳』以前においては、たとえば「追分供養」では追分節が挿入されていたり、「南国情話」では、「耳に慣れたる舟歌」として舟歌が挿入されている。[31]『演題帳』の期間においては、次のような例がある。

事例1「三味線娘」[32]

あれみやしゃんせ　みやしゃんせ　まるまど小町は深情け

石の地蔵さんに願かけて　いとしいサキチの身を祈る

事例1は「三味線娘」の前半で挿入される。マルマド屋という温泉宿の娘が、街でサキチという使用人との仲をうわさされ、歌にうたわれているという。この歌は、まだ幼い使用人が、その歌を主人公の女性に教える部分で歌われる。

事例2　紀伊国屋文左衛門[33]

わしのショラサン熊野の山の　杉のヒコバイ見るような
アラヨイショヨイショ　アラヨイショヨイショ

事例2は「紀伊国屋文左衛門」の前半で「何処で歌うか地歌の音」というフシの文句につづいて挿入される。熊野屋の主人が文平（文左衛門）と熊野屋の娘との仲を裂こうとする部分で聞こえてくるという設定となっている。そのきっかけは、文平は「（前略）お嬢様は私よりももっともっと一生懸命でございます」と熊野屋に言い、熊野屋が「えーまだぬかすか」とどなるやりとりである。「わしのショラサン」とは「私の恋人（男性）」という意味であり、「ヒコバイ」とは「若木」を指している。つまり文平がいう「お嬢様」の気持ちと呼応していることになる。フシ回しは串本節が用いられている。[34]

次に戦時下の〈同時代物〉をみてみよう。

事例3「涙の舟歌[35]」

はあー　佐渡の夕空あの子が恋し　波の花咲く　四十九里よ

事例3は、愛香が故郷を懐かしんで口ずさむおけさ節である。このおけさ節に連続して、米若節に戻り「遥か故郷をしのびつつ、唄うおけさもしめりがち」というフシが続く。おけさ節の挿入は文句をかえて次のように取り込まれたりもした（第三章参照）。

事例4「母性進軍歌[36]」

はあー　つばさ　ぬらすな　母恋千鳥ぃよぉ　沖は荒海　果て知らぬ

事例4は、眼を負傷した兵士に乞われて、看護婦（実は負傷兵の母親）がうたってやるおけさ節である。次の事例5は事例4と同様、戦時下の〈同時代物〉である。

事例5「佐渡の船歌[37]」

はあー　男　門出を見送る　旗をよ　ぬらす　わかれの　なみしぶき

ニシウラリュウゾウは「赤紙」を受け取る。嫁のオコンが、見送るために「二丁櫓」で舟をこぎ、柏崎へいく部分で歌われる。髪型は「高島田」のままであり、それは「今朝結いたて」であった。事例5は船の上で「忘れてくれな」とオコンがうたうおけさ節である。出征を見送る旗をぬらす波しぶきは、涙の隠喩になっている。「佐渡情話」の初吹き込みから一〇年以上経っても、おけさ節の挿入は、相変わらず米若にとって得意とする演出であり、米若の印象を形成する要素のなかで、大きな位置を占めていたといっていい。終戦後に入ってもそれは同様であった。

事例6「おけさ情話」[38]

（a）はあー、遠い故郷の便りはまだか　あたしゃ　あてない　旅の鳥

（b）はあー、小町娘の黒髪恋し、歌が手招く、小木みなと

「おけさ情話」のテーマは「おけさ節」の由来である。（a）は、死んだはずのおけさ（実は飼い猫ミケの化身）が「鳥追い」の姿でうたうものである。おけさの父「ヤマグチ屋」ははじめてこの「寂しい」フ

シ回しを聴き魅了される。（b）は、犠牲となって死んだミケを弔うために催される「おけさ祭り」でうたわれる「おけさ節」である。

戦後におけるおけさ節以外の例としては、「大島情話」を挙げておく。

事例7「大島情話」[39]

はあー　ゆうべ横町に　先のかかにおうたがめ
かかあまめだか　達者だか、まめであろうと　なかろうと　三年前にひまもろてえ
今は立派なれこがある　おまえの世話にゃ、あほほい　はー　なるものかあ

事例7は、祭りの日に聞こえてくる「甚句」として挿入されている。

事例8　母恋星[40]

月は宵待ち　便りは日待ち
（待てばまつほど身はほそる　若い船頭が舟こぐ歌は思い出せとの謎かしら）

事例8は「船頭の歌う歌」として挿入されている。七・七の一四音という短い挿入である。フシの部分のなかで「待てば待つほど身が細る」以下は米若節に転調している。

またこうした〈俗謡〉の挿入は以上の演目にとどまらなかったことが他の演目の題名から推測される。『演題帳』に記入された演目としては、たとえば「赤城の馬子唄」が挙げられる。米若が口演した内容の詳細は不明だが、二代目・玉川勝太郎（秩父重剛・作）や、三門博（畑喜代司・作）のものなどから筋を知ることができる。それらの「赤城の馬子唄」では、国定忠治が少年時代に日光円蔵と出会うエピソードが語られる。忠治は「馬子」をしており、馬子唄をうたう部分が演目に挿入されるのである。[41]

おけさ節は繰り返し再利用された。また採用されるフシはおけさ節にとどまらなかった。日々、年々繰り返す巡業のなかで、異なるフシの挿入という演出の構造は米若に常套的に採用された。〈俗謡〉を挿入するという演出パターンを再利用しつつ、新たな演目を制作・口演していったのである。

以上では、二つのレベルにおける米若の演出の特徴を確認した。一つは登場人物の関係をめぐる設定であり、もう一つは異なるフシの挿入という演出の方法であった。「佐渡情話」の物語の構造は、そっくりそのまま再生産されてゆくわけでもない。時には、若い男女の恋仲という人間関係の設定のみが流用され、一方では、〈俗謡〉の挿入という方法のみが流用されることもあった。むしろ少しずつ、ずらすことによって、オーディエンスの期待にこたえるお決まりのパターンを仕込みながら、新しい演目が披露されてゆく。

六　興行に定位した実践的な／ゆるやかな演目の配置

ここまで「佐渡情話」以降、興行／商業レベルでの期待の対象となっていた米若の「個性」＝〈芸の資本〉を明らかにしてきた。米若の実践のあり方を理解しようとした場合、演目群の分類のみでは限界がある。以下では、米若のなりわいとしての実践にそくした分類を試みてみたい。演目群を実践のなかで理解すること、それがここでの目的である。

米若の個性は「佐渡情話」を中心とした〈情話物〉で象徴化される傾向があった。しかし、米若の巡業においては〈情話物〉は大切な〝切り札〟でありながらも、それのみが興行にかけられたわけではなかった。むしろ各演目群の相対的な組み合わせこそが、巡業において客の満足を得るために必要であった。

先に、同一会場の同一客の前で、二席の〈同時代物〉を口演することは希であったと書いた。それは相対的な組み合わせの重要性をあらわす例である。しかし、〈同時代物〉は戦時下の演目分析のために限定的に設定したカテゴリーだった。終戦という画期をくぐりぬけて運用される米若の〈芸の資本〉を見渡すためには、占領下の演目と戦時下の演目が共有できる整理／分類のための基盤を用意する必要があるのだ。内容が明らかなもの、またある程度推定できるものをてがかりに、演目のカテゴリーを米若の興行上の使い勝手にそくしてくくりだしてみたい。一つの演目が一つのカテゴリーにすっぽりと収まるわけではない。またそれらは、浪曲の批評で用いられるものと必ずしも一致しないかもしれない。本節で問題にしているのは、あくまでも米若の実践のなかで運用されるカテゴリーである。

米若の実践感覚に近づくヒントは、「二席ヨミ」という形式にある。米若は座長として二席口演を慣例としていた。一席目（前席）と二席目（後席）では、その演目に付された意味が興行上で異なっていた。つまり、実際の巡業においては、〈主演目〉と〈従演目〉を組み合わせて口演するのが常套的な米若のやり口であったと考えられる。[42]〈主演目〉とは、メインとして聴かせたい演目であり、主に一席目で口演されるものを指す。具体的には、〈情話物〉〈母物〉[43]などが例として挙げられる。それらは、米若を聴きにきた客を、まずは満足させるために配置される。他の演者では代替が難しい、つまり米若らしさを味わわせるための演目といえるだろう。戦時下においては、〈同時代物〉に代表される国家や戦争を背景に扱うものはこちらに入る。あるいは、米若が得意としてきた男女関係の機微を中心的に扱った演目もこちらに入る。恋仲だけではなく、「上等兵の母」「婦人従軍歌」「妻」「大島情話」のような夫婦関係しかりである。また、人間関係の葛藤などが劇的に演出される演目はこちらに入るだろう。「紀伊国屋文左衛門」は先に述べたように、米若においては〈情話物〉の一つといえるが、一方では「塩原多助」とともに〈立身出世物〉としてくることもできる。『演題帳』記載期間にはないが、義士伝も口演される場合こちらに入ったただろう。後席と比べて、相対的にカタイ（あるいはオモイ）位置づけにある演目が配置されていたといっていい。

その一方で〈従演目〉とは、浪花節ではよく知られた演目、あるいは他愛のない筋書きの演目であったり、場合によっては気軽に聞かせるという位置づけの演目であり、主に二席目用となるものである。たとえば〈少年物〉とでもよぶべき侠客・義賊・纏持ちの少年時代の物語がまず挙げられる。具体的には「雪の峠道」「孝子三次」「少年の義侠」「新造少年の唄」「赤城の馬子唄」「少年忠治」などがそれにあたる。

登場人物は鼠小僧次郎吉、野狐三次、武蔵屋新造、国定忠治らである。[44]他には「一心太助」や、幻想的な雰囲気を漂わせる「吉田御殿」などもある。「吉田御殿」は米若の代表的な演目というイメージが強いが、〈従演目〉全体としては、どちらかというと、他の浪曲師を連想させるものも多い。

しかしながら、分析的に傾向を抽出できるとはいえ、主／従、前席／後席にはっきりと境界をひくことがここでの目的なのではない。組み合わせの相対性によって変化することを念頭においた、ゆるやかで入れ替え可能な実践レベルの分類をイメージすることこそが、ここで求められる分析の思考なのである。あいまいさを残し明確に規定できないながらも、米若は自分のレパートリーについて興行を成立させるための位置づけをおこなっていたと推定される。それは、一度も二席読みに採用されなかった組み合わせや、ほとんど皆無の組み合わせがあることから分かる。たとえば、〈少年物〉を二つ組み合わせる興行はなかった。また、同様に〈情話物〉が二つ組み合わされる機会も例外をのぞいてはなかった。[45]

しかし、〈主演目〉として前席で口演できる位置づけにある演目でも、相対的・可変的に前席・後席に振り分けられることがある。顕著な例としては「塩原多助」が挙げられる。「塩原」は、一九四二年（昭和一七）当時は、「母性愛」や「上等兵の母」などを前席として、それらの後席として口演されていた。つまり戦時下の〈母物〉と組み合わされた時期には、〈従演目〉として配置される傾向があった。一方、終戦直前には、「同時代物」を興行からはずす傾向があったと先述したが（第四章）、その時期には、位置づけが変更されていく。つまり終戦直前の一九四五年（昭和二〇）前半から終戦以降には、「少年忠治」や「雪の峠道」を後席として、それらの前席として口演された。侠客・義賊の幼少期を扱う〈少年物〉と組み合わされるときには、相対的にカタイ内容をもつ演目として配置される傾向があったと解釈できるだろう。また遊郭を舞台とする人間の怨念や刃傷沙汰を扱った「吉原百人斬り」、血縁と擬制的血縁の葛藤の末におこる悲劇を扱った〈侠客物〉である「赤城の子守唄」は、戦時下において組み合わせによって位置を変える中間的な配置にあった。

また、米若の口演回数の実績、つまり口演慣れしているか否かが、前席・後席いずれに振り分けるかの判断基準となったりもした。つまり、戦時下の「妻」「第二の戦場」「涙の舟歌」「断崖に立つ男」、戦後の「母恋星」などが例となるが、初演の演目は、ひとまず後席で口演される傾向があった。

したがって、興行における演目の位置づけは初演から定着するまで、あるいは口演されなくなるまで、一貫しているわけではけっしてなく、回を重ねる毎に米若の評価に基づき、興行の方針にあてはめられていった。そうした日々の過程のなかで、演目は採用され、捨てられ、ときには復活した。いわば興行の文法構造ともいえる理念が経験のなかで定式化されており、そのうえで臨機応変な配置運用がなされていたと考えられる。

日々の興行——諸制度に担保された演者／客のコミュニケーション——を繰り返すなかで、米若の膨大なレパートリーは消長を重ねていく。そのなかで対価に見合った芸を与えられるか否かの判断のもとに、経験の積み重ねのなかで、個々の演目のポテンシャルが量られ、組み合わせが可変的に構成されていく。演目の内容・テーマ、相対的な組み合わせ、初演か否かなどが考慮されながら、二席ヨミのゆるやかな構造が流動的に日々維持されていった。客の期待と満足を最優先にしつつ、時代状況を照らしあわせていく、大看板浪曲師の貫禄としたたかさの痕跡が『演題帳』だといっていいだろう。

おわりに――〈近代〉における浪曲師の声と身体

第三章から第六章にかけて、一九四〇（昭和一五）年から一二年間における、米若の演目選択の方法を明らかにしてきた。口演空間のタイプに応じて、演目リストは重なりつつもずれをもち、独自の演目群をなしていた。終戦をはさんで国家の要請する物語のコードは転倒した。既に四〇代後半にさしかかっていた米若は、あいかわらず日々のなりわいのなかで蓄えられていた〈芸の資本〉を流用し、運用してゆく。それは常套的な側面を保ちつつ、時間の経過＝年齢の積み重ねの中で変容をともなう。興行を基盤として再配置する作業は、演者中心的な視点から、演目カテゴリーの分割／媒介を、社会的な実践形態として理解する過程であった。

戦時下の興行における〈同時代物〉と〈時代物〉の配分や、メディアによる演目の振り分けといったバランスのとり方は、豊富なレパートリーをかかえ、新作を量産した米若であったからこそ可能であったともいえる。米若は、複数のメディア空間を通じて娯楽産業の論理や国家の論理と深く関わる位置にいた。重要なのは、米若の演目リストから、戦時下・終戦後における浪曲師の演目選択の仕方を普遍化することはではなく、演者の個性と歴史的社会的に規定される条件の交わる接点上に、演目リストを位置づける方法そのものである。語り芸の歴史的社会的な位置を論じるにあたって必要なのは、演者が客受けを内面化しつつ、諸制度の期待や統制とどのように対峙したかを記述・分析していく作業である。語り芸演者の実践の蓄積は、ここに挙げたいずれかの要素を直接的に反映する鏡ではない。成功／失敗を積み重ねつつ、あいまいさを包含する独自の変数である。

一九五一年（昭和二六）以降、民間のラジオ放送局がつぎつぎと開局してゆく。翌年、米若は日本浪曲協会の会長に就任する（合計五期一〇年）。メディアを媒介して、残されていく記憶―米若といえば「佐渡情話」―。しかし実際には、第四章の冒頭で引用したように、当時の米若は「「佐渡情話」をすっかり忘れてしまっている位」であった。米若はむしろ新作に積極的に取り組み、「佐渡情話」で獲得した物語世界と演出方法を、他の演目群に流用することで、自分の芸の個性を培ってきた。しかし、「もうすっかり忘れ」たというのは、少々誇張した表現であったかもしれない。米若は次のようにも述べている。

> 私は自分の会だといまも必ず二席ずつ読んでいるが、実のところもう、そろそろヤマもみえてきたような気持ちがしなくはありません。ここいらで〝佐渡情話〟の勉強のやり直しをして。お名残りに全国を廻ってみたい希望なんですが、果してうまく往年の調子が出せますかどうか、その点ちょっと気がかりでもあるんです[46]

人生の「ヤマ」がみえはじめたと感じていた。それまで積極的であった新作への取り組みよりも、佐渡情話を勉強し直して、「お名残りに全国を廻ってみたい」という「希望」をもっていた。

病気療養中であった米若は、一九五八年（昭和三三）、久しぶりに協会が主催する浪曲大会に出演した。[47]

浅草国際劇場の浪曲大会においては、一九六〇年（昭和三五）が最後の口演となった。[48] その後、協会の主催するこの晴れ舞台では、自分の叙勲記念などを含めた口上のみの出演となる。晩年の米若は骨董品の収集や盆栽を育てることを楽しみとしていたという。

巡業を夢見ることも老の秋[49]

【注】

1　中川明徳編『浪曲の歩み――国際劇場浪曲大会五十回紀念』監修　日本浪曲協会・国際商事（非売品）、一九七四年、六〇頁。

2　映画の検閲のはじまりについては、平野共余子『天皇と接吻――アメリカ占領下の日本映画検閲』（草思社、一九九八年、六三頁）参照。映画・芝居・紙芝居の検閲件数については、有山輝雄『占領期メディア史研究――自由と統制・一九四五年』（柏書房、一九九六年、二二三頁）参照。

3　六月五日に結成式がおこなわれた（「浪曲業界再建へ」『東京新聞』一九四六年六月九日付、二面）。これ以前に、GHQから日本浪曲会の解散などの申し渡しがおこなわれている（唯二郎『実録 浪曲史』東峰書房、一九九九年、一五四頁。前掲中川編『浪曲の歩み』、五三―五四頁）。

4　米若は、五二・五三年度は会長に就いている（前掲中川編『浪曲の歩み』、七六頁）。

5　前掲唯『実録　浪曲史』、一五四頁。また中川も同内容について記している（前掲中川編『浪曲の歩み』、五七頁）。

6　前掲唯『実録　浪曲史』、一五五―一五六頁。

7　前掲中川編『浪曲の歩み』、五六頁。

8　前掲唯『実録　浪曲史』、一五七頁。

9　向後英紀「解説」『GHQ日本占領史　一八　ラジオ放送』日本図書センター、一九九七年、九頁。

10　前掲向後「解説」、一〇頁。ただし、向後が述べるには、基本的な番組管理政策が変容したわけではない。同年後半から、再教育番組の重要度を四段階に分けて把握し、「このうちNHK側に企画制作の責任を委譲したものについては、その内容を厳しく審査するモニター制度を確立」（同頁）した。

11　『松竹百年史』松竹株式会社、一九九六年、二五三頁。

12　唯の記述によれば「昭和二四年暮まで」とある（前掲唯『実録　浪曲史』、一六〇頁）。竹前栄治によればCCDが廃止されたのは一一月である（竹前栄治『GHQ』岩波書店、一九八三年、一〇五頁）。なお、廃止された時期については一〇月とする説もある（平野、前掲書、七二頁。Jay Rubin, “Whole someness to Decadanse: The Censorship of Literature under the Allied Occupation”, *Journal of Japanese Studies*,11 (1),1985;85）。

13　前掲中川編『浪曲の歩み』、六〇頁。

14　前掲中川編『浪曲の歩み』、七八頁。

15　「お好み浪曲界展望」『週刊朝日』五四巻三七号、一九四九年。

16　興行者側からみた「浪曲家の階級」の「Aクラス」として、「米若、梅鶯、三門博、勝太郎、虎造、酒井雲」らが記されている（同右）。米若は、依然として浪界上位の演者として健在であった。

17 「塩原多助」は表6―1に記載された「晴れ姿塩原多助」（作・萩原四朗）と同一演目と考えられる。この頃「塩原多助」を巡業の中心におきつつ、「佐渡情話」を久しぶりに多用していたことが当時のインタビューからもうかがえる（葛木晋三「佐渡情話よりも恋愛　寿々木米若」『にっぽん』一二号、一九四六年、四四頁）。

18 「婦人従軍歌」は、一九四五年（昭和二〇）一〇月一四日に石川県金沢市で「少年忠治」とともに、また同年一一月二七日に長野県岡谷市で「少年忠治」とともに、「佐渡の船歌」は、同年九月二一日に新潟県岩船郡にて「少年忠治」とともに、また翌年一月二九日に東京都新宿で「雪の峠道」とともに、さらに同月三一日に群馬県巴楽郡にて、「雪の峠道」とともに、それぞれ口演されたことが記されている。

19 「吉原百人斬り」について、次のようなエピソードが伝えられている。米若がその演目を口演したところGHQより注意を受けたという（中川明徳「浪曲くち三味線　ラジオ放送の出現　四」『西日本スポーツ』一九七二年五月二七日付、九面）。それは、のちに唯に引用されている。しかしその口演が興行でのものか、それともラジオにおける口演なのかははっきり記されていない。また、芝清之によれば、先に述べたように、一九四六年一月二九日には、「吉原百人斬り」がラジオで放送されたとされ（芝清之編『浪花節――ラジオテレビ出演者及び演題一覧』浪曲編集部、一九八六年、一二二頁）、また芝が活字化した『演題帳』においては興行でも二度口演されたことが記されている（芝清之編『浪花節―東京市内・寄席名及び出演者一覧』浪曲編集部、一九八六年、九五九―九六〇頁）。しかし、ラジオ出演に関しては「番組確定表」（放送博物館所蔵）をみる限りで、また興行に関しては『演題帳』原本をみる限りで、それぞれにおいて「吉原百人斬り」という記入は確認できない。以上のような齟齬について、詳細を確認することはできないが、いずれにしても「吉原百人斬り」が占領体制下で口演がひかえられていたことはまちがいない。

20 同名レコードを聴いて内容を確認できたもののみ挙げた。また、内容を確認できていないが、戦後に初演されたと考えられる演目の名称としては、次のものがある。「小桜お里」(七)、「浜から来た男」(一)、「名月佐渡島」(一二)、「佐渡の名月」(三四)、「唄祭り」(一)、「春祭り」(一)、「少年捕物帳」(一九)、「お貞の嫁入り」(六)(初記入の早い順。( )内は記入回数)。ただし、同一演目でありながら名称の異なるものが含まれている可能性がある。

21 「新粧紀国屋文左衛門」(テイチク一二三六〇―一二三六三)。

22 鶯童は、「昭和初年」に京山幸玉から「紀伊国屋文左衛門」を譲り受けた(芝清之編『東西浪曲大名鑑』東京かわら版、一九八二年、七九頁)。

23 芦川淳平「浪曲脚本事典」『上方芸能』一三六号、二〇〇〇年、三九頁。鶯童の「紀伊国屋文左衛門」のシリーズには、「出船」、「ふいご祭り」、「戻り船」がある。そこでは、大時化のなかを船出することをはじめ、蜜柑を売りさばいた儲け八万両のうち一万両を江戸での遊興に消費したり、「戻り船」に塩鮭をつみこみ、大阪で塩鮭を大量に売りさばこうとすることなどが語られる。鶯童の紀伊国屋シリーズには、「縁結び」という演目がある。これは紀文の嫁とりの話であるが、米若のような悲恋物語ではない。

24 「湯の町しぐれ」(映画「湯の町情話」主題浪曲)テイチクBC一一四三―BC一一四六。

25 前掲芦川「浪曲脚本事典」、二〇〇〇年、四六頁。

26 「妻」(日活)は一九四〇年九月封切り。「大島情話」(大映)は、一九四八年一二月封切り。

27 「妻」テイチクN三六七―N三七〇。

28 「大島情話」テイチク五八三―五八六。

29 『演題帳』の期間以前に発表されている、三角関係を扱った演目の例としては、一九三八年二月分新譜「南国情話」(ポリドール八八二一―八八二二)がある。(概要)主人公の女性は夫が死んだと思いこんで別の男性と再婚した。ある日、その前夫が帰ってきて、女性は前夫と心中しようとする。新しい夫は二人が再び一緒に暮らすことを勧める。しかし、子供は育ての親である新しい夫になつき、別れるのをこばむ。前夫は、自分こそが去るべきだと悟る。あるいは、一九四一年に発売された「天龍月夜」（テイチクＡ三五四—Ａ三五五）は、類似した展開に徴兵がからむ戦時下の〈同時代物〉である。

30 そもそも最初の吹き込みである「児玉将軍と都々逸」（ヒコーキ二三二六）で、兵士のかくし芸としてデカンショ節が挿入されている。「佐渡情話」以前から〈俗謡〉の挿入が客を喜ばせる手段であると認識されていただろう。〈俗謡〉の挿入にせよ、男女の恋仲にせよ、米若の演者人生のなかで可能性として胚胎していて、それが「佐渡情話」をきっかけとして意識化されていくという連続的な理解が必要であるだろう。

31 「追分供養」ビクター五二六八四—五二六八五。前掲「南国情話」。

32 「三味線娘」テイチクＡ二三三—Ａ二三六。

33 前掲「新粧紀国屋文左衛門」。

34 米若は終戦後に「串本情話」という演目をレコードに吹き込んでいる。ここでも串本節のフシ回しが挿入された。

35 「涙の船歌」テイチクＡ三三〇—Ａ三三三。

36 「母性進軍歌」テイチクＡ四二五—Ａ四二八。

37 「佐渡の船歌」テイチクＡ七五三—Ａ七五六。

38 「おけさ情話」テイチクＢＣ一一六—ＢＣ一一九。

39 前掲「大島情話」。

40 「母恋星」テイチク六九一—六九二。

41 「俗謡」以外の例としては、「月と老僧」（テイチクＡ七一二—Ａ七一五）で、詩吟の挿入がなされている。

42　『演題帳』に一席目、二席目という表示がなされているわけではないが、基本的に一行目に一席目が記入され、二行目に二席目が記入されていることが記入全体から読み取れる。
43　本節において、米若個人の演目配置を分析するにあたって分析的に設定する演目群の表記はすべて〈　〉で統一した。
44　登場人物の性格、及び物語の内容は不明であるが、他に〈少年物〉に含められると考えられる演目としては「少年捕物帳」がある。
45　一九四九年九月二三日「大阪市寺田町国際　新佐渡情話　おけさ情話」とある。
46　寿々木米若「過去から未来へ」三好貢編『浪花節一代』朋文社、一九五七年、二六六―二六七頁。
47　前掲中川編『浪曲の歩み』、九三頁。国際劇場の大会への出場は、一九五六年六月以来であった。
48　前掲中川編『浪曲の歩み』、九六頁。以後は、国際劇場での大会では、実質的に口上のみの出演だった。
49　米若の俳句。寿々木米若『句文集　稲の花』欅発行所一九六九年、一七七頁。

第七章　戦時下に響く「七つの声」――二代目天中軒雲月の演じ方について

はじめに

対面空間で醸成され、なおかつ歴史的深度をかかえた口演の技術が、いろいろなメディアによって不断に媒介されるなかで、生活者の価値観・感性をどのように再生産していくのか。そのような問いに基づき、口承文芸研究（あるいは芸能研究）が、生を支える物語・芸という側面から、納得の仕掛け、抵抗の痕跡を記述する過程において、戦争の内実を明らかにしていくこと、それが「演じる戦争・観る聴く戦争」[1]という視点にこだわる根本的な意義の一つであるだろう。「演じる」そして「観る聴く」という言葉の連関には、生活世界を基点とした絶えざるテクストの「変奏」に、目を凝らす／耳を傾けるという方針がうめ込まれている。おそらくそれは「何を」という点と同様に、あるいはそれ以上に「どのように」という点に、関心を向けることにもつながっている。受けとめられ、意味づけられ、またときに拒否される表象（＝代行、再現）を生成させる仕掛けは、権力（＝直接対面をこえて作動する力学）の仕掛けと、根源において不可分な関係を結んでいる。つまり、戦争の何が・どのように表象されているのかという問いを立てて、個々の生活実践が、集合的な経験・記憶へと導かれる筋道を具体的に考察する作業は、まさに当該社会の権力の構造を論じていく道筋でもある。

権力の仕掛けを表象から論じるという立場から、近代日本における「演じる戦争・観る聴く戦争」を論じる具体案は、いろいろと提案されうる。その出発点として有効だと思われるのは、明示的に、また暗示的に縫合されたり、温存されたり、分断されたりするなかでつくられる文化的社会的な境界への注目である。ジェンダー、年齢、階層、地域、民族など、境界は様々に見出されるに違いない。戦争という極限状態において、人間の表象活動はどのように境界を維持したり超越したりするのか。そこには、教化、感動、差別、諧謔、快楽、憧憬などの要素が、混沌としてまとわりついているはずである。

そのような前提をふまえて、本章で焦点としたいのは、浪花節における男／女という境界である。一九三〇年代半ば以降において浪界を代表する女流であった二代目天中軒雲月（一九〇九〜一九九五　図7―1）という女流演者に焦点を合わせ、戦時下で錬磨されていく「七つの声」（もしくは「七色の声」）とよばれた演じ方をとりあげ、その性格について論じてみたい。「七つの声」とは、一人で演じているにも関わらず、あたかも複数の演者が共演しているかのように聞こえる演出を指している。雲月は、『主婦之友』誌上での横山エンタツとの対談のなかで次のようなエピソードを紹介している。

図7-1　「鈴蘭の妻」ラジオ放送中の二代目天中軒雲月（『映画朝日』17巻5号、1940年、136頁）

旅といへば、或るところで、ファンの方が楽屋へ訪ねて来られて申されるのに、『先頃放送であなたの浪曲を聞いたら、子役なんかを沢山連れてやつてをられる様子なので、これは変つて面白い浪曲だと、今晩聞きに来てみると、一人でやつてゐる。一人でよくあんなにいろ〳〵な人の声が出るものだ、不思議で、聞いてゐても信じられん』とおつしやるのです。[2]

訪ねてきたファンは、ラジオではじめて雲月の語りを聴いた。そのファンは、「子役」など複数の役者をつかいながら進行する変わった浪曲だと思い込み、おもしろさを感じたという。個々の聴取者が雲月を受けとめる最初のインパクトは、こうした浪曲らしからぬ意外性にあっただろう。この対談は一九四〇年の一月号に掲載されたが、「紀元二千六百年」を「奉祝」するプランをエンタツから聞かれ、「ます〳〵国策に副った新作」を発表していく心積もりだと雲月は述べている。[3]

男は男らしく、女は女らしく、老人は老人らしく、また子供は子供らしく、そうした演じ方における定型的・記号的な表象技術は、浪花節のみならず語り芸全般において、程度の差こそあれ意識される。また基本的には、演者の地声で、物語の世界がゆるやかにつなぎとめられているという感覚が、暗黙のうちにあるだろう。演者自身の声において、語られる各人物の言葉がさりげなく統一されている感覚、それは浪花節に限らず、講談や落語においても同じである。しかしながら現在、残された雲月のレコードを聴いてみると、あたかも複数の演者が演じているように聞こえることがしばしばある。雲月が、フシの良さ、タンカの良さ、そして声の良き、三拍子揃った女流として認められていたのは間違いない。しかし、名声を得て以降の雲月の特徴として強調されたのは、一人でラジオドラマを演じているかのような表象技術そのものだった。

一　一九三〇年代以前における「女流」

雲月が台頭していく一九三〇年代以前において、あるいはそれ以前から活躍した女流としては、たとえば二代目吉田小奈良《よしだこなら》、春野百合子《はるのゆりこ》、冨士月子《ふじつきこ》、京山華千代《きょうやまはなちよ》、京山小円嬢《きょうやまこえんじょう》など枚挙にいとまがない。しかしながら、女流が浪花節史において、どのような意味をもっていたのかについては、ほとんど論じられてこなかったと言っていい。それは浪花節史が、男性演者中心に説明されてきたことの裏返しでもある。ひとまず、その理由としては、演者数そのものにおいて、男性が女性よりも多数であったことが挙げられるだろう。もう一つは、明治期・大正期において、演目の多くが男女で共有されているという前提が、女流への関心をことさらに高めなかったとも考えられる。各種『浪花節名鑑』を開いてみると、複数の女流が挙げている演目としては、「義士伝」「曽我物語」「小栗判官」「佐倉義民伝」「春日局」などがある。[4] 女流が口演していた演目は様々であるが、そのほとんどは、演者の性別を超えて共有できるストックであったと理解してよい。すなわち、男の演者に注目すれば、明治期・大正期における浪花節の代表的な演目は、ほぼ網羅されてしまう。つまり、演目の内容に注目が限定されれば、その時点で、〝女流が〟語るという意味はあえて問われないままになってしまいかねない。つまり、男性演者が女を演じ、女性演者が男を演じることにより醸し出される倒錯的な魅力は、演目論ではなく演者論のなかで改めて議論しうるだろう。つまりその魅力は、「語り物」としての浪花節がジャンル全体で担っていた。一つ例を挙げておくと、男の人物を軸として展開する演目を時に歯切れよく、時に荘厳に演じる際の「男まさり」ともいえる口演は、胸のすく格好良さを現前化させただろう。たとえば、春野百合子の「高田の馬場」や「新撰組」などはそうした楽しみを与えていたに違いない。そうした声の愉悦は、男性が、また女性が、同一の演目を協奏するという演目の共有によって暗黙のうちに担保されていた。

それに加えて浪花節において見過ごせないのは、フシにおけるもう一つの倒錯的な魅力である。演者自身の声の人格と演じられる人物の声の人格は、フシの部分で時として混沌と重なりあう。フシで語られている発語内容や感情が誰のものなのか、つまり演じる者のものなのか演じられる者のものなのかが、あいまいなままに聴衆に受けとめられるなかで、その声を浴びる（あるいは聴き入る）聴衆は演目のなかに引き込まれていく。

一人で複数の人物を演じ、また第三者的な説明もとりいれ、なおかつ要所要所でフシを入れ込んでいく浪花節は、このように境界侵犯的な声の愉悦に満ちている。女流論とは、そうした境界侵犯性を視野に入れつつ、浪曲というジャンルの受容構造全体を理解する際の基点を再構成する可能性を秘めている。

本章でとりあげる二代目天中軒雲月は、まさに雲月のために書き下ろされた「新作」を貪欲にこなしていった女流であった。ここでいう「新作」の多くは、戦時下の同時代を物語の背景とした演目である。雲月は、戦時下において女性演者が女を語る意義とともに、浪曲が現代を語る意義を再設定していく最前線にいた。さて、雲月はどのような演じ方で個性をアピールしていったのか。

二　女流・二代目天中軒雲月

二代目天中軒雲月がどのような女流であったのかを、まずは確認しておこう。雲月は、幼少期に初舞台をふんだのち、少女時代から藤原朝子として活躍した。その後、女流団に加わるなどの興行を重ねていくが、一〇代半ばの頃には、登場人物の演じ分けに関心をもっていたようである。[5] 一九二五年（大正一四）には、天中軒雲月嬢と改名、さらに一九三四年（昭和九）には、二代目天中軒雲月を襲名している。ファン向け冊子『天中軒雲月』によれば、明治座（及び新宿第一劇場）で開催された襲名披露興行には、東家楽燕、鼈甲斎虎丸、木村重友、寿々木米若、木村友衛、酒井雲といった当時の代表的な演者が顔を揃えた。襲名披露興行にかけつけた雲月の後援者としては、たとえば政治家としては、金子堅太郎、高橋是清、栗野慎一郎、軍人としては、小笠原長生などがいた。[6]

雲月はその翌年にも明治座で独演会を開催している。「雲月点描記」によれば、補助席も出し切り満員札止めとなった独演会の劇場で、松竹社長・大谷竹次郎が、席を確保できず、一階入口の隅で前後二席を「ぢっと」聴いていたという。明治座の客席の特徴は、「浪花節としては著るしく上品」であった。「知識階級とか中流階級とか云はれる部分が大多数」であり、そこには「極端に上流の階級まで包含」されていたという[7]（図7―2）。

夫であり興行師であった永田貞夫の戦略的なプロデュースのもと、雲月はその後も知名度をあげていき、一九三六年（昭和一一）には、単独で歌舞伎座興行を開催した。歌舞伎座興行は、浪花節としては桃中軒雲右衛門以来の開催であった。三〇年代後半において、雲月は浪界のみならず芸能界全体における有名芸能人の一人となっていた。女流のなかでは、レコードの吹き込みを最も多くおこなった演者であり、映画への出演も頻繁におこなった。雲月は、電気吹き込み時代に入りレコードの音質が向上

図 7-2　明治座独演会（『天中軒雲月』1936 年、17 頁）

していく時代の波に、またトーキー映画の時代の波に、うまくのった演者であった。雲月が、本格的なスターダムにのしあがったのは、一九三五年（昭和一〇）に発表した「杉野兵曹長の妻」であったといわれる。[8] これは、日露戦争で戦死した杉野孫七の未亡人・りゅう子をめぐる美談を、本多哲が浪曲化した演目である。雲月は多くの浪曲作家から演目提供を受けていくが、本多は一九四〇年代の初頭まで、主要な提供者の一人となっていく。

まずは、雲月の口演の位置づけを知るために、以下では対照的な二つのタイプの言説をとりあげてみたい。まずは、画家・上野匿一の言葉である。上野は金子、高橋、栗野らに雲月を聴くように勧めた人物でもあった。

雲月の誰にも負けない独特のものは大人は大人、子供は子供、お婆さんはお婆さん、お爺さんはお爺さんといふ風に、人物が夫々の個性を持って実に鮮やかに演じ出されるのである。これは天才でなければ出来ない。天才の妙技であるといふ外はない。浪曲は独演のもので芝居の様に夫々一人が一人の役を果たすやうに人物が出せるものではない、それを殆んど完璧に生かすのであるから全く感服してゐる。[9]

熱のこもった肯定的な感想である。複数の演者による「芝居」のように「人物」表現がなされており、しかも「殆んど完璧に」やってのける。こうした「妙技」に「感服」するという聴取（あるいは視聴）感覚を、上野は他の浪曲では味わったことがないと感じていた。こうした明瞭な演じ分けは、雲月の口演を「奈良丸以来」の「待望の浪曲」と位置づけていた金子も賞賛している。[10] あるいは、明治座で雲月を聴いた栗野は、当時「八十六歳」という高齢であったが、他の演者と比べて、雲月の口演については、「明瞭に、極めて美しく」語尾を聞き取ることができたと感心したという。[11]

次にとりあげてみたいのは、正岡容の批評である。そこには、上野とは異なった見解がうかがえる。

雲月と言へば、一と口に七つの声の持ち主と呼ばれる。老若男女を使ひ分ける技巧をば、大いに讃嘆されてゐるのであるが、あの素人向の、技巧のための技巧は、本来の心がけから言つては、どうであらうか。無駄な努力ではなからうか。邪道であるとさへ、筆者は言ひ度い。「芸」とはものみなの姿をありのまゝに写し出し、さらにそれへ「美」の洗礼を与へるものであるが、あの雲月のやうな活写はまことの活写とは言はれまい。淡々と素読みにし、巧まずしてそこに、男を、女を、老を、若きを、クッキリと描き出す。それがまことの「芸」であらう。天中軒雲月は今日の七つの声を潔く放棄してしまったとき、あの無駄なる努力は漸く無駄でなくなり、内的に光芒を放つ。[12]

「七つの声」は「まことの活写」ではない、そして「邪道」であると正岡はいう。世間で「讃嘆」されているのとは裏腹に、正岡には奇をてらった「技巧のための技巧」と受けとめられた。浪花節通であり、寄席通であった正岡の言葉からうかがえるのは、「語り物」らしからぬ雲月の声への生理的ともいえる嫌悪感である。正岡は、「淡々と素読み」にするようなタンカ（登場人物の会話）の演出、つまり演者の地声で物語世界がつなぎとめられているひとり語りに魅力を感じていた。自明であった鑑賞態度が、「七つの声」の聴取を契機として、改めて自覚されている。

上野によるテクニックへの感服、そして正岡による酷評、この二つは「七つの声」をめぐる評価軸の両極を示している。驚きと違和が混然と入交じる地平において「七つの声」は聴かれ、視聴者の好みに応じて反応が振り分けられた。雲月の「七つの声」は、ひとり語りの自明性に揺さぶりをかけるアトラクティブな側面をもっていたといっていいだろう。

では「七つの声」とは具体的にはどのように用いられたのか。次に、「七つの声」と演目内容の関係を、「杉野兵曹長の妻」をとりあげて考察してみたい。

三　「母」という立場――契機としての「杉野兵曹長の妻」

ビクター、ポリドール、タイヘイなどのレコード会社で吹き込みを重ねてきた雲月であったが、一九三五年にはテイチク専属となる。雲月は、「乃木将軍――正行寺墓参」（テイチク一九三五年）を皮切りに立て続けに吹き込みをおこなっていく。特に出世作となったのは、先述した「杉野兵曹長の妻」（以下「杉野」）であった。「杉野」は、日露戦争で戦死した軍人・杉野孫七の妻・りゅう子の苦労と心境をえがいた新作であった。夫の戦死後に女手ひとつで息子三人を育てていく未亡人の姿を、美談として構成した演目である。[13] テイチクから発売されたレコード「銅像を涙で洗ふ女　杉野兵曹長の妻」をもとに、おおよその展開を確認しておこう。登場人物は、妻・りゅう子、校長、息子三人である。冒頭の一面目は次のようなフシで構成されている。

（フシ）伊勢で名高い津の市の、久留島町の片辺り、長屋続きの二軒目の窓の格子に掛けられた、まだ新しき木札には、御仕立物致します、下に小さく主の名前、杉野りゅう子と記された、優にやさしき女の文字、これぞ過ぎつる日露の役に軍神の名を謳われし、広瀬中佐の部下として、また報国丸に乗り組んで、月影暗く波吠ゆる、夜にまぎれて命賭け、旅順の港を閉塞し、海の藻屑と消え果た、杉野孫七兵曹長の、妻と三人の幼児が、その日を送る侘び住まい[14]

二面目は、「津高等女学校」の校長が自宅にやってくるところからはじまる。りゅう子は、孫七の戦死後、仕立物の裁縫をして息子たちを育てていたが、校長のはからいで、裁縫教師の助手として働くことになる。二面目の最後には、再びフシが挿入され、「苦学の必要」を身に感じて、一端「暇をもらい」上京し、「寝ずの賃仕事」をしながら、ミシン学校に通いはじめることが語られる。三面目は、一面目同様にすべてフシで構成されている。苦労を重ねてミシンでの裁縫を学ぶなか、ある日、神田須田町にある広瀬武夫と孫七の銅像の前にやってくる。四面目は、りゅう子のひとり語りを中心に展開し、最後は短めのフシで終わっている。妻として母として「恥しくない立派な女」になるべく努力していると告げ、肌身はなさず持っている孫七からの手紙を読む。そこには、自分が戦死した際に、子どもの教育をどのようにするかについての指示が書いてあった。五面目は、短めのフシではじまり、タンカで状況説明がなされる。その後、裁縫を教えるようになって二年経ったある日、針仕事をするりゅう子の耳に、子どもたちが合唱する軍歌「広瀬中佐」が聞こえてくる。そして、次のようなりゅう子の言葉に続いていく。

りゅう子「あっ、あの軍歌は。」
（フシ）針持つその手がわなないて、堪り兼ねてか縫いかけし、着物にひしと顔押し当て、声もおしまずわっと泣く
長男「お母さん、只今。」
次男「母さん、只今。」
三男「母ちゃん、只今。」

長男「あっ、母さんが泣いている。お母さんどうしたんです。お母さん、あ、わかった、あんまりお仕事に熱心するからいけないんですよ。またこのあいだのようにお腹が冷えて痛むんでしょう。僕さすりましょう。」

次男「お母さん、僕お医者に行って来ましょうか。」

三男「母ちゃん、泣いちゃいやだよ、僕、僕、母ちゃん泣くと、僕も悲しい、あああ……。」

このように、息子たちの言葉で終わったあと、六面目は、学校から帰宅した三人の息子を連れて、りゅう子が、孫七の墓参りに出かける場面となる。フシを交えつつ、親子の会話で進行し、息子たちが墓前で、「お国のために働いてお父様や母様に喜んで」もらいたいと言う。りゅう子はそれを聞いて涙を流して喜ぶ。七面目では、りゅう子がその言葉に喜び、墓前で改めてその決心を誓うように言う。そのあとは最後までフシが続き、三人の息子が墓前でそれぞれの決心を告げる様子がフシで語られる。最後の八面目は、すべてフシで構成されている。その後の息子の活躍が紹介され、それに満足し安心し、りゅう子が「大往生」を遂げたことが時間をとって語られる。

以上が、演目の展開である。「杉野兵曹長の妻」は、もちろん「妻」である未亡人・杉野りゅう子を中心とした物語だが、一方でこの演目は、「母」であるりゅう子が中心におかれて、彼女が日露戦後に、三人の息子を苦労しながら育てるという物語でもある。「杉野」以前に吹き込まれた「愛国心千人針」[16]（一九三六年）も「母」を中心として展開する日露戦争にまつわる物語であった。雲月の演者人生において「杉野」がもっていた意味とは、一つにはテイチク移籍後、「愛国心千人針」のあとを受けて、「母」という役割を中心にすえた演目を、さらに追求するための演目だった点にある。換言すれば、女を中心にすえ、妻／母という二面性をより自覚的に語るようになったといっていい。りゅう子の生き様を、自身の内省的な声をとりこみながらえがいたことは、雲月にとっては、家族と国家を結ぶ女の役割を語るための演出方法の獲得を意味していた。

雲月嬢時代からのレパートリーのなかで、演目において中心的な役割を果たす女の登場人物例を挙げると、以下のようになる。まずは、「玉菊燈籠」（一九二八年など）の玉菊、「梅川忠兵衛」（一九三二年）の梅川、「高尾と綱宗」（一九三二年）「悲恋の高尾」（一九三三年）の高尾、「小栗判官と照手姫」（一九三〇年）の照手姫などである。[17] これらは、遊女をはじめとして、語り芸や歌舞伎などで知られる物語中の人物を演じる場合と言っていいだろう。次に「血染めの軍旗」（一九二九年）における山瀬孝太郎の母と妻、「乃木将軍――正行寺涙の信州墓参」（一九三四年など）の戦死した兵士の年老いた母、「北満美談　川添巡査の妻」（一九三三年）の巡査の妻などが挙げられる。[18]「血染めの軍旗」「乃木将軍」は、日露戦時下、戦後のエピソードとして、「北満美談」は満州事変後のエピソードとして口演されている。これらを見渡すと、母子、夫妻という関係性は、近い過去あるいは同時代を物語世界とした演目において前景化してきたといってもいい。[19]「杉野」は、その系列に新たに加わる「新作」であった。

しかし、これらの演目においては、あくまでも「母」は脇役であった。「杉野」あるいは「愛国心千人針」では、「母」が軸となって演目が進む。「杉野」のヒットによって、雲月は明確に「母」の物語をレパートリーに加えた。テイチクに所属した一年目から、雲月は「母」という役割の演技に本格的に取り組んだのである。

もう一つには、妻／母という存在をより印象的に演出するための子どもの演出が、意識的になされた点も見逃せない。「杉野」において、「母」としてのりゅう子を強調する状況設定として取り込まれたのが、三人の息子の帰宅及び墓参りの部分である。雲月は、ここで四人（りゅう子、そして三人の息子）が一度に居合わせる状況を設定して、その部分を演目のクライマックスにもってきている。そして、年齢の近接した三人の少年を、あどけない甘えん坊の口調、少しあどけなさの残る口調、しっかりした口調を使い分けて演じ分けた。

少年を登場人物としてとりいれているのは、「杉野」が初めてではない。それまでは大別して二通りの演出が用いられていた。「孝子迷いの印籠」（一九三〇年）や「石童丸」（一九三二年コロムビア）では、子どもの発言部分では、浄瑠璃や歌舞伎で聞かれるような時代物調ともいうべき口調が用いられていた。[20] それは、かん高い声を出してゆっくりと文句を進める口調である。一方で、「乃木将軍——正行寺墓参」では、子どもの発言部分では、リアリティを尊重するために、脱・時代物調ともいえるものになっている。それは、映画・ラジオドラマの台詞に近いような、擬似的な日常会話調ともいえるものであった。この点では、「正行寺墓参」ではすでに、明治期以降の物語世界を扱ううえでの少年の演じ方が習得されていたといっていい。しかし「正行寺墓参」では、「杉野」と同じく、登場人物の老婆には三人の孫がいるという設定になっているのだが、実際には長男が登場するのみであった。つまり「杉野」では、「正行寺墓参」などで錬磨されてきた表象技術を基点としつつ、より複雑な場面設定（母、息子三人が居合わせて全員が発言する状況）を試み、「母」を声によって浮かび上がらせようとした。このように吹き込まれたレコードからみるに、テイチク時代に入って、記号的かつ明瞭な人物の演じ分けについては、それまでにまして、より一層意識的になっていき、「杉野」に至って自らのアピールポイントとなることが決定的になったのである。

四　雲月とレコード、映画、ラジオ

テイチク時代に入った雲月は、一九三五年末から三六年には毎月新譜を発表している。三七年もほぼそのペースは変わらず、三八年から三九年末にかけても、一五点のレコードがテイチクから発売された。そのなかで、義士伝、「伊達模様　情の相撲」といった力士伝、「己が罪」「大尉の娘」のような新派物、「石童丸」のような説経節に遡ることができる演目、「西郷南州の恋」「明治一代女」といった情話物、あるいは「瞼の母」のような大衆小説を浪曲化した演目などに取り組んでいくことになる。他にもこの間、リーガル（コロムビア廉価版）、あるいはポリドールからもレコードが発売されている。以下では、便宜的に三五年からの五年間（ビクターと契約を結ぶまで）を「テイチク時代」とよんでおきたい。興行はもちろんのこと、それ以上にレコードによって、雲月の「七つの声」は、テイチク時代においてそれまでよりも一層ペースをあげて、絶え間なく増産されていった。

先にとりあげた「雲月点描記」には、三六年時点での「雲月とレコード」の関係について次のように述べられている。テイチクでの雲月のレコードを売り込むコンセプトで制作されているが、雲月が興行に加えてレコードを重視していく流れが読み取れる。タイヘイからテイチクに移籍してまだ数か月の時点であるが、雲月は毎月新譜を発表していた。特に「雲月の節は高低が甚しい」ために「録音に非常な苦心」をするという。それまでの各社吹込みではうまくいかなかった声の再現が、テイチクではうまくいったという手前味噌なアピールではある。しかしながら、契約を結んで四ヶ月に満たない時点で、「更に二ケ年の契約延長」をしたということからも、雲月のレコードが「猛烈に売れて」いる状況を背景としたテイチクの自信と確信がうかがえる。[21] 宣伝効果、ネームバリュー、録音技術の向上などの理由があるにせよ、なによりも雲月の「舞台の魅力」が引金となってレコードが売れるという点が強調されたのちに、「点描記」の筆者は次のように述べている。

最近のレコードは実演といふものと切離して新ネタを吹込み、そのうち好評を受けたものを実演にするといふ傾向になってゐる。雲月はその逆に、舞台に何度かかけて自信を得たものを吹き込んでゐる。そうばかりは永久にはできないであらうけれども、雲月のレコードが売れるといふ根本の理由が実演、舞台の魅力の再現を求めるファンの心理にあるといふことは同師の為によろこばしい。[22]

浪曲における「実演」と吹き込みの関係は、実際には多様であったと考えられるが、この引用からは、まず「実演」にかけて納得のいく出来栄えにしてからレコードに吹き込むという順序が、雲月のプロとしての信条だったとうかがえる。しかしながら多忙な興行の合間に毎月のように、新作台本を受け取り、吹き込みを続けていくという過程は、興行という基軸に常に立ち戻ってレコードというメディアを眺めていくという余裕を奪っていくかもしれない。雲月が「実演」を大事にするというアピールがあえて強調されるのは、「永久にはできないであらう」という予感めいた言葉が、すでに現実味をおびていたことの裏返しでもあっただろう。興行と相乗効果をもちつつも、レコードが浪曲において独自の口演空間として膨張していく過程が、都心における華やかな大劇場での口演が可能な看板演者でありつつ、「杉野兵曹長の妻」でレコード売り上げを積極的に見込める女流となった雲月に、象徴的に現象していたといっていいだろう。

米若論でみてきたように、レコード発売を念頭においた吹き込み用の新作は、浪曲作家の存在がなくては実現しなかった。ここでいう「新作」とは、書きおろされたもの、原作の浪曲化、あるいは従来から浪曲として知られた物語を脚色し直したものなどを指している。テイチク時代において、主に雲月に新作を提供したのは萩原四朗と本多哲であった。

一方で、テイチク時代に雲月は浪曲映画にも度々出演するようになる。一九三六年（昭和一一）封切の「新曲　五郎正宗」で、雲月は初めて映画で浪曲を口演した。映画撮影の段取りになじんでおらず、やきもきし、明るいライトに照らされて閉口したという。役者として映画に登場するのを「金輪際」やめたいと思うほど慣れないままであった。[23] また雲月は、一九三八年（昭和一三）には「祖国の花嫁」、四〇年には「雲月の九段の母」、「雲月の鈴蘭の妻」、「悲曲 母」（図7―3）、四一年には「雲月の妹の歌」（図7―4）、「母なき家の母」、四二年には「雲月の海の母」、「虹の道」といった浪曲映画で口演している。これらはすべて、レコード発売と連動した作品であった。

テイチクに所属し、立て続けにレコードに自らの声を吹き込んでいくなかで、新しい試みとなったのは、

図 7-3　映画「雲月の悲曲　母」ビラ

「頑張れ！前畑――水上日本の名花一輪」（作・本多哲）だっただろう。「前畑」とは、ベルリンオリンピックで金メダルを獲得した前畑秀子選手である。本作は、三六年一〇月に開催された浪曲大会ではじめて舞台にかけられたという（同年一二月分新譜）[24]。

前畑選手は、母親の献身的な支えのもとに水泳に励む。その母親が亡くなり、前畑は生活を支えるために女学校を休学する。しかし、校長の支えを得て復学し、母親の死を乗り越えて、オリンピックで金メダルを獲得するに至る。この演目の特徴は、河西三省アナウンサーの実況放送の再現に挑戦している点にある。六面目後半から七面目終了まで時間を割いて、「頑張れ」「前畑リード」「勝った、勝った」「前畑嬢有り難う」といった名文句を取り込み、実況再現が構成されている[25]。母と娘の関係を軸にして浪曲化された美談は、報道などで前畑選手の活躍とエピソードが国民的な関心事として共有されていった延長線上にあり、新作のな

図 7-4 「妹の歌　前編」詞章パンフレット

かで母子関係の語りを得意としていた女流への期待を前提として実現した。

佐藤卓己は、前畑選手についての記憶が「国民的体験の神話」として継承された点を指摘し、むしろそれは、深夜の実況中継そのものというよりは、記録映画やレコードで「創造」され、さらには大衆向け雑誌で「補強」されたと指摘する。[26] 新聞報道を含めた間メディア的な網の目のなかで、日本女性選手初の金メダルについての「神話」が増強されたのだ。佐藤の指摘を受けて山口誠が述べるように、「聞く体験」は、他のメディアとの関連のもとに、「生活空間の文脈のもとに構築され」ていったのである。[27]こうした世間での美談化の過程に浪曲を接続させたのが、本多哲であった。前畑の美談は、苦難を乗り越え世界一にのぼりつめた同性を讃える過剰な女流浪曲師の声へと変換された。

出来事の重層的な表象過程への浪曲の介入は、これまでにも繰り返されてきたことではあるが、オリンピックが取り込まれたのはおそらくはじめてであっただろう。戦時下における国民的な関心事となる出来事への反応は、「爆弾三勇士」のように「事変」によって本格的に意識されていき、その延長線上にオリンピックのラジオ中継というメディアイベントが題材として見出された。裏を返せば、河西の実況は、出来事の報道という点から逸脱することによって「名実況」として記憶され、さらに「七つの声」による再現へとつながっていった。一方で、雲月にしてみれば、「頑張れ！前畑」への取り組みは、同時代＝現代の女を語れるという自信にもつながっていったのではないか。それは量産という課題を背負うなかで展開する必然的な拡張でもあっただろう。

同時代的な物語設定のなかで展開する演目が次に登場するのは、「大和撫子ここにあり」（作・萩原四朗、一九三七年九月分新譜）だった。盧溝橋事件直後の新譜であり、多分にそれが意識されていたと推測できる。「北支事変」に召集されたマツウラは、男手一つで、男一人女二人を育ててきた。旅館の「女中」であるワキヤマは、気の毒に思い三人を引き取りたいと思う。それは「銃後の女性」として「本望」なのだという。子どもたちの希望もあり、マツウラはワキヤマと結婚する。「非常時結婚」は簡略になされ、「高砂」の代わりに、幼い次女は軍歌「日本陸軍」を歌う。[28] 満州事変以降、萩原四朗という供給源を得て、時局に沿った演目、つまり同時代の戦争を背景とする演目を、雲月は明確にレパートリーに加えていった。

五　「七つ」を超えて——極限としてのビクター時代

雲月は、一九三九年（昭和一四）末からビクター所属となる。[29] その第一作目は、「幼き者の旗」（原作・氏原大作、作・本多哲　図7—5）であった。「幼き者の旗」は、父親が出征した幼い兄弟とその母親をめぐる物語である。『主婦之友』に掲載された懸賞当選小説であり、映画化もされていた。この頃に、先述したように横山エンタツと対談をしたり、長谷川一夫、古川緑波、水谷八重子、広沢虎造らを訪問対談

図 7-5 「幼き者の旗」詞章パンフレット

したりしている。[30]『主婦之友』が得意としていた対談・訪問記事のひとつであるが、演目の誌上再現ではなく、売れっ子芸能人との対面自体に価値を見出され、ユーモアをかもしだす役割を担うというのは、浪曲師としては珍しい登場の仕方だったと思われる。これは雲月が、女性向け大衆雑誌でとりあげられる有名女性芸能人の一人となっていたことを意味している。レコードに添付された詞章パンフレットには、「遂にビクター専属となる！」として、「豊富な声量、貫禄ある舞台、威あり情ある動作」、さらには「七色の声を使い分けるという絶妙の舌頭」による「老若男女・貴賤貧富・あらゆる人物」の「変転自在」の「活写」などがアピールされている。「実演」はもとより、ラジオ・トーキー・レコードで活躍し、歌舞伎座を「大入満員」にした「浪界第一の覇者」を迎えたビクターは、「続々と傑作盤」を送り出していきたいと宣言している。[31]本多は「幼き者の旗」以外には、戦地に赴いた兵士の家族が、兵士に送るべく草鞋を百足つくるが、戦死の知らせが届くという「愛国草鞋」、流しの「按摩」をしている少年と焼き芋屋夫婦の交流を描いた「木枯し悲曲」、近藤勇、桂小五郎、幾松などが登場する「勤王涙の拳」などを提供したり、明治期の女流文学である「十三夜」（原作・

樋口一葉）の脚色を手がけたりしている。先述のように、テイチクからは、この時期に浪曲映画と連動した「悲曲　母」（作・萩原四朗）「鈴蘭の妻」（作・丸山環）などが発表されている。[32] ここに挙げたのは、すべて一九四〇年の新譜である。

雲月は、四〇年代に入っても新作の発表を続けていった。総力戦が大衆文化全体において多分に意識されていくなかで、同時代の銃後／戦地を語る演目あるいは、幕末から明治期を舞台として、尊皇攘夷、忠君愛国を語る演目の比重がより高くなっていく。テイチクにおいて萩原が担っていた時局性の強い演目の提供は、ビクターでは主に中川明徳が担っていった。中川は、浪曲作家と雲月が意識してきた「七つの声」についての常套的な側面をふまえつつ演目をつくっていく。以下では、中川の演出に焦点を当てて、一九四〇年代前半における「七つの声」の演出パターンを確認してみよう。

浪曲作家のバックアップを得て、絶え間なく新作を吹き込み続けた雲月にとってみれば、「七つの声」を駆使する演出パターンは、この頃にはすでに完成されていたといっていい。一つの演目における記号的な差異のベースは、男女の性別分けと年齢層の大別の組み合わせにあった。年齢層は、おおまかに言うと、高齢（老人）、壮年・若者、子どもであり、場合によってはそのカテゴリーのなかで、声の調子とテンポ（高低、速度）、語彙の選択（一人称の使い分け、語尾の使い分けなど）によって人物像はさらに差異化された。「七つの声」の妙は、語られる場面を切り替えていくなかで、三人以上が居合わせる場面を意識的に複数回盛り込んでいくことによって効果的に演出できた。「杉野」以降、子どもが複数居合わせる場面は常套的な演出の一つだった。たとえば、映画の主題浪曲となった「海の母」（原作・永見隆二、脚色・

図 7-6 「海の母」レコードアルバム表紙

中川明徳　図7―6））では、三人の少年が海軍志願の願書を出そうと約束をする部分が挿入されている。あるいは、「廬山の明月」（原作・尾崎士郎、脚色・中川明徳）では、帰還した分隊長と家族（妻、娘、息子）が、戦死した部下の婚約者とその祖母の家を訪ねる部分がつくられ、分隊長と女三人が会話を交わす部分が語られている。そこでは、前の部分の会話（ここでは訪問宅の玄関先までの間）で布石を打っておき、その場に具体的な発言者よりも多い人物（ここでは子どもたち）がいることを暗黙に想像させる演出がなされている。あるいは「七つの声」の効果をあえて用いる例としては、「御旗の下に」（監修・浪曲向上会／浪曲作家協会、作・中川明徳）が挙げられる。この演目では、上等兵の発言から間をおかずに一人称での母親の語りを回想としてとりこんでいる。[33]あるいは、「南海の防人」（原作・長谷川伸、脚色・中川明徳）は、「四〇〇年前」に種子島にやってきた「黒船」をめぐる物語が語られていくが、そこでは「白色人種」への批判とともに、「聖戦」としての「大東亜戦」が説明されている。[34]この「説明」は、一人称、二人称の会話で展開するのではなく、歴史的な根拠を第三者的なナレーション風の語りで演出する効果をねらって吹き込まれている。

浪界のトップクラスの知名度を誇っていた雲月にしてみれば、常套的な演出を維持しつつも新たな展開を提示することへの配慮・苦心があったに違いない。また、「七つの声」が、それそのものを強調しつつ既定路線を乗り越えるための方向性の一つが、演目内で発言する人物数の増加だった。もちろん、人数を増やさなくとも演じ分けは演出できた。しかし、レコード会社との関係のなかで不断に新作を出し続ける雲月が、キャッチコピーに「七つの声」を掲げて演じ分けのインパクトを減退させないためには、既発表の演目と同水準もしくはそれ以上の演出が目指される必要があっただろう。つまり、この時期の雲月からすると、他の演者からの差異化というよりは、過去の雲月自身との差異化を意識したときの最もわかりやすい方向性が人物数の増加であり、それを最も意識していたのが中川だった。

中川の手がけた雲月の演目における人物数をみてみると、たとえば「サヨンの鐘」（原作・村上元三）では四人である。[35] これは最も少ない例であり、多い事例としては、「廬山の明月」「海の母」の九人、「御旗の下に」の八人、「母なき家の母」「大陸の歌」「友情の鈴」の七人などがある。[36] これだけの人数を織り込むためには、極端な場合、短い一言、二言のみ発する人物も出てくる。先に挙げた「海の母」での少年もその例であるが、この演目には、ほかにも郵便配達員が、一言だけ場面転換の部分で登場する。[37]

こうした増加傾向は、ビクター移籍後に本多が手がけた雲月用の浪曲を見渡しても顕著である。「愛国草鞋」で五人、「勤皇涙の拳」で三人、「十三夜」で四人、「木枯らし悲曲」で四人、「梅田雲浜の妻」（案・小野金次郎）で三人となっている。雲月の「七つの声」を活かすという着眼は、担当した浪曲作家全員に共有されていたと考えられるが、中川は、その効果を強調するうえで人物数を意識的に増やす方向性を選んでいたと推察できる。同時期に雲月に提供している萩原や秩父重剛らも人数の効果に配慮していたと考えられるが、中川は最も積極的であった。[38]

以下では「七つの声」が行き着いたかたちとして、「明治十年」（作・中川明徳、一九四三年十月新譜）をとりあげて、その演出を確認してみたい。「明治十年」は、西南戦争を西郷軍として戦う兵士・イケガミコジロウとその家族が、「官軍」と接触するなかで考えを変えていくという物語である。レコードの展開は以下の通りである。

一面目では、冒頭のフシから始まり、コジロウが、西郷軍に参加して負傷し、帰宅する。熊本城を攻めきれず、敗走するなかで西郷らは鹿児島に退き、自分は隊をはぐれ、ふるさとにようやくたどり着いた説明する。二面目も引き続きイケガミ家でのコジロウと母、妹、弟の会話が続く。妹、弟は家に留まってほしいと言うが、コジロウは「西郷先生」のために、隊に戻ると言いはる。そこに村人・サクベエがやってきて、鎮台がこの村に入ってくるらしい、ついては西郷軍に加担した村は何をされるかわからない、「もしものことがあったら」と村人たちは「いきりたっている」と報告する。ここではコジロウとサクベエが入れ替わり、母、弟、妹を含めた四人が居合わせる部分がつくられている。二面目の最後は、二度目のフシが挿入され、コジロウの状況と心境が語られる。三面目では、コジロウが戦った軍が村に入って来たことを語る短めのフシが入る。その後、男の子四人が「鎮台さん」からもらったカステラについて会話をしている部分から、そのうちの一人（キンタロウ）が村の老婆（オバアサン）に、何がカステラに入っているかわからないとたしなめられる部分に移る。その後そこに、イノマタシンサク中尉がやってきて、オバアサンにイケガミ家はどこかと尋ねる。イノマタは一行を連れて、イケガミ家を訪れ、対応に出たコジロウの妹に、滞在させてほしいと願い出る。この面は最後にタンカで、皮肉にも「落ち武者」の家に「官軍の将校」が宿を借りることになり幾日か過ぎたと短く説明され終わる。四面目は、サブロウとコジロウの会話からはじまる。コジロウは、敵に宿を貸すこと、妹、弟が官軍と仲良くなることが気に入らない。そこに母がやってきて、官軍一行は、思っていたような悪い者たちではなくて、「みんな優しい立派な方」だと言う。村人も仲良くなり「安心しきっている」という。コジロウはそれを「裏切り」として悔しがり、荒れる。そこにリエがやってきて、コジロウは「ひがんでいる」のだと言う。この面は、順次そこに家族がやってきて言い争われる部分がコジロウを軸として展開して終わる。五面目は、詩吟からはじまり、フシに入り西郷軍が「遂に落ち」たことが語られ、最後はアテブシで終わる。この面は雲月節をたっぷり聴かせる面となっている。六面は、サブロウが「宮さん」の歌を歌い、帰宅する部分から始まる。迎え入れたリエとイノマタの会話に移る。官軍が城を落としたので、イノマタはまもなく出発するという。イノマタは、「落ち武者」は「恭順」を誓い「自首」すれば「慈悲も情けもある」から「小さな感情にとらわれていてはいけない、「犯行する者は銃殺あるのみ」だと、暗にコジロウを念頭において忠告する。コジロウは、我慢できず戦いを挑むが、病人とあって歯が立たない。この面は、イノマタとリエ、その後イノマタとコジロウのやりとりに移り、そこに母とリエが短い発言でからむという展開になっている。七面目は、母がコジロウをいっそのこと殺してくれとイノマタに泣きながら言う部分から始まりそしてフシの部分になる。そこでは、賊軍として扱われるよりは、「若い命を信ずる道に捧げて死ねば本望でしょう」と、息子を思いやるがゆえに、イノマタの手で「最後を飾ってやって」ほしいと母の気持ちが語られる。コジロウはその母心に感動し、日本のためを思うのであれば「西郷さんのために流す血」を、なぜ「大君に捧げ」ないのだと諭す。この面は母の心情吐露がフシで語られる部分がひとつのヤマになっており、その後「官軍」の情をイノマタがタンカのなかで示すという構成になっている。八面目は、コジロウにイノマタが「西郷さんの屍の上」に立ち、ともに「新しい時代、新しい日本」をつくろうと告げる。その後は最後までフシが続く。フシのなかでは「嵐の時に生まれ来」た若者が国のために「手をにぎ」りあったことが讃えられる。[39]

「明治十年」には、男七人（イケガミコジロウ、弟・サブロウ、村人・サクベエ、官軍兵士・イノマタシュンサク、村の少年・ゴロスケ、村の少年・キーボー、村の少年・ヘイスケ、村の少年・キンタロウ）、女三人（コジロウの母、妹・リエ、老婆）が登場する。三面目では、村の男の子四人が居合わせる部分が、テンポよくつなげてつくられている。素早く短い一言を回す常套的な演出である。六面目以降は、一連の部分であるが、コジロウ、コジロウの母、イノマタが中心となりつつ、サブロウ、リエがその場にいることが、発言の割り当てを通して、要領よく示されている。「明治十年」は、戦況が厳しくなり、レコード発売点数もどんどん減少していく時期に出された新作であった。時局に明瞭かつ積極的に共振しようとする演目を意識的につくってきた雲月だったが、おそらく、終戦前最後の新譜であったと推定される。「明治十年」は、八〇年以上前の西南戦争を題材として、官軍の正統性と情けを語った演目であるが、当然イノマタの姿は、当時の日本軍とオーバーラップして受けとめられただろう。

レコードでは、面のつなぎ目を意識しながら、約二六分間（七八回転）の演目が構成されている。中盤と最後に雲月が最も力を入れて声をはりあげるフシが配置され、途中には詩吟を加えて彩りを添えている。軸となる会話をつくりながら、時に短い発言をテンポよくはさみながらタンカをうまくつないでいくことで「七つの声」を駆使しようとする演出のあり方がうかがえる。中川にとっては、通常より制作時間をとった「多少自信のある作」だったという。しかし雲月は「浪曲大会」以外では「あまりやらなか」った。それは「相当骨が折れる」からだろうと、中川は述べている。[40] つまりは、「明治十年」は典型的なレコード発売用の演目であった。登場人物を増やして「七つの声」を強調できたとしても、興行用として使い勝手がよいかどうかは別のはなしだった。

おわりに

以上では、「演じる戦争・観る聴く戦争」を、権力論と表象論の交わるテーマとして位置づけたのちに、二代目天中軒雲月の「杉野兵曹長の妻」をとりあげて、演目内容と演じ方が深く連動していくなかで、演者の個性が再設定されていく一端について論じ、その後の展開を追ってきた。

関東節を中心として浪花節を愛好し、しかもプロとして台本を書きおろし、また批評をおこなっていた正岡は、知識量と経験量の点で、聴取者としては卓越していた。その立場からすれば、「語り物」としての本来の構えを忘却したかのような「七つの声」は嫌悪の対象であった。その一方で、冒頭で記したような、雲月の口演を初めてラジオで聴いた者のように、ファン層の外側にいた聴取者を惹きつけていく。つまり、「七つの声」は、雲月のファンダムの入口（あるいは裾野）を拡張する効果を存分に発揮した。「語り物」らしさの解体によって、雲月の受容の地平は浪花節の受容の地平を、勢いよくはみだしていった。

テイチク時代以前から徐々に錬磨されていった「七つの声」という演じ分けは、「杉野」で母子の関係を語って以降、より意識的に取り組まれて決定的なセールスポイントとなった。雲月にとって、女をストーリーの軸として女の視線／内面をえがく演目を口演するという事態は、戦時下の国家を積極的に補完するという位置を明確にすることによって、深化したのである。銃後、家庭、性役割、近い過去／同時代というテーマが、複雑にからまりあいながら、レコード産業が介入するなかで、雲月の声はつくられ、また受けとめられていったといっていいだろう。雲月は同時代の銃後での女（母・妻・姉など）をえがく演目を、精力的に口演していく。「七つの声」は、まさに戦時下において、銃後の役割を語ることと深く関わりあって錬磨されていった。浪花節において、女流が女を語るというチャンネルが構造化されていくプロセスを、雲月は象徴的に担っていた。また雲月は、各界の著名人を後援者につけ、戦時下の婦人雑誌への登場も積極的におこなった。それは、自らの聴衆像を階層とジェンダーにおいて押し広げていく点に自覚的であったことを意味している。

雲月は米若同様に、浪曲映画にもしばしばかり出された。それは雲月の知名度を押し上げていく要素であったに違いない。しかし映画との関係という点からすると、同じく重要だったのは、ニュース映画も含めて映像化された話題性の高い出来事、物語の浪曲化であったといえる（「頑張れ！前畑」など）。婦人雑誌で入賞した小説の浪曲化にしても、浪曲化自体が一定程度評判をよぶことが見こされていただろう（「幼き者の旗」）。雲月は、永田のプロデュースを得ながら、浪曲を越えて美談形成を意識し、複合的なメディア空間を前提とした戦時下の受容の地平を巧みに読み込み取り込もうとした。浪曲としての存在感はもちろんのこと、戦時下の大衆文化全体の語りの一部であろうとする自覚を透視できる。

ラジオ・トーキー時代に、声の位相が間メディア的に再設定されていく時代において、つまりトーキー映画が隆盛し、ラジオドラマが定着していくなかで、複製されたドラマティックな声が氾濫していく時代において、浪花節という既存の語り芸でありながらも、演じ方そのもので革新的であるという点をアピールした。ラジオ・トーキーを前提として人々が声を受容していく時代において、演じ方そのものでアトラクティブな期待を誘発する声は、「語り物」らしさからの逸脱を暗示していたのである。また、複製された声の聴取において、物語の全体性が前提化していく時代の幕開けでもあった。ラジオ・トーキー時代に、浪曲が全体性を確保しようとするとき、四枚八面を基本形として、そのフレームのなかに物語の全体を流し込む技術が必要であった。一九三〇年代から四〇年代にかけての浪曲作家の時代とは、そうしたニーズのもとに訪れたのだった。

【注】

1　「演じる戦争・観る聴く戦争」は、日本口承文芸学会第五六回研究例会（二〇〇八年）でのシンポジウムテーマである。本章は、このシンポジウムでの発表をもとにして執筆した。

2　「雲月とエンタツの新春福笑ひ合戦　浪曲女王天中軒雲月と漫才王エンタツの人情対談」『主婦之友』二四巻一号、一九四〇年、一六〇頁。
3　同右。
4　『浪花節名鑑　大正三年版』（杉岡惣吉編、杉岡文楽堂、一九一四年）、『浪花節名鑑　大正一三年版』（杉岡惣吉編、杉岡文楽堂、一九二四年）、『浪花節名鑑　昭和六年版』（杉岡文楽編、歌舞伎書房・杉岡文楽堂、一九三一年）参照。たとえば「春日局」にしても三代目鼈甲斎虎丸が口演している。
5　雲月は誌上座談会のなかで「十五位の時」から演じ分けについて考え始めたと述べている（「一流浪曲家座談会」『キング』一六巻四号、一九四〇年、二六六頁）。
6　「二代目天中軒雲月物語」『天中軒雲月』中川明徳編、非売品、一二頁。
7　K・M・K「雲月点描記」『天中軒雲月』中川明徳編、非売品、二〇頁。
8　前掲K・M・K「雲月点描記」には、一九三五年夏に台本が書きおろされ、秋に発表されたと記されている。その後、時間をおかずに、一九三六年一月分新譜として「銅像を涙で洗ふ女　杉野兵曹長の妻」（テイチク一七六五―一七六八）が発売されたと推定される。
9　上野慶一「雲月よ健在なれ！」『天中軒雲月』中川明徳編、非売品、一九三六年、一二頁。
10　「金子堅太郎伯爵に訊く雲月評」『天中軒雲月』中川明徳編、非売品、一九三六年、五頁。
11　前掲上野「雲月よ健在なれ！」、一二頁。
12　正岡容『雲右衛門以後』文林堂双魚房一九四四年、二五三―二五四頁。
13　りゅう子（隆子）の美談は、たとえば「亡夫の銅像に誓う　杉野兵曹長の妻」として一九三五年一月に刊行された『感激実話全集三　この父この母』（金星社）にも記載されている。また、一九二一年に刊行された『婦人倶楽部』でも、エピソードが紹介されている。杉野兵曹長の名は「国民の頭に鮮やか」に残っている一方で、杉野未亡人のことはあまり知られていないので、この「賢夫人」を紹介できる機会を「愉快に感ずる」と記されている（武田紫紅「天晴れ婦道を全うした旅順港口閉塞の勇士杉野兵曹長未亡人」『婦人倶楽部』二巻九号、一九二一年、二〇頁）。

14 前掲「銅像を涙で洗ふ女　杉野兵曹長の妻」。

15 同右。

16 「愛国心千人針」テイチク五〇一六一―五〇一六四。

17 「玉菊燈籠」は、一九二八年に「傾城玉菊」としてビクター（五〇三〇一）から、「玉菊燈籠」として一九三〇年にポリドール（四六八―四六九）から、一九三三年に同名タイトルでニットー（S一二五五―S一二五六）から、一九三五年に同名タイトルでタイヘイ（六〇四二―六〇四三）から、発売されている。「梅川忠兵衛」（コロムビア二七三二七―二七三二八）、「高尾と綱宗」（コロムビア二七〇四四―二七〇四五）、「悲恋の高尾」（ニットー六一六五―六一六七）、「小栗判官照手姫　五輪くだき」ニッポノホン一七六一二―一七六一三）。

18 「血染めの軍旗　山瀬孝太郎」ニッポノホン一七三三四。「乃木将軍　正行寺涙の信州墓参」は、一九三四年に同名タイトルでキングポリドール（K三二六―K三二七）から、一九三五年にテイチク（五〇一〇六―五〇一〇九）から発売されている。「北満美談　川添巡査の妻」ニットー六二〇二―六二〇三。

19 前者はすべて日露戦争にまつわる演目であり、後者は靖国神社に祀られた川添しま子を扱った演目である。満州事変後の満州で、「匪賊」に襲撃された際に、しま子が身を呈して戦い死ぬという筋である。

20 「孝子迷いの印籠」ニットー四二八二―四二八三。「石童丸」コロムビア二六九〇五―二六九〇六。

21 前掲K・M・K「雲月点描記」、二一頁。

22　同右。
23　天中軒雲月「苦手」『映画之友』一巻九号、九九頁。「役者」として登場したのは、おそらく「のんき横丁」だと推定される。
24　「事変下のどの儲け頭」『経済マガジン』創刊一周年記念号、一九三八年、二八頁。
25　天中軒雲月「頑張れ！前畑――水上日本の名花一輪」テイチク一四〇六―一四〇九。他にも本多はテイチク時代の雲月に「廣瀬中佐の最期」（テイチク二六四一―二六四二）、「少年森の石松」（テイチクBC一〇六九―BC一〇七〇）など幅広い種類の演目を提供している。
26　佐藤卓己『キングの時代――国民大衆雑誌の公共性』岩波書店、二〇〇二年、二一七―二一八頁。
27　山口誠「メディアの文脈から問う――ベルリン・オリンピック放送の聴取空間を事例に」『メディア史研究』三三号、二〇一三年、五〇頁。
28　「北支事変　大和撫子こゝにあり」テイチク一八七三―一八七四。
29　ただしテイチク時代と同様に、他社からの発売も一部おこなっていった。また、ビクターでは、雲月嬢時代に「傾城玉菊」（ビクター五〇三〇一）、「中山安兵衛」（ビクター五〇三九七）を吹き込んでいる。
30　前掲「雲月とエンタツの新春福笑ひ合戦　浪曲女王天中軒雲月と漫才王エンタツの人情対談」、一五六―一六三頁。近藤日出造、花野咲平「雲月の人気花形笑ひの訪問」『主婦之友』二四巻五号、一九四〇年、一七二―一七九頁。
31　天中軒雲月「幼き者の旗」（テイチクJ四〇〇〇一―四〇〇〇四）の詞章パンフレットによる。
32　「愛国草鞋」（ビクターJ四〇〇〇五―J四〇〇〇八）、「木枯し悲曲」（ビクターA三〇四五―A三〇四八）、「勤皇涙の拳」（ビクターA三〇一九―A三〇二二）、「文芸浪曲　十三夜」（ビクターA三〇二七―A三〇三〇）、「悲曲　母」（テイチクN三九二―N三九五）、「鈴蘭の妻」（テイチクA三〇〇一―A三〇〇四）。

33 「海の母」（ビクターA三一四四―A三一四七）、「廬山の明月」（ビクターA三〇八一―A三〇八四）。「御旗の下に」（ビクターA三二一四―A三二一七）。その場にいない人物の発言を、あたかも当人の言葉として声色を変える例としては、この時期には、「母を呼ぶ声」（作・秩父重剛、ビクターA三二四一―A三二四四）もある。ここでは、戦友どうしの会話に出てくる母親の言葉を直接話法で挿入している。

34 天中軒雲月口演「南海の防人」ビクターA三一五七―A三一六〇。ただし現物確認できたのは一―三面のみ。

35 「サヨンの鐘」ビクターA三一六一―A三一六四。

36 「母なき家の母」ビクターA三〇九二―A三〇九五、「大陸の歌」ビクターA三二三七―A三二四〇、「友情の鈴――銅像と少女」ビクターA三二〇六―A三二〇九。

37 ここで挙げた例は、レコード全面を試聴できた演目のなかからピックアップしている。

38 中川作以外での人物数の多い例としては、一九四三年に発売された「母を呼ぶ声」（作・秩父重剛、ビクターA三二四一―A三二四四）の七人が挙げられる。

39 天中軒雲月口演「明治十年」ビクターA三一八〇―A三一八三。

40 『新作浪曲集　愛の街角』ひのきや書房、一九四七年、一一三頁。『愛の街角』には、戦後に新人だった立石弘志（のちの四代目天中軒雲月）が口演した際の台本が掲載されている。展開は同一だが、途中の少年のやりとり部分がカットされている。まさに、二代目雲月の見せ場でありつつ「骨の折れる」部分は、演者が変更になった際には必要なくなったということだろう。

終章　演者論の可能性

本書では、四人の演者の演目、口演の特徴を論じるなかで、メディアによって媒介され、またメディアを媒介する浪花節の位相を記述してきた。雲右衛門を通して確認した〈劇場化〉、奈良丸を通して確認した〈複製化〉は、その後の浪花節の聴取機会の拡張を見渡す際の前提となっていく。[1]雲月が「雲右衛門以来」として歌舞伎座の舞台をふんだのは〈劇場化〉という見せ方が、社会的な位置の更新を意図する上で、依然として有効だったからだ。演出方法のインパクトを通してひろく認知され聴かれていったという点において、雲月と雲右衛門は重なり合う。雲月の場合、劇場に加えて、婦人雑誌への露出、浪曲映画への出演を含めて、幅広い聴取層を獲得しようとし続けた。自身から想起される聴衆像の階層的、性別的拡張に意識的であったことがうかがえる。定席、巡業といった口演空間、活字による再現に、劇場、レコードが浪花節の〈声〉の流通回路として加わっていく。浪花節のレコードは、フシ回しの普及に多大な影響を与えていった。それは真似たい聴衆を増殖させるとともに、演者の身体／肉声の存在意義を強化する方向性を生んだ。奈良丸、米若に象徴的であったのは、部分的に抜き取られ、聴衆の身体において反芻され、絶えず自由に流用されていくフシの様態であるだろう。興行においては、複製とは異なり眼前のライブであるというだけでなく、演目の部分ではなく全体を、声を通して聴取するという経験の意義が、改めて設定し直された。演者と聴衆の関係性の維持という点で、興行とレコードはすみ分けが了解されていったのである。

一九三〇年代におけるメディア空間の連動は、〈声〉の流通を一層多元化していった。それは戦時体制と不可分に進行していく。浪花節は戦争を語ることで現在的であろうとし、戦時下の大衆消費に耐えうる生産システムを獲得していった。それはレコード（あるいは大衆文芸）を前提とした新作量産の安定化であった。すなわち戦時体制への即応は、演者自身による臨機応変な対応によりながらも、レコード産業の下支えがなければ困難であったといえる。「愛国浪曲」は、国策への明瞭な応答であるとともに興行、文壇、レコード業界を商業ベースでつなぐ試みでもあった。このようにみると、ラジオはむしろ、浪花節がレコードと、そしてときに映画とつながるなかで生まれた製作結果を電波にのせていったのである。ラジオは、国家の意思に直接かつ敏感に呼応する。しかしその一方で、浪花節語りのなりわいのベースは興行であったのであり、ラジオの演目リストが、その時代の浪花節の全体像を体現しているわけではなかった。

米若の人生史への連続的な理解を通してみてきたのは、まさに総力戦下において、関連しあいながらもそれぞれが固有の性格をもつ口演空間の重層性であり、なおかつメディア空間を横断しつつそれらを差異化する浪花節の位相でもある。米若は、若手の頃から幅広い種類の演目に触手をのばしつつ、恒常的な新作主義を自らに課していき、戦時下の〈同時代物〉をレパートリーに定着させていった。それは米若を通して、一九三〇年代から四〇年代にかけて、浪花節が国家の動向／娯楽産業の動向に適応していく道程を見渡せるということでもあった。米若は、それらと聴衆の期待を折衝していく。その後、終戦によって国家の政治方針が一八〇度転換していくなかで、新作の方針は切り替えられていく。その一方で、興行をベースとして蓄積されていった芸の特徴は相変わらず運用されていった。興行（巡業）は、各種口演空間と連動しつつ眼前の客を満足させることを第一の目的とするなかで構造化されていたのである。浪花節の新作主義的な部分は、「事変」に即応し、また「民主主義」に即応した。

外部へと逃避できない総力戦体制のなかでたのしまれる浪花節は、権力の浸透圧を受け入れ、「皇国」の「国民」としての了解を演目のなかで追認しつつ、ときに声をあげて泣けない人々に忍び泣く権利をそっと与えた。浪花節が庶民の人情を体現していたという解釈も、ナショナリズムを支える主体を構築する片棒を担いだという解釈も、どちらも的を射ているが、どちらも部分的な理解である。むしろ戦時下の浪花節がもっていた位置づけ（それこそ「鵺」のような）を大局的につかむためには、浪花節が何を取り込み、何を提供したのかを整理するなかで、「国民」再生産の仕掛けの全体像のなかのどのようなパーツとして駆動したのかをつかみとる視野が必要である。国策に順応し媒介する側面とそこに回収しきれない側面、両方の解釈を繰り返す作業の先に、浪花節がもち得た歴史的社会的な位相がおぼろげながらみえてくるだろう。浪花節は、人気演者を中心に娯楽産業の連動システムに取り込まれていた。それは裏を返せば、「国民」再生産を担う浪花節の〈声〉は、大衆文化の流通回路の一部として発揮され、一方では興行空間では、国家のまなざしを内面化しつつも、そのまなざしに収まりきれない綻びも露呈した。

極大的な物語として国家の理念を想定し、極小的な物語として個人の生活史を想定したとき、その両極は、様々な中間領域的な物語で媒介される。一人ひとりの聴衆は、自らの人生を半ば無意識に参照しつつ、演目を生活世界との地続きに受けとめ、そこに聴衆にとっての物語の意味が生まれる。〈同時代物〉を見渡すと、アジア・太平洋戦争下において、擬制的な血縁関係が天皇と「国民」をつなぐ国民国家の統合の中心線として働く可能性をもっていた一方で、それらは、血縁の物語、友人、隣人あるいは見ず知らずの者どうしなど様々な関係性の物語と連動するなかで具体的に駆動したことがわかる。ポピュラーな物語の意味が、受容されてはじめて生起するとするならば、注入されたメッセージがうまく届くこともあれば、届かないこともある。裏を返せば、最も隠微な政治性とは、上からのコード化が見えにくくなっている状態を指すのだといえる。「愛国浪曲」は「皇国」における上からのコード化が強調され過ぎた事例であった。生活史を知らず知らずのうちに参照し、感情をともないながら聴衆は演目を受けとめる。それゆえに生産システム側が期待しない意味生産もおこりうる。国家機関が、その意味生産を予感したとき、それを避けるためのまなざしがコミュニケーションの場に向けられることもあるだろう。

たとえば、中川明徳は、春日井梅鶯の「傷痍」について以下のようなエピソードを記している。「傷痍」は藤森成吉が原作を書きおろして梅鶯に提供した「愛国浪曲」であった。一九四〇年一一月の発表会では、「評判がよかった」という。この「傷痍」はその年末にラジオで放送されることになった。しかし直前になり、憲兵隊から放送のストップがかかったという。プロレタリア文学者という履歴をもった藤森だったことが、監視の前提となっていたのかもしれない。この演目のなかに、「内地に送還され、療養所に病を養う一人の傷病兵が、部屋の障子に一匹の弱った蚊を見て、自分の身とひきくらべ、思わずためいきをもらす場面」があり、「そのところを梅鶯は気を入れて演じ、ホロリとさせた」ことが憲兵隊にチェックされていて、「戦意を喪失させるおそれあり」として放送局に電話で中止の命令が下ったのではないかと中川は述べる。梅鶯は「この台本のネライは決してそんなところにあるのではない」と熱弁したが、放送局側と押し問答になり、結局、別の演目を口演したという。[2] これはむしろ浪曲師の「愛国浪曲」への誇りが、思わぬ不意打ちをくらったエピソードといえるだろう。フシとタンカを交互にかいくぐりながら、時間をかけて蛇行し、具現化される物語をたどりながら、涙をしぼろうとする浪花節においては、本筋にからむ伏線部分自体への共感は、十分におこりえることだろう。そしてまた、浪花節をはじめとした大衆文化をコントロールの手段とみなす立場からすれば、意図しない意味生産が予感されたことも想像に難くない。梅鶯への藤森からの提供作は、大会での発表時点では、この「傷痍」だったが、翌年に『原作集』『台本集』が活字として刊行された時点では、「長英の新出発」に差し替えられている。

また、「語り物」そのものの聴取機会が最大限に拡張されたのが、まさに米若・雲月の時代だった。そしてまた同時に「語り物」という形式が、他律的に存在感の再定義を求められていく端緒がここにあったともいえる。雲月が体現していたのは、レコード、ラジオ、トーキーによる声の複製時代に「語り物」の声を位置づけ直す突出した試みであった。その時代が生み出したというよりも、むしろ一人の女流として意識されていた演じ分けの商品価値が、その時代においてより明確に自覚されていったのである。ラジオ・トーキーは「七つの声」の練磨をさらに要求し、雲月はぎりぎりのところまでそれに対応していった。多メディア時代において、出来事や人物の戦時美談化、原作・原案のフシ入り物語化という浪花節の位置を改めて同定していく過程であったのだが、一方で雲月の「七つの声」は、そうした〈複製化〉の進行のなかで「語り物」としての前提を攪乱することで存在感を印象づけていた。

「語り物」の聴取機会の拡張は、外部の眼差しによる流用の機会をも呼び込んでいく。一九三〇年代のメディア空間の連動は、モダンな大衆文化と共有されており、浪花節は、それらのなかにも取り込まれていった。元浪花節語りで活動弁士として活躍した井口静波は、漫談のなかで浪花節のパロディーを得意ネタとした。一方で、あきれたボーイズは、虎造節を音楽とユーモアのなかに取り込んで大きな人気を博していく。こうした広義のパロディー化は、浪花節の大衆消費が情報産業下において一定の規模で成立していた証でもある。それらは、奈良丸節や米若節が「座敷」などを媒介して「くずし」の中で参照されていくもじられ方とは異なり、笑いと隣接するなかで客体化されていく象徴的な現象だった。大局的にみれば、韻律をともなう物語を通して、近世から現代へと大衆文化のテクストを媒介してきたという視野のもとに、浪花節そのもののメディア性が位置づけられていく必要があるということだろう。

いうなれば、一九五〇年代後半以降に「歌」及び「笑い」という方向性のもとに若手が浪曲から他ジャンルへと飛び出していく筋道が、すでに三〇年代に現れていたのである。浪曲業界をはじめとした演芸界にとって、口演空間の秩序が大きく変容する次の契機は、民放ラジオ局の開局、そしてテレビ放送の開始だった。たとえば民放ラジオにおいては帯番組における新作の量産が新たな課題として浮上してくる。一方で、テレビ放送と浪曲の関係は、ラジオ放送やレコードとの関係に比して、結局は親密なものにはならなかったようにみうけられる。内山惣十郎が概観しているように、一九五五年（昭和三〇）当時、ラジオでは「浪曲ブーム」ともいえる状況が到来していた。[3] それは戦後の素人参加番組の隆盛という流れのなかにもあった。こうした潮流を、レコードにより拡張された演者／聴衆の関係性の歴史の延長線上にみることもできるだろう。終戦後から一九五〇年代にかけての隆盛／苦悩へと議論を進めていくとき、つまり「ブーム」から「衰退」へと概括される過程を演者個人の動向を重ね合わせるなかでその流動性を論じるとき、芸人の流動する知と実践を記述・分析する視座を獲得するための研究領域として、改めて浪曲の「盛衰」史は見出されていくことになるだろう。

本書では、大衆文化のアクチュアリティを問うための視座として、メディア空間の重なり合いのなかで演者の声／身体を位置づける方法をとってきた。それは、芸人のパフォーマティブな声と身体に焦点を合わせるなかで文化の再生産を見渡そうとする試みであったともいえる。国家機関や娯楽産業のマクロな動態を鳥瞰し、それとジャンルの動態を因果づけする視線は、基本的な語り口をつくる一方で、ジャンル史のイメージを固定化してしまう。一方で、芸人の人生史の厚い記述――それは〈芸人誌〉とでもよびうるだろうか――は、新たな発見を与えてくれるだろう。その発見のなかには、マクロな動態とはずれをはらむ出来事も少なからず含まれるだろう。本書の米若論は、芸人人生のなかで得意とする方向性が生起し、興行を中心とした口演空間のなかでそれが定着していく過程を再構成する作業であった。数量化された演目選択のリストを資料の中心として、意識／無意識の両方にまたがっている演者の実践の集積を解釈することで、期待の交差する焦点としての演者の声と身体を扱う方法を提示した。口承文芸研究は、語り手研究において「個人」への注目を持続・蓄積してきた。プロフェッショナルな語り芸（口頭芸）演者への関心は、おそらくその延長線上にある。[4] たとえば、人生の展開のなかで、バリエーションの拡大、縮小、選択、改変などを歴史的社会的な条件をふまえつつ再配置するなかで、そこに連続性と非連続性を読み取ってゆく作業は、人生史と社会史の交差を照射し記述するために開かれた一つの道筋である。

資本主義の問題系・国家の問題系・日常的実践の問題系、これらが交差するなかで、期待を内面化しつつ、媒介していく存在として芸人をえがく方針にこそ、ジャンルの歴史的社会的な位置づけを論じる可能性が充填されていくのではないだろうか。しかしながら、芸人の実践は、諸制度の期待やオーディエンスの期待と関連しつつも、どれか一つの期待だけを反映するのではない。一方で、それらの期待すべてが演者に内面化されるわけでもない。ときには、演者が客の期待を読み違えたり、諸制度の期待に応えられない場合もあるだろう。ときには、自分の芸風への執着がうかがえる場合もあるだろう。またときには、新しい試みに次から次へと着手する節操のなさが目立つこともあるだろう。語り芸をはじめとした演者の位相とは、様々な期待が屈折しつつ交渉していく〈場〉としてとらえられる。大衆文化の流動性を担う演者の実践を、演目間、芸態間、業界間を媒介／分節するジャンルそれぞれの境界線の揺れとともに、記述する方法を模索していく必要がある。そのためには、サクセスストーリーだけでなく、ひろく演者の苦悩、挫折、試行錯誤をも研究の射程に入れることが求められるだろう。[5] なにも浪曲師すべてが，米若や雲月のような芸能界の最前線で活躍した人気演者ばかりだったわけではない。また、浪曲の与える愉悦をこの二人で説明仕切れるわけではない。本書で取り上げた演者論が、また別の演者論で相対化されていくとき、演者がうごめく、いびつではあるが動態的な浪花節のジャンル像が、改めて動き出すだろう。

【注】

1　本書で詳しくふれられなかった、知識人などの言説に担保されながらひろがっていく〈媒体化〉の側面については、拙稿「寄席芸をめぐる受容史の再想像――一九二〇年前後の浪花節を焦点として」（吉見俊哉編『叢書現代のメディアとジャーナリズム　四　大衆文化とメディア』ミネルヴァ書房、二〇一〇年）、拙稿「宮崎滔天――浪花節と革命思想」（趙景達他編『講座東アジアの知識人　二　近代国家の形成』有志社、二〇一三年）、拙稿「芸術化への意志――浪花節改良をめぐる実践と志賀志那人」（右田紀久惠編『都市福祉のパイオニア　志賀志那人　思想と実践』和泉書院、二〇〇六年）、拙稿「語りの力をめぐる批評の分析にむけて――民科芸術部会における浪曲批判を中心として」（時田アリソン・薦田篤子編『日本の語り物――口頭性・構造・意義』国際日本文化研究センター、二〇〇二年）などの言説分析、思想分析を参照。

2　中川明徳「浪曲くち三味線」『西日本スポーツ』一九七二年五月一三日、七面、及び五月二〇日、七面。なお中川は差し替え演目を「天野屋利兵衛」だったかと回想しているが、唯二郎は「南部坂雪の別れ」としている（唯二郎『実録　浪曲史』東峰書房、一九九九年、七六頁）。

3　内山惣十郎『浪曲家の生活』雄山閣、一九七四年、五六―六八頁。

4　小池淳一「伝承史論への展望――口承文芸のむかし・民俗研究のこれから」（『日本民俗学』二一六号、一九九八年）参照。また拙稿「「語り物」から〈口頭芸〉へ」（『日本民俗学』二七〇号、二〇一二年）参照。

5　たとえば拙稿「芸能のポピュラリティーと演者の実践――浪曲師・天龍三郎の口演空間の獲得史」（赤坂憲雄編『現代民俗誌の地平　二　権力』朝倉書店、二〇〇四年）は、戦時下に若手として活躍しつつ戦地に召集・動員された天龍が、復員してから口演空間をどのように獲得しようとしていったのかを追尾している。ジャンルを鳥瞰する視点ではなく、演者との対話をつむぐなかで芸人誌を記述する作業は、ジャンル史を動態的に記述するうえで重要な過程であるだろう。

あとがき

　本書をまとめていた昨年、研究をはじめてからの道程を思い返す機会がたびたびあった。戦後の浪曲文化を長く支えてきた方が二人亡くなった。二代目春野百合子さんと大西信行さんである。二代目春野百合子さんは、現代を代表する女流浪曲師だった。一九九〇年代の半ばだったが、口演の感想とともに、浪曲研究をはじめた大学院生です、というような自己紹介を書いて百合子さんに送らせていただいたことがある。浪曲師の方に最初に書いた手紙だった。それがきっかけで、定席やホールでお会いすると気さくに声をかけていただき、ちょくちょく浪曲観や演者としての道のりなどを聴かせていただいた。百合子さんは、「樽屋おせん」「おさん茂兵衛」「藤十郎の恋」といった「文芸浪曲」を得意とした。細やかな人物表現、流麗なフシ、緻密に交わされる三味線とのやりとり、どこをとっても、現代浪曲の「芸術化」の先端を牽引していこうという気概に満ちていた。その一方で、私が忘れられないのは、「高田の馬場」の口演である。決闘の臨場感やキャラクターの躍動感を眼前に浮かび上がらせる演技は、時を超えて物語に蓄積され充填されてきた大衆ウケのポテンシャルを存分に引き出していた。演者と聴衆の想像力が合致する瞬間。そのときに得られるわくわく感やかっこ良さ。三味線を伴いながら、登場人物の発語から第三者的な状況説明までを一人でこなし、フシをいいところで盛り込んでいく浪曲ならではのテンポを実感したのである。それはまた、「女らしさ」を活かした「文芸浪曲」のイメージをつくりあげつつも、「男らしさ」を存分に演じてみせる百合子さんに、凄みを感じた体験でもあった。そのとき、浪曲というジャンルのひろがりのなかで女流の存在感を理解してみたいと、改めて思った。

脚本家・大西信行さんは、数多くの浪曲台本を手がけるなど、浪界には欠かせない重鎮だった。一般的には、テレビ時代劇の脚本などでよく知られていた。大西さんは、かつて雑誌の浪曲特集で、浪曲作家の人数がひと握りほどになってしまった状況を憂いつつ、一九五〇年代にNHKが主催した、新作台本の検討会を回想している。秩父重剛、中川明徳、房前智光、松浦泉三郎、といった戦中から活躍していた面々がまだ健在で、そうした作家達が、自分の台本を読みあげて、互いに批評しあい、放送に値する台本を練り上げていた。その検討会は「それは凄まじい競争の場であり売り込みの場」だったという（大西信行「ブームの兆しは未来を呼ぶか」『上方芸能』一六五号、二〇〇七年）。そうした先人たちを目の当たりにして、浪曲作家の流れを、ときとして批判的に検証しつつ、継いできたのが大西さんだった。大学院生時代に、大西さんが若手浪曲師に稽古をつける様子を見せてもらったり、舌鋒鋭い浪曲論を聞かせていただいたりした。あるとき、「浪曲らしさ」を人間や出来事を語る際の「劇的なもの」として、説明してくれた。それは浪曲というジャンルを説明するというよりは、人間の喜怒哀楽を揺り動かす物語や演技をひろく見渡したなかに浪曲を包含するような見方であった。今から考えると、高度経済成長以降に「浪曲らしさ」がジャンルを超えて変換されていくプロセスにまで、わたしの関心はまだ十分に及んでいなかった。浪曲に蓄積されていた「劇的なもの」は、大西さんに媒介され、テレビ時代劇にも静かに流れ込んでいたに違いない。『水戸黄門』『大岡越前』などの脚本を多く手がけた大西さんは、そのあたりをどのように考えていたのだろう。

こうした寂しい知らせがある一方で、昨年は意外なところで、浪曲の社会的記憶にふれもした。田中角栄関連書のブームである。書店にはムック本など含めて様々な角栄本が並んだ。金権政治の権化として批判されつつも、政治家としての構想力、手腕、存在感にスポットがあてられて、言動やエピソードが掘り起こされ語りなおされた。そのなかで繰り返し語られたのは、情を媒介した人間関係の作り方や吃音の克服に有効だったウタウ経験だった。そうしたエピソードの根幹にあり、田中の人格形成に幼少期から深く入り込んだのが浪曲だった。田中は「天保水滸伝」や第七章で取り上げた「杉野兵曹長の妻」などがレパートリーで、ラジオ番組や演説のなかでうなってみせたこともある。小学校時代には、村にやってきた浪曲師の口演を夢中で聴いて、それを覚えて友人や先生の前で真似てみせたこともあるという。

そのだみ声と有権者の情に訴えかける語り口から、田中自身がまさに「浪花節的」とみなされた。「浪花節的」という記号が、わざわざ解説せずとも、体感のなかで了解される時代がかつてあり、その記号を体現しつつ、過剰なまでに露出したのが田中角栄だったということだろう。論理を傍らにおいた情緒への働きかけは、しばしば嫌悪の対象ともなる。そうした〝角栄節〟が少し距離をもって観察される時代になってきたのかもしれない。あるいはこういうこともいえるだろう。浪曲史の視点からいうと、むしろ田中は、熱心な部類ではあれ、珍しくないある一人の愛好家だった。それが「浪花節大臣」「庶民宰相」という親近感、そして逮捕された総理大臣経験者というあまりに強烈な履歴から、たまたまその愛好ぶりが記述として残されたのである。浪曲の社会的な記憶は遠のきつつも、振り子のようにまた呼び戻される。田中角栄のエピソードは、その一例であり、受容史的観点から興味深い愛好の断片でもある。

現在、木馬亭（東京）や一心寺門前（大阪）で毎月、浪曲席がもうけられている。若手を中心とした試みも様々で、ジャンルの生命力は、これからもしたたかに維持されていくのだろう。今や浪曲は、大衆芸能と伝統芸能の二つの顔をもっている。大衆芸能としての延命と、伝統芸能としての宿命をきりもりして、その両面から浪曲は、聴衆の感情と価値観にどのように溶け込んでいくのか。改めて、現在に立脚した浪曲の戦後史についても考えてみたいと思っている。

＊　＊

本書は、一九〇〇年代から四〇年代のメディア空間の重層化を念頭において、浪花節の歴史をとらえるための演者論によって構成されている。初出などは以下の通りである。

序章　書き下ろし。なお本章には、「愛国浪曲をめぐる葛藤――ポピュラーな語り物を分析するための視点」（『日本学報』一六号、一九九七年）、及び課程博士論文「浪曲師の歴史‐社会的位相の研究――〈芸人知〉の民俗学的研究にむけて」二〇〇一年、大阪大学）の一部を含んでいる。

第一章　初出「衝撃／違和の受容史――桃中軒雲右衛門の来阪口演を事例として」（後藤静夫編『近代日本における音楽・芸能の再検討』京都市立芸術大学、二〇一〇年）をもとに加筆した。

第二章　初出「〈声〉のカタチ――奈良丸の義士伝はいかにして流通したか」（『口承文藝研究』三五号、二〇一二年）をもとに加筆した。なお本章には、「寛容な客――ニセ者の芸能史にむけて」（『月刊みんぱく』二九巻六号、二〇〇五年）の一部を含んでいる。

第三章　初出「「新作」を量産する浪花節――口演空間の再編成と語り芸演者」（吉見俊哉編『一九三〇年代のメディアと身体』青弓社、二〇〇二年）をもとに大幅に加筆した。

第四章　初出「戦時体制と職業的な口頭芸――寿々木米若の口演記録にみる演目選択の方法」（『国立歴史民俗博物館研究報告』九一号、国立歴史民俗博物館、二〇〇一年）、及び課程博士論文をもとに大幅に加筆した。

第五章　初出「愛国浪曲をめぐる葛藤――ポピュラーな語り物を分析するための視点」をもとに大幅に加筆した。

第六章　初出「繰り返される「情話」、転換する結末――語り芸の「近代」を論じるきっかけとして」（『口承文藝研究』二五号、二〇〇二年）、及び課程博士論文をもとに大幅に加筆した。

第七章　初出「戦争下に響く「七つの声」――二代目天中軒雲月の演じ方について」（『口承文藝研究』三三号、二〇一〇年）をもとに大幅に加筆した。

終章　書き下ろし

最も古い文章は、もう二〇年前のものになる。初出の時期はばらばらであるが、演者にピンスポットをあてて、浪花節の軌跡を少しでも浮かび上がらせてみたい、歴史的社会的な文脈のなかにある演者あるいは演目の存在の仕方を議論したい、という思いは一貫している。自らの声と身体を基点として世の中をかいくぐってきた者の側から、生きられたメディア空間を記述しようとしてきた。

ただし、「演者」とは本来「浪花節語り（浪曲師）」だけではない。曲師、浪曲作家、そして一人ひとりの聴衆、それぞれが口演空間を成立させる役割を引き受けたパフォーマー＝担い手であることは忘れてはならないだろう。様々な関係性がせめぎあい紡ぎ出す相互交渉のなかに浪花節の歩みがある。その歩みを、本書では口演者にフォーカスを合わせて、そこからジャンルの社会的な位置づけを見渡そうとしてきた、ということになる。しぼったフォーカスのなかでみえてくる口演者の動向は、ジャンル全体からすると、断片的である。しかしながら、その断片の集積にこそ、ジャンルの動態を浮かび上がらせるきっかけがあるだろう。

また、ここに集めた論考は、文献・録音の向こう側にある聴衆の経験・期待、あるいは演者／聴衆の関係性に、興行論やメディア論を迂回するなかで、どのようににじりよるかという問題関心をともなっている。たとえば、米若の『演題帳』に記載された口演記録の数量化は、国家の動向に追従する浪花節の姿の傍証になる一方で、「愛国浪曲」の場合のように、残された言説とのあいだに横たわる微妙なずれを体現することもあった。雲右衛門になじめない紳士にしても、ニセ者の増殖にしても、あるいは秋水への野次にしても、マクロに語りおろされる盛衰史のなかに吸収されてしまう実にささいなエピソードかもしれない。しかしながら、そうしたノイズとして処理されるような断片的なエピソードにこそ、一元化をこばむジャンルの流動性を語り直すきっかけがあるのではないか。言説を残さない聴衆のうごめきへの気づきに向かいあうなかで、そうした考えをもつようになった。

そもそも、浪花節研究に取り組みたいと考え始めたのは博士前期課程一年生の秋だった。近世の「世間話（うわさ話）」に関心をもって卒業論文を書いたわたしは大学院に入って、もっとメディアが複雑になった時代の口頭的な表現をテーマにしてみたいと思うようになっていた。紆余曲折のなかで、いきついたのが浪花節だった。そして、大阪大学において、学部時代からの指導教員であった小松和彦先生のもとで修士論文、課程博士論文の作成に取り組んでいった。小松先生に、厳しくも長い目で指導していただくなかで、研究対象を位置づけていくために視野をひろくもつ必要性を学んだように思う。

大学院生時代、芝清之先生にお会いし、当時の浪曲関係者を数多く紹介していただいたのが、研究に踏み込んでいく本格的な入り口だった。布目英一さんを介して『月刊浪曲』の連載に関わらせていただいた経験はさらに見識をひろげる機会となった。当時長期連載中だった唯二郎先生からは、資料の提供や調査方法についての教示をいただくことができた。また芦川淳平先生からは、長年に渡って、アドバイスをいただいている。浪界のなかにいながら、批評家としての外部的な視線を失わない立場からのコメントから学ぶことは多い。また浪花節レコードのコレクターだった森川司さんとの出会いは、戦時下の浪花節について考えていく大きなきっかけとなった。森川さんが集めたレコードに支えられて本書が成り立っているといってもいい。森川さんの膨大なレコードコレクションは、いったん私が引き継いだが、今では国際日本文化研究センターに受け継がれ、アーカイブ化が進められている。このように、浪花節研究の礎をつくってきた方々から、ご教示を得たり、ご自身の体験を聴くことができたのは、かけがえのない経験だった。こうした出会いがなければ、そもそも浪花節研究を続けていけなかっただろう。

浪曲師の方々との交流、聞き書きも、活字化されない歴史の諸相にふれる貴重な、そしてたのしい時間だった。本書に関わる部分に限定しても、天龍三郎さん、二代目筑波武蔵さん、先代東家浦太郎さん、四代目東家三楽さんをはじめ、たくさんの師匠方にお世話になった。また浪曲ファンのみなさんとの恒常的な交流がわたしの研究方針に大きな影響を与えたことを書き留めておきたい。お名前を一人ひとり挙げることはできないが、鑑賞の共有、聞き書きといった体験の蓄積のなかで、わたしの問題意識や視点がつくられていった。浪曲ファンの方々との交流が、まったく別の研究テーマとつながりお世話になるなど、いま思い返すと、奇遇な出来事も度々あった。浪曲関係のみなさん、浪曲ファンのみなさんとの交流は、なかなか論文というカタチでは表現しきれていないように思う。博士論文執筆中に聞き書きをさせていただいた方の多くがすでにお亡くなりになっている。みなさんの顔を思い浮かべると、本書をお見せできなかったことが残念でならない。

大阪大学に提出した博士論文の審査にあたっては、主査を川村邦光先生、副査を故・中村生雄先生、荻野美穂先生、冨山一郎先生が担当してくださった。その後、日本学研究室に勤務した際には、審査にあたっていただいた先生方、そして杉原達先生、北原恵先生のもとで、研究あるいは研究室の運営に取り組んだ。日本学研究室の先生方、大学院生のみなさんと議論を交わすなかで、資料や聴き書きに向かいつつ、既存の理論に安住せず、体験や出来事と対話的な関係を結ぶなかでねばり強く解釈・記述の方法を、反省的に勘案し続けようとする姿勢をもちたいと考えるようになった。バイタリティに満ちた日本学研究室の雰囲気に、わたし自身が支えられていた。

大学院生時代は、カルチュラルスタディーズの影響が勢いよく研究室に流れ込み、一方で文化人類学が他分野から痛烈に批判され、自己批判していく時代だった。そして、「落日」を語られる民俗学のなかにいて、他の学問分野から何が学べるのかを模索し続けたように思う。わたしにしてみれば、人文学においてそれぞれの学問分野の境界が一層あいまいになる流れを実感しながら、分野間の交渉を模索する道程が、浪花節研究に取り組んでいく過程でもあった。まだ研究をはじめたばかりの頃だったが、学会発表のレジュメを間接的に入手した兵藤裕己先生から、面識のないかけだしの院生だったわたしに、わざわざ激励の手紙をいただいた。それは、芸能史研究や口承文芸研究のなかでまだほとんどとりあげられていない浪花節に向かい合う意義を、改めて心に刻む契機だった。博士後期課程在籍中には、吉見俊哉先生のゼミに一年間、居候のように顔を出させていただいた。貴重なアドバイスをいただくとともに、当時の院生のみなさんの議論のなかに入れていただいたことは、院生生活での大きな糧となった。また、時田アリソン先生を代表とする「日本の語り物」、後藤静夫先生を代表とする「近代日本における音楽・芸能の再検討」、安田常雄先生を代表とする「二〇世紀における戦争」といった共同研究会への参加から、浪花節をどのように近代のなかに位置づけるかを考える多くの示唆を得た。その他、大阪大学のものを含めて参加・発表し、刺激を受けた共同研究会は数多い。一つひとつを挙げることはできないが、この場を借りてお礼を述べたい。様々な共同研究会での対話を経て、小さな事例研究を積み重ねるなかで、自分の研究スタイルがつくられていった。二〇一六年度には、細川周平先生のバックアップを得て、国際日本文化研究センターで「浪花節の生成と展開についての学際的研究」を主催させていただいた。様々な分野の研究者の参加を得て、浪花節（浪曲）研究のフロントラインは、これからも更新され続けるだろう。

五月一秀さんからは、資料の情報提供をいただいた。一秀さんとはたびたび、一杯交わしながら、浪曲の現状などについてたのしく意見交換させていただいている。本書の資料整理にあたっては、澤田正太郎さん、張紋絹さん、大下泰諒さん、佐野琢馬さん、中川智尋さん、北村衣梨佳さんにお世話になった。古川綾子さんには、研究会の運営仲間として的確なアシストをいただいている。また佐藤健二先生からは今回の出版に際してアドバイスをいただいた。国立劇場所蔵の資料を掲載させていただくにあたっては、伊志嶺美智子さんにお世話になった。せりか書房の船橋純一郎さんには、若い頃から叱咤激励をいただいてきた。本書の刊行にご尽力いただいたことに心から感謝している。

本書には、科学研究費補助金基盤研究（C）「近代日本における語り芸研究の方法論の構築」（研究代表者：真鍋昌賢、二〇〇八～二〇一〇年度、研究課題番号：二〇五二〇七〇六）、挑戦的萌芽研究「口頭芸ジャンルの盛衰史――メディア文化史記述における口承文芸研究の基礎領域化」（研究代表者：真鍋昌賢、二〇一二～二〇一四年度、研究課題番号：二四六五二一七〇）による研究成果の一部を含んでいる。また刊行にあたっては、北九州市立大学から二〇一六年度学術図書出版助成を得た。

育児であわただしい日々のなかで本書をまとめていく際には、妻、そして妻方・私方の親族の協力は不可欠だった。父母は、遅々としてまとまらない研究を長年に渡り見守り励ましてくれたが、父とのなにげない雑談のなかから得られた気づきは、本書をまとめるにあたっての参考になっている。身近な人たちの寛容さに支えられて、この一冊がまとまり、ひとまずほっとしている。

二〇一七年三月

真鍋昌賢

表 4-3-1『演題帳』に記された演目の記入回数

番号	演目名	40,1	2	3	4	5	6	7	8	9	10	11	12	41,1	2	3	4	5	6	7	8	9	10
1	●紀伊国屋文左衛門	3	10	6	9	2	7	11	1	8	12	7	2	5	1	2	4	10	5	1		1	3
2	？南京お辰	3	2																				
3	▲婦人従軍歌	18	12	7	8	15	8	10	2	10	12	4	1	3	8	8	14	8	5	13		14	3
4	●吉田御殿	7	6	7	1	1	5	1		5		6	3	3	4	2	6		1	14	休	4	3
5	●純情一代男（1 と同一か類似と推定）	4	1	1	1			4									2						
6	○少年の義侠（義心）	2	18	8	9	7	3	15	3	9	16	6	5	6	2	1	9	1	3	5		3	1
7	▲妻		9	10	12	7	11	7		3			2	3	1	1		2	1				
8	？新潟奇聞			7	15	14	6	7		5	11	2	4	8	3								
9	●佐渡情話				4	4				2	3			1			1						
10	●七年後の佐渡情話					1																	
11	▲上等兵の母（上等兵）							4						10			4	11	16	1		4	13
12	△軍国の母									1													
13	？富士に笑む									2													
14	▲涙の舟唄											15	11	6	4	13	2	1					
15	▲第二の戦場													4	2			5+ラ1			業		
16	●吉原百人斬り													2									
17	●一心太助														4	2	1	2					
18	●太助（一心？塩原？）*1														3	19	9	13	18	7		17	10
19	？生きる男																		6				
20	▲断崖に立つ男																		1	11		11	5
21	▲空の若武者（ﾗｼﾞｵのみ）																					ラ1	
22	△母性愛																						
23	●塩原多（太）助																						
24	●赤城の子守唄																						
25	●雪の峠道																						
26	▲月と老僧																						
27	▲漢口最後の日（香港最後の日？）																						
28	▲母性進軍歌																						
29	▲佐渡の船歌																						
30	△海の少年																						
31	●孝子三次																						
32	■乃木将軍																						
33	●新造少年の唄，少年新造																						
34	▲海を呼ぶ声																						
35	○少年忠治																						
36	赤城の馬子唄（前・後編）																						
37	？小桜お里																						
38	？吹雪																						
39	新佐渡情話																						
40	？浜から来た男（41 と同一か）																						
41	大島情話																						
42	？新赤城の馬子唄（36 後編と推定）																						
43	？明月佐渡ヶ島																						
44	おけさ情話																						
45	？佐渡の明月（43 と同一か）																						
46	？唄祭（44 と同一か）																						
47	？春祭り（44 と同一か）																						
48	母恋星																						
49	？少年捕物帳																						
50	新造侠客																						
51	？お貞の嫁入り																						
52	おけさの由来（44 と同一と推定）																						
53	湯の町情話																						
54	湯の町時雨																						
55	不明																						
	合計（除くﾗｼﾞｵ放送／ﾚｺｰﾄﾞ吹き込み）	37	58	46	59	51	40	59	6	45	54	40	28	51	32	48	52	53	56	52	0	54	38
	ﾗｼﾞｵ放送／ﾚｺｰﾄﾞ吹き込み																	1				1	
	総合計	37	58	46	59	51	40	59	6	45	54	40	28	51	32	48	52	54	56	52	0	55	38

（単位：回数）

●･･･〈時代物〉○･･･〈時代物〉と推定される演目
▲･･･〈同時代物〉△･･･〈同時代物〉と推定される演目
■･･･その他（第 4 章第 2 節参照）　？･･･内容不明
ラ･･･ラジオ放送のための口演。中継含む。ただし表 4-5 の記載と一致するものにのみ付した。本表 *3 *4 参照。
*1　注 31 参照　*2　注 40 参照

表 4-3-2

番号	11	12	42,1	2	3	4	5	6	7	8	9	10	11	12	43,1	2	3	4	5	6	7	8	9	10	11	12	44,1	2	3	4	5	6
1	2		3	1				1	8		2	2	3	5	2	3			2	1			4								4	3
2																																
3	1							1	1		1	4	5	3	10	5	1	1	2	1			9	2	3	2					6	3
4	6	4	4	2		休	休	9	5	休	4	2		1													十		十	休		
5														2									3		2		日				1	
6		2	2	11	5			8	7		3	1	2	2		2				4	4	1	2	5			よ		日			1
7											2																り					
8																											南					
9																18	7*3			1							方		に			
10																											戦					
11	7	8	11	15	9			18	3		10	8	11	11	11	5							3		1		線					
12																											慰		帰			
13																											問					
14																											出					
15						養	養			養																		発		国	養		
16																7	2		5	2												
17																																
18	16	5																														
19																																
20																																
21																																
22	17	13	14	13	3			2	10		13	12	7	2	1																	
23	1	10	7	10	7			5	10		12	4																				
24									10		1																						
25											6	17	16	14	23	13	23	27*4	12	21	25	9	10	7	2						6	5
26												1+ラ1	1						ラ1													
27														4	ラ1*2																	
28															6																	
29																		20+ラ1	30*5	19	24	29	8	20	18	20	7	2				21	13
30																						3	1									
31																								7	20	4					21	14
32																																3
33																																1
34																																
35																																
36																																
37																																
38																																
39																																
40																																
41																																
42																																
43																																
44																																
45																																
46																																
47																																
48																																
49																																
50																																
51																																
52																																
53																																
54																																
55	1													1																		
	51	42	41	52	24	0	0	44	54	0	54	51	45	45	53	53	53	58	40	54	58	21	52	39	48	13	2	0	0	0	59	43
											1			1		1		1													
	51	42	41	52	24	0	0	44	54	0	54	52	45	45	54	53	54	58	41	54	58	21	52	39	48	13	2	0	0	0	59	43

*3　3月13日「大阪局より全国放送」として「佐渡の船歌」とともに記されているが、新聞のﾗｼﾞｵ欄及び制作用の番組確定表には記載なし。ラジオで放送されなかった可能性が高い。したがって、その記入は、「佐渡情話」の「合計（除くﾗｼﾞｵ放送／ﾚｺｰﾄﾞ吹き込み）」欄に数えている。

*4*5　4月31日（ママ）欄に「放送録音　演芸会館奉納　佐渡の船歌　雪の峠道」とある。ラジオ欄と番組確定表に記載なし。ただし5月7日放送番組「声の慰問袋」との関係は不明。この2つの記入は「合計（除くﾗｼﾞｵ放送／ﾚｺｰﾄﾞ吹き込み）」欄に数えた。

表 4-3-3

番号	7	8	9	10	11	12	45,1	2	3	4	5	6	7	8	9	10	11	12	46,1	2	3	4	5	6	7	8	9	10	11	12	47,1	2	3
1								1		1												1											
2																																	
3			7	7	1	1	1	4	3	3						1	1																
4	休	休									休		六																				
5			12	5	2	2	13	6	8	2		1	月		1	3	1	4	2	1		1					3	1		1			
6			8	5	3								二												2								
7													三																				
8													日																				
9														から			3	1		1	9	10	7	13	6		11	16	11	7	6	5	2
10														ら																			
11														九																			
12														月																			
13														一																			
14														日																			
15	養	養									養			ま																			
16														て																			
17														新																			
18														潟																			
19														に																			
20														居																			
21														住																			
22																																	
23										11		14			3	25	14	5	6	13	23	14	23	8	24	5	16	10	14	13	6	10	2
24																																	
25			13	6	4	5	10	8	5	3		6				7	4	1	2	2	11	8	4	7	3		5	4	9	2	6	3	1
26																																	
27																																	
28																																	
29			6	14	12	8	8	14	18	5		7			1				2														
30																																	
31			3	9	7	1	3	2	2	1																							
32																																	
33				1			2	1								1	1					3											
34			1	3	3	ﾗ1																											
35									18	16		14			3	21	14		2	10	13	6											
36																		2	2	1	1	2	22	12	18	5	25	9	13	17	6	11	22
37																									7								
38																												レ1					
39																																5	21
40																																	
41																																	
42																																	
43																																	
44																																	
45																																	
46																																	
47																																	
48																																	
49																																	
50																																	
51																																	
52																																	
53																																	
54																																	
55																																	
	0	0	50	50	32	17	37	36	54	42	0	42	0	0	8	58	38	13	16	28	57	45	56	40	60	10	60	40	47	40	24	34	48
	0	0	50	50	32	18	37	36	54	42	0	42	0	0	8	58	38	13	16	28	57	45	56	40	60	10	60	40	48	40	24	34	48

表 4-3-4

番号	4	5	6	7	8	9	10	11	12	48,1	2	3	4	5	6	7	8	9	10	11	12	49,1	2	3	4	5	6	7	8	9	10	11	12
1																																	
2																																	
3																																	
4					伊							10	4				二				二												
5								2		1		11		1			日				日												
6	2	1															熱				浪		3	3				1					
7					東												海				曲												
8																	慰				ト												
9		1	1					2	4	2	3	5	4	1	1		問	3			ー			1									
10					に																キ												
11																	三				ー												
12																	日				佐												
13					帰												よ				渡												
14																	り				情												
15																	夏				話												
16					宅												休				撮												
17																	暇				影												
18																																	
19																	一				歳												
20																	〇				末												
21																	日				休												
22																	よ				養												
23																	り																
24																	三				二												
25	3	9	7	1			1	2		1	1						〇				八												
26																	日				日												
27																	迄				米												
28																	映				若												
29																	画				一												
30																	出				門												
31																	演				浪												
32																	の				曲												
33																	た				競												
34																	め				演												
35																	大				大												
36	13	13	21	29		7	24	14	22	24	21	2	23	20	25	25	映	9	30	13	会	20	17	14	19	18	25	13		15	30	29	5
37																	会																
38																	社																
39	27	23	29	30		8+ラ1	26	25	20	26	20	21	25	21	20	22		8	21	16		7	16	10	10	5	9	5	2	16	14	11	4
40														1																			
41															4	9								8									
42																6																	
43																		10	9	2				1									
44																				1				1	14	15	20	3		6	2		
45																				7		16	7	3	1								
46																				1													
47																						1	1	1									
48																											1	21	2	4	14	19	1
49																												15	4				
50																																	
51																																	
52																																	
53																																	
54																																	
55							レ1																										
	45	47	58	60	0	15	51	45	46	54	45	49	56	44	50	62	0	30	60	40	0	44	44	42	44	38	55	58	8	41	60	59	10
						1	1																										
	45	47	58	60	0	16	52	45	46	54	45	49	56	44	50	62	0	30	60	40	0	44	44	42	44	38	55	58	8	41	60	59	10

表 4-3-5

番号	50,1	2	3	4	5	6	7	8	9	10	11	12	51,1	2	3	4	5	6	7	8	9	10	11	12	合計	ラジオ／レコード	総合計
1																									159		159
2																									5		5
3																									273		273
4								一					2		5	4	1	1	2	伊				二	145		145
5								一							3		1	5	11	東	7	1		三	133		133
6			1	1	4			日			2									に	1			日	231		231
7								よ												帰				伊	71		71
8								り												宅				東	82		82
9								一			1													着	178		178
10								〇																	1		1
11								月																	194		194
12								二																	1		1
13								六																	2		2
14								日																	52		52
15								ま																	11	1	12
16								で																	18		18
17								ハ																	9		9
18								ワ																	117		117
19								イ																	6		6
20								・																	28		28
21								加																	0	1	1
22								州																	107		107
23								各																	325		325
24								一																	11		11
25								ヶ																	400		400
26								月																	2	2	4
27								巡																	4	1	5
28								業																	6		6
29																									326	1	327
30																									4		4
31																									94		94
32																									3		3
33	4																								14		14
34																									7	1	8
35																									117		117
36	9	15	23	16	21	10	11				16	27	5	2	22	19	19	11	27	1	21	1	20	20	1024		1024
37																									7		7
38																									0	1	1
39	2	6	8	8	16	7	7				7	16	1	3	8	7	10	4	17	1	15		6	11	683	1	684
40																									1		1
41																									21		21
42																									6		6
43																									22		22
44					2						10	11	7		23	16	14	3	2						150		150
45																									34		34
46																									1		1
47																									3		3
48	13	11	19	10	11	4	2																		132		132
49																									19		19
50	2																								2		2
51						6																			6		6
52						5	2																		7		7
53																	3						2		5		5
54																							16	10	26		26
55																									2	1	3
	30	32	51	35	54	32	22	0	0	0	36	54	15	5	61	46	48	24	59	2	44	2	44	41	5287		
																										10	
	30	32	51	35	54	32	22	0	0	0	36	54	15	5	61	46	48	24	59	2	44	2	44	41			5297

著者紹介
真鍋　昌賢（まなべ　まさよし）

1969年、大阪生まれ。大阪大学大学院文学研究科博士後期課程修了。現在、北九州市立大学文学部教授。専門は、メディア文化論、口承文芸研究、民俗学。主な共著書としては、『民俗学的想像力』（せりか書房、2009年）、『叢書現代のメディアとジャーナリズム4　大衆文化とメディア』（ミネルヴァ書房、2010年）など。

浪花節　流動する語り芸――演者と聴衆の近代

2017年 3月15日　第1刷発行
2018年 12月21日　第2刷発行

著　者　真鍋昌賢
発行者　船橋純一郎
発行所　株式会社 せりか書房
〒101-0064　東京都文京区千石1-29-12 深沢ビル
電話 03-5940-4700　振替 00150-6-143601　http://www.serica.co.jp
印　刷　中央精版印刷株式会社
装　幀　工藤強勝

ISBN 978-4-7967-0363-5